叢書・ウニベルシタス　1071

問いと答え

ハイデガーについて

ギュンター・フィガール
齋藤元紀／陶久明日香／関口 浩／渡辺和典 監訳

法政大学出版局

［写真出典］
14 頁　Otto Dix, Martin Heidegger. DLA-Marbach.
20 頁　Hans Wimmer, Martin Heidegger. DLA-Marbach.
296 頁　Heideggers Hütte in Todtnauberg. Privat.

ユッタ・ハイデガーとヘルマン・ハイデガーに

目次

前文

本巻は、過去十年間に筆者の執筆したハイデガーに関するほぼすべての論文を集めたものである。これらを新たに見直すことによって、私にはその共通の端緒が明らかになった。つまり、これらの論文がハイデガーの思索を扱っていたのは、この思索をその歴史的でもあり体系的な連関において見るためであった。この連関のなかで、ハイデガーの思索は検証されるのであり、また批判的に論じられるのである。

本巻は、ハイデガーの思索との開かれた対決に捧げられるべきハイデガー研究に、新たな局面を開くものである。その点では、本巻は基本方針を示してある。しかし、この巻は見本となりうるわけではないし、そうなるべきでもない。ハイデガーの思索との開かれた対決にとっては、ここで取り上げられた可能性とは別の、多くのまったく異なる可能性が存在するからである。そうした可能性すべてに、ハイデガー・フォーラム[*1]は場所を提供しているのである。

多くの対話が以下の論文には含まれている。誰が私を励ましてくれたのか、誰が異議を唱えたのか、誰が賛同したのか、そしてそうすることで、誰がそのつど私の意図の明確化を助けてくれたのかは、いずれにしても、もはや正確にはわからない。それでも、真剣な哲学研究は関わり合いに存しており、また他ならぬその研究を支援しうるような、きわめて包括的な人とのつながりにも存しているのである。それゆえ、そのような真剣な哲学研究に感謝したいと思う。

私の協力者であるマルコ・アイゼンメンガー、メラニー・エル・ムアウイ、トビアス・カイリンク、カトリン・シュテルバ、ハナ・ヴァーレンフェルスは、これまで通り頼りになり、協力を惜しまず、草稿を作成してくれた。このことにも感謝したい。

フライブルク・イム・ブライスガウ、二月　二〇〇九年

（渡辺和典 訳）

訳注

＊1　この「ハイデガー・フォーラム」は、ヴィットーリオ・クロスターマン社から刊行されているシリーズ名であり、二〇一七年一一月現在、一三巻が刊行されている。

はじめに

1

答えというものは通常、問いを前提としている。問うこととの関係において、答えというものは字義どおり、応答することであり、何かに対して語ることである。つまりそれは何らかの語りかけに向けて発せられ、その語りかけの開けの内へと向けて言われるものである。こうした開けというものは、問いを通じて語りかけることにおいて、明け開かれる。問うこととは、知りたいと思うことをはっきり言うことであるというよりも、むしろ対話を——繰り返し、新たに可能な仕方で——明け開くことなのである。何らかの応答を解き放とうとする発言はいずれも、問うという性格をもっており、こうした発言からは〔答えへの〕期待があふれている。このようにして人は何かを確定しうる。確定するとは、それが他の誰かに向けられた場合には、その当の誰かがどう思うのかを知りたいと思うことなのである。

人は諸々のテクストを解釈しようとし、またテクストは解釈されることを必要とするのであるが、こうしたテクストが誰かに語りかけることはなく、また語りかけられることもない。こうしたテクストはいかなる対話にも属していない。だがまさにこのことが、こうしたテクストの開けを卓越したものとする。テクストは、誰かに向けられることによって、〔語りかけの開けを〕明け開くのではない。テクストは誰かに宛てられているわけではなく、〔語りかけの開けを〕明け開きつつあるのでもなく、ただたんに開かれたものなのである。

まさにそれゆえに、テクストはどんな問いよりも答えをぜひとも必要とする。たしかにテクストは、問いのようには答えられることを望まないし、またそのようなことは不可能である。またテクストは誰に向けられたものでもないので、問うということをしない。テクストが命題の形からみて問いを含むような場合ですら、それらは決して本当の問いではない。しかし、だからこそテクストは別の種類の答えを必要とする。それは何らかの問いに対して答える場合のように、〔問う者から自分に〕宛てられた期待の開けを感じ取ってそれを満たすようなものではなく、その代わりにテクストの開けを確証するようなものである。

解釈というものはつねに答えであり、解釈することが問いを発する場合でもやはりそれは答えである。解釈しつつ問うことは、対話しながら問うのとは異なり、答えを期待してはいない。答えを期待するなどということは無意味であろう、なぜならテクストは答えてはくれないのだから。解釈しつつ問うことはまた、答えてもらうことをまったく必要としてもいない。つまりこのように問うことはそれ自身が答えに他ならない――つまり、テクストに対する応答なのである。それはつねに別様でもありうる一つの表現であり、そのようなものとして、テクストをテクスト自身がもつ可能性において経験するような応答である。

解釈するということは、その本質上、答えることである。答えは、テクストの開けへと向けて答える、つまりテクストが明け開き、読んだり熟考したりすることのなかで近づきやすくする当のものへと向けて答えるのである。テクストへと向かうこうした関係のほうから、いずれの解釈も培われている。解釈は、テクストに応じ、テクストの言葉を受け取るのであるが、そうしたテクストに依存している限りで、応答している。どのような解釈も、それが従事する当のテクストを通じて可能になっているのである。しかし解釈するということは、あるテクストを一つの可能性において読み解くことでもなく、これぞ実際のテクストなのだと言い立てることでもない。解釈は、テクストに依存している限り、また依存しているにもかかわらず、独自性を保っている——それは特有な可能性、つまり、テクストに対して独自でありつつ、この独自であるということをはっきりと言い、それについての責任を負わねばならないような可能性として独自性を保っているのである。解釈は〔その独自性に関して〕責任を負うことができなければならず、また〔解釈者により〕責任を負われなければならない。しかしそれがなされるのは、〔テクストへの応答という意味での〕答えとしてこの解釈がはっきりしたものであると、追加的にいろいろと説明されることを通じてではない。

2

ハイデガーほど解釈者であった思索者は他にはほとんどいない。言いかえれば、彼ほどに自分特有の思索をはっきり解釈として反省した者はほとんどいない。ハイデガーにおいてはつねに、彼がそれへ向けて答える当のテクストがある——まず、エドムント・フッサールの現象学のテクストがあり、それからほどなくして、すでに一九二〇年代前半にはアリストテレスのテクスト、そしてしまいには、ハイデガーが「形而上学」とよぶ哲学の伝統の偉大な、それ自身多様に区分され多岐にわたるテクストがある。ハイデガーの思索は答える。つまりそれは〔他の哲学者の〕テクストに依存し、それに制約された思索であるのだが、彼の思索には固有な立場がある。その立場はつねにあらたに獲得されるものであるため、そのぶんはっきりと見分けのつくものなのである。

ハイデガーのテクストは答えるという性格をもっているので、それを解釈する者にとっては解釈するのがことさらに楽なものとなる。ハイデガーが徹底的に〔他の哲学者のテクストを〕解釈している思索者であるがゆえに、彼のテクストは、解釈というものは避けることができないのだということへと〔読者の〕注意を向けさせる。彼のテクストは、読者にほとんど選択権を委ねない。彼のテクストを読む者、また読んだ者は、意識して答えること、つまり解釈するという状況の内へと置き移されている。だがその一方で、解釈することがこのように見たところ自明の理であるということは、多分に問題のある仕方で拘束力をもつかもしれない。ハイデガーを読む者はすでに〔ハイデガーによる〕解釈のうちに居る。このことはあたかも、その人自身は解釈することを免れたままでいることができるということと解されるかもしれないのである。〔他の哲学者のテクストへと向けられた〕ハイデガーの答えは、強力な答えである。つまりそれは応答としてそれ自身ほとんど確定してしまっており、こうした彼の応答は、〔読み手が〕独自の仕方で思索することのために何らかのしっかりとした支えを提供しているように思われうるほどなのである。

ハイデガーによる答えの強力さを否定しても意味がない。一度ハイデガーの答えに巻き込まれてしまった者はそれを、他の諸々の主張の代わりとして十分吟味しうるような多かれ少なかれ納得のいく主張として読むことはもはやできない。ハイデガーのテクストは解釈として開示的なものである。彼のテクストに巻き込まれた者は、その開示する力のもとにいるのであり、ハイデガーによって解釈された諸々のテクストをつねにすでに、ハイデガーの解釈の光のうちで見てしまっている。これは取り消し不可能である。ハイデガーにきわめて辛らつに対抗する論客ですら、もしその者がハイデガーを読んだことがあるのなら、ハイデガーから学んだことになる。そのためそうした者による論駁は虚構となり、〔ハイデガーに〕束縛されたものとなってしまう。

とはいえわれわれはハイデガーによる解釈を簡単に引き受けてしまうべきではない。そうしてしまうと、それがもつ解釈という性格は真面目に受け取られなくなるであろう。つまり、どの解釈もそのつど問題となるテクストの活動空間においてのみ可能なのだということが無視されてしまうであろう。しかしハイデガーの場合、解釈というものは同時に、彼の思索に従事するいずれの解釈もがそれに依存している当のテクストでもあるのだ。ハイデガーの何らかのテクストに従事した解釈は、その解釈がそれ自身によっては補うことができないような解釈の連関の内へと入り込んでいる。それゆえそうした解釈は、自身の〔ハイデガーのテクストへの〕依存性を認めると同時に、自身の独自性を知っていなければならない。

こうしたことが可能になるのは、ハイデガーの諸々のテクストについて解釈する際に、こうしたテクストを〔他の哲学者のテクストについてのハイデガーによる〕解釈として反省し、そのように反省しながらハイデガーのテクストへの隔たりを見出すことによってである。その場合、ハイデガーの諸々のテクストについての解釈は、ハイデガーによる解釈を解明すること、つまりハイデガーによる解釈を批判的に、したがって〔自らと〕区別しつつ究明することである。こうした解釈は関係を規定することである。つまりそれは、ハイデガーの諸々のテクストがそのテクストにおいて解釈された諸々の〔他の哲学者の〕テクストへともっている関係を探索し、言葉によって明らかにすることなのである。

このように関係を規定することが、この本に集められた諸論文の課題である。これらの論文で共通して試みられるのは、ハイデガーの諸々のテクストをその当のテクストのなかで解釈されているものへの関係において規定し、その際、彼のテクストを解釈として考えてみるということである。論文はただそのテーマによって互いに異なっているだけでなく、その熟考されている度合いによっても異なっている。これらの論文は多かれ少なかれハイデガーから大きく隔たっているのであるが、この際隔たりというのは、距離を取るという普通の意味においてではなく、概念的に独自であるという意味で理解されねばならない。このような概念的な独自性は必然的に生じたものである。またそれはとりわけ、ハイデガーの解釈の技と対決することを通じて生じたのである(1)。

答えは、それが独自なものであればあるほど、よりいっそう問いとして自らの考えをはっきりと言葉で表現することができる。しかし〔この場合の〕問いはテクストに対する問いではなく、したがってもはや〔テクストに対する〕いかなる答えでもなく、テクストにおいて究明された事象についての問いである。問うこととはその場合、諸々のテクストのなかで究明されてはいるが、テクストを通じてだけでは近づくことができない事象のもつ不思議さに気持ちをとらえられるということである。こうした意味において、この本に集められた諸論文は問いの途上にある。

ハイデガーにとって問題となる事象とはとりわけ、現象性に特有な、驚くべきことであった。つまり、それは「自らを示す」ということが根拠づけられず、他のものからは導き出されないということであった。何かが有る——第一次的には、特定なものであるがゆえに規定可能なものとしてではなく、たんに直観にとって与えられ、同時に、直観の反省にとっても与えられているものとして有る。このように与えられていることを受け入れることとは、それを記述し規定しようとすることである。ハイデガーの思索とは——その前期の、まだとても綱領的な試みから、後期のそこそこ見通しがきくようになったテクストまで——経験された現象性を探索し、記述することなのである。

こうした現象性は、ハイデガーのテクストを解釈するなかでのみ経験されうるのではない。解釈者たちは、諸々のテクストによって、その内で記述されている事象へと導かれる。だからこうした事象は諸々のテクストより先にあるはずである。ハイデガーの思索にとって問題となった事象について問うことは、〔そのためハイデガーという〕人物へと行き着く。だが、マルティン・ハイデガーが人々によく知られ、それどころか馴染まれている場合ですら、このことは彼の思索にとって問題となった事象が接近可能になったということを意味してはいない。こうした事象は、哲学研究の対象として、本質的には諸々のテクストの内で表現されている。〔したがって〕人物からこうした事象を読み取るということは、ある特別な、つまり事象を少なくとも予感している眼差しを必要とするのであり、こうした予感を具体化する能力を必要とする。それは技を必要とするのであり、もしそうであれば、この巻の初めでなされているようにハイデガーの肖像と対決することは——あたかも、〔当該の〕人物がもはや居合わせないとき、その現前の代用品にすがることにならざるをえないかのような——何らかの臨時措置という性格をもつだけには留まらない。画家と造形家はとくによく眺めており、そのようにして彼らは〔ハイデガーという〕人物を貫いて、その人物の生を規定した事象へと行き着くのである。

〔肖像だけでなく〕その当該の人を取り囲んでいたいろいろなものや、その人がいた空間も、その人間をはっきりと示す。トートナウベルクにあるハイデガーの仕事小屋が依然として訪問者を惹きつけているということは、とりわけこうしたことに基づいてのことなのであろう。場所というものは、もしその場に何かが限定されることができるなら〔その何かについての〕信憑性を保証してくれる。ここトートナウベルクでは何かが起こったのである、つまり思索を要求し、また要求すると思われるような何かがここで生じたのだ。一つの場所によって、諸々の解明がなされうるのであり、その場所へと属しているものが接近可能なものになりうる。それゆえ場所を記述するということをやってみる価値はあるであろう。おそらく場所を記述することは、著作や印刷物のなかで接近可能になっている思索の表現をかならずや超えて、思索の根拠へと行き着くであろう。

（陶久明日香 訳）

肖像

オットー・ディクス、マルティン・ハイデガーを素描する

それはけっして感じのいい一枚ではないし、どうみても実際よりよく見せようというものではない。わずかばかりの縮れ毛が張り付いた大きな頭部、両肩の間にあるその頭部は、山の頂上に打ち込まれたかのようだ。顔は長すぎる鼻に貫かれている。その鼻は顔に沿って湾曲して、顔を支配している。鼻は狭い両目の間を爬虫類のように通り抜けていて、顎を飛び越えてきたかのようだ。その顎は強く突出し、加えて太い縦じわによって強調されている。鼻と顎の間の口は一本の線で、反抗的に閉じられている。走り書きされた蛇行線で示された口髭によって、口は鼻の影として引かれた線であるかのように描かれている。頬骨は力強く突出している。クレヨンがそれを、ある一面において、それどころか多面的にも模写している、走り書きのざらざらした線と、濃い黒の鈎状の線で。そうした線はもはや紙の上に乗っているのではなく、紙のなかに埋め込まれているかのようだ。だが、最も目立っているのは両目だ。それらからは、鋭い、それどころか突き刺すような視線が放たれている。視線は吟味しつつ見すえている。しかし同時にその両目は、それらを取り囲むように激しく引かれた角度のついた線によって靄に覆われ

たようであり、ぼやけた線による影に包まれている。両端の尖った卵形が、瞳の上に付いているかのように見える。それらは視線の上に柵のように付いている。

これが描画を隠し絵にしている。眼差しは鋭く一直線に向けられているが、同時にそれは失われてもいる——あたかも、誰かが二つの石を湖水に投げ、それらの落ちたところが両目になり、いまは波紋の円を描いているかのように。眼差しはそのように見えるのだが、口はまた別の印象を与えている。口もまた、突然、失われたかのように見える。それは不決断のまま、動けなくなっていて、また、絶え間ない、生に属する痛みが我慢されているかのようである。両目と口とはそのように見えるが、頭は全体として驚愕しているかのように後退している。頭はそれに出会う何かに直面して気を付けねばならないかのようである。そして、描画は、再度、急に変化する。いまや再び、両目はまっすぐ前を見ており、口は緊張した線になり、首は不動のまま止まっている、たとえ何が起ろうともその場から動くことのない石のように。

人は一人の哲学者をたぶん違ったふうに考えるだろう。おそらくは考え込んでいて、どこか別のところにいるかのように眼差しを漠然とした遠くに向けているか、あるいは自分自身のうちに耳を澄ませるかのように夢見がちであるか。だが、それが思索している頭なら、思索は冷静に考え込むことではなく、内なる声を聴くことでもなく、世界を忘却する瞑想でもない。描画の激しい線はそれとは別のイメージを与えている。そうした線は動かずに止まる形によって或る出来事を示している。線によって形自体が動きから作り出される。だが、他方で形は動きをそれ自体の内に受け入れている。形は動きを吸収し、動きを保持している。そのこともまた、一つの隠し絵である。動きを停止させ、そしてそれを保持するものは、同時に動きの痕跡であり、それゆえ一度一方が現れれば、そのときには再度もう一方が現れることになる。隠し絵が思索の画像であるなら、思索は解消と存続との間の不思議な中央であり、思索は、解消しつつの存続であり、それは同様に形のための解消である。――つまり、或る形のためなのだが、それは予め現存したことはなく、永遠に引き留めておかれないし、確定されることもできず、そうではなくそれは中断するのである。中断とは、一種の休止のようなものでもありうる。それは突然の停止である。そしてそれは継続される。しかし中断は動き自体の静けさとしても可能である。そして、中断は空中における昆虫の立ち止まりのようであり、つまり動きにおける静寂である。

こうしたすべてのことをこの素描が分からせてくれるかのようであるのだが、それは次の場合に限られる。すなわち、描かれているのが一人の思索者であり、それどころか或る特定の思索者であるということを承知している場合である。その場合、見分けのつく顔立ちは写真と比較できるし、多くの人たちにとっては記憶心像と比較できる。そしてそのとき初めて人はその顔立ちの内に思索を、哲学をさがす。しかし、この素描を観察しつつ、人は描かれた人物のみを見出すわけではない。人はそれとは違う何かを見出すのだが、それが明らかになるためには、それを言葉にしなければならない。このことが思索であるなら、思索はここでは人間の絵姿に付け足されるものではない。描写へと進み行き、それを補充するイメージではない。そのとき思索は、見分けのつくものそれ自体の衝撃の内にある。

それが彼であろうか。人はそのことを否定できない。彼は見分けが付く、しかし同時に彼は見覚えのない、それゆえ不安にする特徴へと歪曲されている。人は彼自身を見るのだが、しかしそのようにして人は彼をけっして見なかった。何度も見られ、それゆえよく知られたものはなおそこに現に存在するが、それにもかかわらず、それは重要ではない。見分けの付く顔かたちに或るドラマが刻み込まれる。そのドラマによって顔かたちは描写される。人がこの人物が思索者であることを知るやいなや、人はその思索をドラマとして見る。いまや思索は、解消しつつ形成する動きと停止している形との中央である。それは最高度の傷付きやすさと不屈であることとの戦いである。その際、この戦いの、永遠の上に設けられた緊急対応時間において、次の内のいずれが勝利をおさめたであろうか。すなわち、動きの流れ去るもの、それから引き立ててゆくもの、空虚さへと移行するものであるか、あるいは〔動かない〕形の決然とした反抗であるか。緊張の瞬間が過ぎ去りえないなら、これは未決定のままに止まるにちがいない、ここで描画された事柄はこの緊張以外の何ものでもないからだ。そのとき傷つきやすさそのものは、しかも絶えず不屈さへと急変するのであり、また同時に不屈さに対するいかなる反対も主張しえないのである。そのとき、形の反抗しつつの静寂から、動きの渦が発言し、その結果、形は動きに反対し、そして同時に形は動きにもとづいて存在する。こうしたことが描かれた人物〔ハイデガー〕の思索のうちで経験されるが、同様のことがこの人物によるテクストのうちでも経験される。それは、確認する語からは脱去するような何かから言葉へと達するのであり、しかもそれは語に外ならないものとして脱去するものを有する。「存在」、「存在の真理」、「性起」、「ピュシス」も、――これらすべての暗号は、語へと突き進むものであり、しかも、それを名づけようとする語において自らをただ隠すものであるような、そのようなもののためにあるのだ。

素描家はそのことを知らなかったにちがいない。彼はこの哲学者のテクストも読めたが、しかしこの絵の理解にとってこのことに重要性はない。素描家は思索を描いたのではないし、寓意的に見分けられるようにしようとすることはなかった。彼はまた、本来概念によって述べられるべき思索に感性的な言い方をしようと試みはしなかった。ここではいかなる理念も感性的な見かけに達することはないのである。むしろ、素描家は、人が知っている思索者の特徴からただ寓話的なもの、人間的あまりにも人間的なもの、自己様式化、これだけを拭い去った。思索者の特徴のうちに素描する手によって或るアンビヴァレンツと戦いとを見出すために。

この絵はどうみても実際より良く見せようというものではない。それは描かれた人を、その人がおそらくは見られたいようには描いていないし、他人が彼を見たいようにも描いていない。それは彼を彼自身の高度に緊迫した生命性の内に置く。そのようにしてそれは、語に捉えられて、思索の可能的な真理であるような或る真理を見出したのである。

（関口 浩 訳）

仮面《ペルソナ》
ハンス・ヴィンマー、マルティン・ハイデガーを素描する

仮面《ペルソナ》――裏の空いたものであって、そこから何かが鳴り響いてくるもの。しかしそれは、同時に遮断するものであり、そのようにして単純な音に代えて、くぐもって響くものである。仮面《ペルソナ》――目と口の開いたものであって、それは自らに注目を集め、眼差しを向ける者を引き止める。そのように引き止められて、自分は本当に重要なものを見逃している、ということが眼差しを向ける者にはっきり分かってくる。

重要なのは声である。それはただ聞かれるのであって、見られはしない。だがその声は、単純に鳴り響くのではなく、くぐもって響く。それゆえ、その声はもはや聞くことと見ることとの相互作用に所属させることはできない。それはもはや人間の誰か――そこに居る誰か、取り違えるべくもない特定の誰か――が発言するときの声ではない。その声はたしかになお特別に鳴り響くし、なおその声を他のあらゆる声から区別する響きをもってはいる。だが、その声が誰の声であるかは分からない。そして、その

声は響きによってのみ識別されるべきだが、しかしそれが親しげに響くことはない。その声は、それを発音する者から引き離されるようにしてのみ存在する。そのことによって、それはますます声となる。その声は、何か特別の場所を許されたものであるかのように、際立ってくる。くぐもって響くことはその声にとってどう存するのかといえば、その声が何らかの土台の上に据えられているかのように、である。

そのように存在するのは声ばかりではない。眼差しもまた似たように存在する。仮面、マスク、それは、グリムの辞典によれば、「道具によって作られた顔の覆い」である。眼差し（Blick）は、古語ではそれも一種の「顔つき」であるが、或る範囲内に呪縛されて、塀をめぐらされたかのようである。眼差しは、それのために考えられた開口部を通り抜けて行く。その眼差しは、もはや顔つきとなることはなく――普通、人がまずその眼差しから把握する顔でもない。誰かを直視することは、観察することとは異なり、じっと見つめることであり見守ることであり、すなわち目でまともに見ることである。だが、いまや、向かってくる眼差しは、ただ顔つきのように見えるだけのものに結びつけられている――何らかの顔つきの表現に。しかし、表現は示しかつ隠蔽する。マスクは単なる覆い隠しではない。それはヴェールではなく、前に置かれた、前方に据えられた顔つきであって、その顔つきはもう一つの本当の顔つきを隠蔽するという目的をもっている。示しかつ隠蔽するという二重化として、マスクは単純にただそこにあるだけのあらゆる顔つきより以上のものである。それは眼差しを向けている者を隠蔽し、しかもその眼差しを外部に出している。もはや誰も眼差してはいないが、仮面を通り抜けて眼差しているのである。

粘土でできたマスク、それはそれ自体顔つきであるが、しかし生きている顔ではない。それは顔つきを覆い隠すには不適切であり、実際そのために考えられたのではない。声も眼差しもそれを通り抜けられない。口は微笑みによって閉ざされ、言葉を語ることはできず、ただ口角だけが空いている——あたかも、音のないままに留まっている声に、発語不可能な開いたところが与えられているかのようである。それだから、人はこのマスクを忘れず、しかも同時にそれが無言のままに留まることを知る。それはただ明瞭な沈黙としてだけ現前する。

＊

刳りぬかれた目からは、何者も眼差しを向けてはいない。そのマスクからは、出会われ、持ち堪えられ、あるいは回避されうるようないかなる目ももはや見出されない。空けたところ、空虚なところがそれ自体目になっている。それは至るところに眼差しを向けるが、それ自体を何らかの意味に固定することはない。だが、同時に近さでもある浮遊する遠さが感じられる。その眼差しはいかなる眼差しでもなく、方向の定まることのない、計りかねる覚醒である。ダイモニオン的な特徴もそこにはあって、それは、顎のまっすぐ上にある頭部の確実さよりも、一層深いところを行く何かである。すなわち、私はそこに居るが、しかし別のところに居る。諸君は、私を知っていると思うが、しかし諸君は私が何者であるかを知らない。

マスクは肖像である。すなわち誰であるかが確認できる頭部が、もう一度、異質の素材に翻訳されて、何らかの形態へと移される。その形態は、自由に作られ、そのようにしてそれだけで存立し、その頭部を意味することができるものである。すなわち、マスクはその頭部を、ある名前をもったこの特定のものとして、取り違えることのできないものとして、意味することができる。だが、そのマスクは翻訳であるのだから、それは誰かを意味することに吸収されはしない。それはそれ自体として存立する。それは誰かを意味するが、それはただ、人が彼自身に認めることのできないものを示すためだけである。それが示すのは、それの意味するものによって、したがって彼によって、意味されている人によって、差し出される何かである。それは彼自身を仮面《ペルソナ》として示すのである。

焼かれた土で出来た肖像の最終段階としてのその仮面には、諸々の素描、すなわち小さなスケッチブックに描かれた諸々の習作が先行している。実際、それは肖像なのである、たいていの場合そう見えるように。それは、いまここでの状況に結びつけられており、表現されている人がその場に居あわせている。マルティン・ハイデガーはバイエルン美術アカデミーで講演を行っている。彫刻家、そのときは素描家であったが、その彫刻家の鉛筆は、書見台にもたれた姿をスケッチし、その姿勢によって原稿に向けた視線を捉えている。そのときハイデガーは机にうず高くつみあげられた書籍の背後に居た。あたかも、彼は精神を集中しているかのようであった。ただちに彼は開始するであろう。あるいは、すでに途上にある思索を、さらに続けてゆくだろう。ここで素描家は特別にまさに目を向け、もう一度摑み直すのである。すなわち、身体を支えている手のために、彼はもう一枚描くのである。

だが、素描家はただ単に目であるだけではなく、彼はまた呼びかけられもする。人はもう一度、この講演者がどれほど集中しているかを理解する。鉛筆で幾度も形作られ、それゆえ力ずくで表された頭部は傾いており、たくましい鼻の上には目がなく、ただ繊細な線だけが引かれている。それは両目を暗示し、それらを線で消している。その姿は未完成で、ただ両肩と、どこかわからないところをつかむ片方の腕だけである。その姿の隣に、優美に、広がって書かれた文字がある。「リズムは静寂（Ruhe）である」と。

書かれた文字は、別の紙片にもう一つある。そこでは、今度はとても小さく弱々しく現された姿が、メモ書きの前に描かれている。「IKI」と「KOTOBA」とは、ただちに認められる語である。後者の語は、岩の割れ目によって分割されたかのようである。それぞれの要素はそれについての注釈に結びつけられる。陰影線のような筆跡で、「KOTO――流れゆく静けさ（Stille）の純粋な魅了」。「BA――花、花びら、差異」。「KOTO」はもう一度読まれ、上部の空欄に、二つの、たがいの内部まで組み合わされている、それゆえまったく透明な頭部の習作の隣にある。その習作は紙片の下部の姿の上に非常に大きく掛かっている。そこに、KOTOという語が、次のように書きつけられた言い回しから、目立っている。すなわち「花びらはKOTOに由来する」。素描家にとって、彼がそれを文字にして書き留めるほど、それほど重要だったものが、この素描から導き出され、「言葉への途上」として理解された思索の内へと導かれる。この題名をともなう著作はミュンヘン講演の次年に出版された。

――すると、言語のための名称としてのKoto baとは何を意味するのでしょうか？

――この語に聞くなら、言語とはKotoに由来する花弁です。

――それは不思議な、それゆえ考えられないような語です。それは、Sprache, γλῶσσα, lingua, langue, languageというような形而上学的に理解された諸々の名称がわれわれに提示するのとは別のものを命名しています。もっとも、私は、ずっと前から、その本質を熟考する際には、言語（Sprache）という語の使用を避けてきましたが[1]」。

或る特定の語に対する忌避と見なされるかもしれないことは、ただ慎重さにすぎないのかもしれない。そのような慎重さは言われたことへの厳密な傾聴から生じる。その傾聴は言語によって夢想することはない。それは目覚めた思索が目覚めていることである。

グリムの辞書には次のように記されている。言語は「一般に、語る働きと語る能力を与えるものとを表す」、と。グロッサ（γλῶσσα）とは「舌」を意味し、lingua も同様であり、ラテン語に従って作られたすべての語も同様である。「Sprache」――これは人間から考えられている。言語を意味する挙げられたすべての語において、人は言語が自分自身に属することを認めている。

しかし、このように認めることはつねに遅すぎるのである。それは、他のもののおかげにもとづいた自立性を確証することである。そのようなすべての認定はただ言語自体の内でだけ可能となる。そのような認定に対して、たしかに「言語」といわれはするが、しかし実は言語ではないものが、前もって到来しているのである。それは非言語であって、「舌」によらず、いかなる人間的な行為でも能力でもない。ヴィルヘルム・フォン・フンボルトの言うところによれば、人間は「言語によって人間である。しかし言語を考案するために、人間はすでに人間でなければならない(2)」。ハイデガーはこの一文を採り上げて、それを次のように換言している。「言語は、人間を実現し、人間を初めてもたらし－与えるのである。そのように考えるなら、人間は言語による一種の約束（Versprechen）であろう(3)」。「約束」として人間は言語から到来し、言語から言語によって、その人間的本質をもつ。同時にしかし、人間は言語が彼に定めたことを履行することでもある。人間は一種の約束なのであり、それを言語は彼に授け、彼によって守っているのである。

しかしもう一度言うが、ここで話題にするのは、夢見がちに言葉を用いるときの「言語」だけではない。それは、語ることの動き（Bewegung）でも、人々が語りつつ従わなければならない規則の体系でもない。ただ使用に際してだけ、使用のためにだけ、規則は存在する。人々は、規則を練習して覚えることによって、それを学習する。規則の明確な定式化は、人々がその規則をより容易に覚えるという意味しかもたない。規則は語ることの動きに属するのである。

この動きに先行するのが、静寂である。

静寂は、動くことあるいは別の状態に動かされることに対立するものではない。これも運動の不足あるいはその欠如として、ただ運動の方からだけ考えられているのだろう。静寂はそのようなものではない。静寂は、何か歩いたり走ったりして端から端まで踏査されるような、そのような広々とした谷間として存在する。その景観は、そのなかに何ものも動いていないということによって、そのことだけで静寂なのではない。その景観はそれ自体で静寂なのである。動きが欠如している場合、静寂はいっそう目立つ。その場合、その静寂はまったくただ、それがあるがままのものであるだけである。しかし、それがあるがままのものに留まるのは、実際のところ、人がそれによって彼自身の道を選び取る場合である。その静寂は動きを許容し、それを担ってゆくのである。

あるいは、誰かがそこに立って精神を集中している。ただちに彼は語り始めるか、あるいは思索の歩みを続けるだろう。そのことは最初の言葉の前の、緊張した静粛とは別のものである。それは小休止でもない。したがってしばらくの後に再度の開始が続くような、中止でもない。それは、出発する前にある景観を静かに計測するようなことである。

しかし、精神の集中は語ることにただ先行するだけではない。集中は、語ることの静寂として、語ることを許容する。そしてそのような集中が語ることを支えているのである。集中して語る者は事柄のもとにあって、それゆえその事柄のために適切な語を見出す。言われたことは適切に進展し、ある意味が存在するようになる。それがそのようになるのは、問題となっている事柄の静寂が思索と語ることの動きに伝わるからなのである。

*

「リズムは静寂である」。あるいは、より正確に言うなら、動きに伝えられている静寂がリズムである。「リズムは静寂にしていることであり、そのことがダンスと歌唱の動き、道を－たどること（Bewegung）を構成し、そのようにしてそれ自体の内に安らわせるのである[4]」。

そのようなことが素描家を感動させたのかもしれなかった。紙の上を行く鉛筆。それはとにかくまったく軽く進んでゆく、繊細な痕跡を残しつつ。そして、素描家は著しく強烈にしっかりと擦《こす》る。あるいは多孔質の面を作る。それが、頭部、暗さに対する明るさ、これらの強調を生じさせる。長く走ってゆく線、乱雑な線の絡み合い、短い陰影線、影を付けるために。そしてつねに空白の紙面、それから頭部と姿とが現れてくる。紙面は鉛筆の動きのための静寂である。鉛筆は、紙上に痕跡を残さないものの空白を測りながら、そのリズムを見出し、そして頭部と姿とを測る。書見台あるいはテーブルにもたれる集中した人。傾聴する人あるいは熟慮する人、この人は事柄の傍らに居るのだ。すなわち、言語の果たされた約束としての思索のリズムの傍らに居るのである。

素描することと思索することとの密かな親密さがリズムの内にある。両者は静寂からの動きなのである。静寂は、動きを知らせ、そのようにして動きによって何か調和のとれたものへと導かれる。すなわち、思想の構造へと、紙面に現れてくる形態へと。両者は明白であることができる。というのは、思想の構造をもたらす動きは静寂によってくまなく同調させられているからだ。思想の構造は動かされたものであり、そのものによって静寂は輝き通すのである。

このように輝くことを素描家は最も明確に紙面に書く。自分の素描を解説しながら、彼は、それ自体一種の解説になるような、思索されたことを自分の方へもってくる。彼は思索されたことを鉛筆の痕跡として思索者の細身の姿の隣に据える。連作になっている頭部の二つの習作の下に、軽く上方へ向けられた数行の文字というやり方で。それらは一つの扇のように開いていて、紙面の空白を通る陰影線を付された道としてつうじている。「IKI」はそこにあって、そしてさらにそれの意味するもの、「魅了すること（Entzücken）」がある。それは「取り去ること（Entziehen）」の一種である。ただ動かされただけのものから静寂の内へと転出させること、その結果として、静寂によって動かされたものはそれの輝く力と深さとを受けとるのである。あらゆる輝きはただ光輝を通すものからだけ存在する。さもなければ、それは「気に掛かる刺激」という表面的なものにとどまるであろう。それは「そよぐ静けさの純粋な魅了」――ただ後方へと退くときだけ現存するものからそれ自体を示すこと、ではないのである。それはKOTO、美なのである。美は言語の本質から、あらゆる語りに先行する非‐言語から考えられる。そのつど魅了するもの自体、それは比類なくそのつど繰り返しえない瞬間にその優美さの充実をもって輝きへと到来するのである。(5)

＊

本来は静寂あるいは静けさである非言語、これについての思索との親密さにもとづいて、素描することは仮面への一つの道でありうる。決定的な歩みの認められる絵がある。或る横顔の絵、閉ざされた目の――ここ〔メスキルヒ城〕の収蔵品でもあるものだ。髪の生え際であるかもしれないところが、耳と顎とに付け足された幾重もの線、顔を仮面として頭部から引き離す線で結びつけられている。そのように、素描されたものにおいて、すでにそれが何であったかがはっきり目に見えるようになる。すなわちそれは、透過性と被覆性とのリズムである。透過させるものであって、しかも沈黙しつつ現前している声としてくぐもって響きうるものが、静寂であり、それから形への動きも思想への動きも生じてくるのである。

このことを彫刻家もまた思索しつつ知ったのであり、言葉に捉えたのである。この仮面を贈るときに付した挨拶の言葉のなかでハンス・ヴィンマーは、これを祈願することのできる一種の〈家の良き守り神〉であると言っている。この仮面はダイモーン、すなわち神霊であり、それには、揺れ動く現代において哲学者の思想がわれわれを安心させるように、ということが要望されるのである。というのは、――と彫刻家であり素描家でもあるヴィンマーは付言するのだが――このことは、「けれども、思索と造形との証しでもあろう」から。造形と思索とによって現代は洞察できるようになる。それというのも、この両者は仮面であり、ペルソナであるからだ。つまり、思索と造形とは、現代の背後にあるものの現代性――それ自体を伝達する静寂なのである。

（関口 浩 訳）

フッサールとハイデガー

ハイデガーがまずはじめにそこにいた。彼はフライブルクで研究し、そこで博士号を授与され、そして一九一五年に中世哲学に関する論文で大学教授資格を授与された。フッサールがその一年後ゲッティンゲンからフライブルクに来たとき、フッサールは五七歳で、そのときには名声を得た学者になっており、彼の能力の絶頂期であったが、そのときハイデガーは兵役に服していた。一九一九年の冬になってようやくこの三〇歳の私講師は再び講義を行うことができたのであった。しかしこの講義のテクストには変化が、それどころか、一目でわかる仕事上の変貌がある。フッサールとの対話が影響を与えたわけである。ハイデガーは一九一七年からフッサールと対話できるようになり、それはすぐに緊密な共同作業へと結実した。ハイデガーは、学問的には堅実であるが決して刺激的ではなかった私講師から、天才的な哲学者、爆発的な精神力をもつ独創的な思想家、そのうちで哲学が湧き上がり言葉になろうとするような思想家になった。この変貌の理由はひとえにフッサールの現象学である。たしかにハイデガーはフッサールの初期の主著『論理学研究』をすでに学生のときに読んでいた。しかしいまや初めて現象学による衝撃を受けて、これから見るように、ハイデガーは彼自身の哲学の道を見出すのである。

比較的遅くに見出された師はすでに講師になっていた弟子に明らかに歩み寄っていった。フッサールの哲学的な仕事は哲学の新たな基礎づけにとどまらず、諸学問との関係のなかで哲学を新たに規定することをも目標としていた。哲学は「厳密な学」でなければならず、哲学的認識は、何も前提することなく認識の可能性それ自体にまで向けられていなければならなかった(1)。たしかにフッサールは以下のように書いている。哲学についてのこの要求は「その原初から」掲げられているものであるが、学問としての哲学はこの要求をこれまでまだ果たしてこなかった(2)。哲学は決して、一貫していてそれ自身の内部でも整合した、認識の「真なる原初」を露わにしたことはないし、これまでも「問題の決定的な定式化や、正しい方法」を発見してこなかったのである(3)。現象学こそが初めて、厳密な学である。どれほどこのことがより厳密に理解されねばならないかについて、フッサールは一九一三年に出版された彼の今後の構想を示す著作『純粋現象学と現象学的哲学のためのイデーン』のなかで述べている。

とくにこの出発点の徹底性は若きハイデガーに感銘を与えただろう。いずれにせよハイデガー自身は、哲学的人生を通して「真なる原初」について問い、哲学の可能性を根本から考え抜こうとするのである。しかしまさにそのような仕方で問うことは、もはや他の者の問題設定に、いわんやその答えに追随しないことを意味する。ハイデガーはフッサールに多くを負っているにもかかわらず、彼はそのプログラムを自らに課すのではなく、自分自身の道を歩んでゆく。ハイデガーは自分にそうする権利があることを自らの師を通じて見て取ったのである。ハイデガーは「「事象」そのものへ」立ち戻ることが重要である(4)、というフッサールの哲学的モットーを受け取って、このモットーを、間違いなくフッサールの哲学へと向けている。すなわち、もし人が事象そのものに寄り添おうとするならば、「先行的に把握されたあらゆる理論に対して無遠慮であることを自らに課さねばならない」——そのように、プラトンの対話篇『ソピステス』についての一九二四／二五年冬学期講義でハイデガーは述べている。(5) そうはいっても、ハイデガーがその解釈のなかで、対話相手のエレアからの客人の断言を強調するのには理由がある。ハイデガーによれば、エレアからの客人はその固有な問いによって、彼の師であるパルメニデスに対して「父殺し」になろうとしているのではない。このことが重要なのではなく、むしろ「認識を」貫徹することが重要なのである。(6) ハイデガーがこのことを強調するのには明らかに理由があって、それは、彼自身が父親殺しの目論見をもっているという嫌疑をかけられているからである。

フッサールは、ほとんど哲学上の養子になったというべき彼の弟子の独自性について、後になってようやく気づいている。ハイデガーがきわめて明白に固有の道を描き出した著作『存在と時間』はこうして、フッサールの編集する『現象学と現象学的研究のための年報』において一九二七年に公表された。これら一連のことはフッサールがハイデガーを後継者として招聘することを望み、歓迎していたことを証拠立てている。ハイデガーはマールブルク大学で五年を過ごした後、フッサールの講座を引き継ぐために一九二八年に「彼の」大学へと戻ってくる。フッサールの七〇歳の誕生日の一九二九年四月八日に、ハイデガーは「親愛なる、父のような友人」に敬意を表して祝辞を述べている。(7) 二人の関係は良好で、心からのものであり、友好的である。失望が到来するのはようやくその数年後である。フッサールは最終的に、ハイデガーの出発点と彼自身の出発点は相容れないということを確信した。一九三一年の或る書簡のなかで、フッサールは弟子のアレクサンダー・プフェンダーに、自分は「哲学上、ハイデガー的な深遠な思弁」、「この天才的な非学問性」とは何の関わりもない、という「嘆かわしい結論」を伝えている。(8) 同年のローマン・インガルデン宛の或る書簡では、ハイデガーは「対蹠者」として語られていた。(9) いまや断絶が生じたのであった。

フッサールはハイデガーの哲学的展開の気に入らない点を明確に定式化している。一九三〇年に公刊したテクストのなかで、フッサールは「哲学の純粋な意味を腐敗させる過ち、すなわち哲学を人間学や心理学、あるいは人間ないし人間の心的生についての実証的学問の上に基づけようとする過ち」について語っている。(10) このテーマはフッサールにとって非常に重要であり、翌年の六月にフランクフルト・アム・マイン、ベルリン、ハレを巡行する講演旅行を企てるほどであった。彼は――ベルリンでは一六〇〇人を超える聴衆の前で――「現象学と人間学」について講演している。(11) フッサールの理解によれば、人間学と心理学は、哲学を不可能にしている。もし天才的な弟子にして後継者であるハイデガーが人間学者になってしまったら、それは現象学の伝統形成の危機、場合によってはフッサールが生涯をかけて基礎づけ養ってきた哲学的学派の崩壊を意味する。

フッサールの苦い諦念混じりの失望は理解できよう。問題はそれが正当であったかどうかである。いずれにせよハイデガー自身は彼の哲学を人間学や心理学とみなすありとあらゆる評価に反論した。『存在と時間』第一〇節において彼は、この著書の企図を誤解のないように説得的な仕方でこれらの学問から区別している。『存在と時間』ははじめから人間学的でもなければ心理学的でもない。しかもそれだけではない。人間学と心理学を超克しようというフッサールの試みは不十分であった、とハイデガーは加えて表明している。フッサールと同じく、ハイデガーにとっても徹底して前提をもたない哲学が重要であり、そのため哲学を諸学問から独立させる試みも重要なのである。そしてフッサールと同じくハイデガーも、そのような哲学はただ現象学としてのみ可能であると確信しているのである。したがってハイデガーはフッサールの現象学的なプログラムに疑念をもっていたのではなく、自らの確信に従って、このプログラムの、より一貫してより説得的な別のバージョンを展開しようとしたのである。フッサールとハイデガーの論争は哲学的論争であるが、ハンス・ブルーメンベルクが定式化しているように、フッサールにとっては「免れえない父の運命」であったのである。[12]

だが二人の困難な関係は一九三三年にはさらに悪化していた。フッサールはユダヤの家系のゆえに名誉教授資格を停止され、一方、ハイデガーはフライブルク大学の学長になった。しかし、ハイデガーが何らかの圧力を彼の師に対してかけようとしたという説は正しくない。フッサールの教授資格停止はハイデガーの学長任期中に解除されたのである。たしかに、出版社からの求めによってフッサールへの献辞は、一九四一年に公刊された『存在と時間』第五版で消去されはした。しかし、ハイデガーがこれを受け入れたのは、そうしなければもうこの本を出版することができないかもしれない、という理由からでしかない。それに加えてハイデガーは、フッサールへの謝辞を含んだ脚注が『存在と時間』三八頁に保持されることにこだわった。H・W・ペツェットの証言によれば、ハイデガーは、自身が一九三八年のフッサールの葬儀に出席しなかったことを「人間的欠陥」と解していた。[13] しかし、その頃にはすでに長らく二人はお互いにほとんど関わることがなくなっていたのである。遅くとも一九二九年以降、フッサールとハイデガーはお互いに疎遠になっていたし、このように疎遠になった理由は現象学であった。

現象学に関していえば、フッサールがまずはじめにそこにいた。ハイデガーが彼と個人的に知り合ったとき、『イデーン』第一巻で後期フッサールの現象学的プログラムが提示されていた。このプログラムにハイデガーは熱心に取り組んだ。それゆえ、さしあたってフッサールのプログラムをその端緒として思い浮かべるならば、ハイデガー自身の現象学的出発点を跡づけることができよう。

現象学とは、諸々の現れについての哲学的な学説である。ファイノメノンとは現れるもの、すなわち、おのれを示すものである。しかし、ここで言う現れは、哲学の伝統とは別の仕方で理解されている。現れは、もはや存在者に比べて第二級のものとは捉えられていない。それは「単なる現れ」ではないし、最初、場合によっては人を欺き、後で別のものとして証示されるような、何かの印象なのではない。フッサール現象学の意味では、偶然的で時に人を欺くものはむしろ存在者である。つまり存在者は今・この個別的な状況下で出会われるものであり、今はそうであっても後には別ものであるかもしれないようなものである。出会われるものが個別的でありかつ変化を被りやすいということを度外視して、ただそれがいかに現れるかということにだけ注意を向けるなら、出会われるものをその構成において考察することができる。何かがただ現れとしてのみ受け取られるやいなや、いかにそれが他の諸々の現れとの連関に属しており、また何がその現れに本質的に属しているのかということも明らかになる。さらに、それは単に視点の変更で別様になるということではなく、内的な統一性に従って変容するということも明らかになる。それゆえ、まさに現象という意味における単なる現れこそが、何らかのものの本質を明示するものなのである。

或るものをもはや存在者としてではなく現れとして考察することは、フッサールにとって、それが意識においていかに与えられるかを考察することを意味する。そのことでもって決してその実在性が消失するなどということはない。というより、単に実在性は重要な役割をもっていないのである。それに対応して、意識も実在的なものとしては理解されず、何かを自身に与えさせる純粋な可能性として理解される。これがいわゆる「心理学主義」に対するフッサールの反論である。すなわち、例えば数学の等式などといった思考の内容は、特定の人間の意識のなかで起こる、経験的に記述可能な出来事ではない。或る思考の内容が特定の人間の心的生において実際に生じるということは、この内容をこの特定の人間の思考の内容としてしまうのではない。誰かがそれを別の仕方で思考したとしても、それは同一の内容なのである。それゆえ思考の内容をそれとして構成しているものは、それが思考されるときに実際に心のなかに生じるということを人が度外視するときにのみ明らかになる。

事実性（Tatsächlichkeit）についてのこの度外視、あるいは遮断ないしカッコ入れを、フッサールは古代懐疑主義から借用してエポケーと名付ける。エポケーという言葉は差し控えるという意味である。人は物についてのあらゆる関心を差し控えることで、物との連関に絡め取られた個人として生きるのではなく、純粋な考察の可能性を獲得するのである。これはあらゆる時に可能な決意によっていつでも起こる。人は日常の生活に絡め取られた態度と引き換えに現象学的態度を手に入れる。この態度変更は、フッサール風に言えば、「われわれの完全な自由の領域」に属している。

この箇所にハイデガーは疑問を差し挟んでいる。ハイデガーはフッサールが採用している態度変更を自明のものとしては受け取らず、いかにしてそれが可能であるのかを明らかにしようとする。この態度変更は、ハイデガーの理解によれば、単に哲学の問題にとどまらない。哲学は人間の生の可能的形態のひとつであるのだから、態度変更はむしろ人間の生そのものに基礎をもっていなければならない。哲学が他ならぬ学問であろうとして、生と一つに結びついていることを無視することによって、この生から切り離されている限りは、哲学はその固有の可能性を明らかにすることができない。そういうわけで、ハイデガーは、学問の内部だけにとどまるような視野を放棄して、早くも戦後初めての講義〔第一次大戦後の講義〕で、世界における人間の生の記述を展開したのである。

しかし、現象学が人間の生から明らかにされうるのは、ただこの生が現象学の態度を哲学以前のかたちで自らのうちに予め孕んでいる場合である。それゆえ、生そのものは現れの経験によって規定されていなければならないし、しかも以下のような二重の観点において規定されねばならない。すなわち、生は現れるものに対して開かれていなければならず、それに加えてこの開性のうちで、現れるものが生に出会うということによって規定されていなければならない。生のすべての可能性は、生それ自体がそれであるところのこの開性に基づいているのである。

ハイデガーはこの考えをとりわけ主著『存在と時間』で展開した。ここで生はその開性に着目して「現存在」として捉えられており、現象学は、人間がそれであるところの存在者の存在の意味への問いと結びつけられている。この本は、現存在に基づいて哲学をその可能性において明らかにすることを要求している。その際ハイデガーは意識を分析するに留まるのではなく、気分や情動といった開性の経験が持つ別の可能性をもまた本質的なものとして〔分析に〕取り入れていた。しかしそのことは、ハイデガーが現象学から逸脱して人間学を仕立て上げることになったということではない。フッサールの批判は彼を射当てていないのである。反対にハイデガーは現象学の問題設定をより徹底させているのだ。彼は現象学の観点のもとで人間の生の本質を問うているのである。

この意味で徹底した現象学は、『存在と時間』以後もハイデガーの思索に残り続けている。時が経つにつれて、ハイデガーの熟思はより濃密なものになっていく。ハイデガーはより決然と現象そのものの本質に取り組むことで、この本質から哲学の運命を理解するに至る。このことは、ハイデガーが或るひとつの概念を取り上げ、これをさまざまな観点から吟味することによって起こった。その概念というのは、『存在と時間』においてすでに中心的なものであった真理という概念である。真理とは、アレーテイアというギリシア語の言葉から理解すれば、「隠れなさ」――すなわち開性である。開性には隠れが取り去られるという契機が属しており、その契機によって開性そのものが経験されうるのである。

隠れなさの思想とともに、前期ハイデガーのうちにすでに存していた或る思索の視野が一層明瞭に立ち現れてくる。ハイデガーの思索は一層はっきりと、哲学をその歴史において、つまり、ギリシアにおける原初から、近代において哲学から独立したさまざまな学問による哲学の危機に至るまでの歴史を、熟考することになったのである。その際ハイデガーは、哲学はたしかに隠れなさの経験をもって生じるが、哲学はこの経験を摑み続けることができないという確信を強めている。しかし、この経験を哲学的に言葉へともたらす試みだけでもすでに、この経験を上塗りし隠蔽することになってしまう。哲学の可能性に対するこの疑いはハイデガーをして芸術の、とりわけ詩作の特有の可能性についてますます注視させるようになる。ハイデガーはその思索のなかで、哲学を超えた開性の諸々の経験を手に入れようと苦心している。それは、哲学に対して本質的に閉ざされたままになっているものへの洞察が、哲学自身を超えて哲学を導いていくことを求めてのことである。

ハイデガーは三〇年代に、すなわちフッサールの存命中に展開した思想によって、一層フッサールから遠ざかっていった――それはもちろん、現象学の事柄を堅持するという仕方においてである。これに対してフッサールは、後年の強制された孤立のなかで、よりはっきりとハイデガー的な主題に取り組むようになっていく。フッサールは後期の著作『ヨーロッパ的諸学問の危機と超越論的現象学』において、諸学問はその可能性を生と世界との先行的な連関から明らかにされなければならないはずだ、というハイデガーの信念を共有している。「生活世界」の思想をもってフッサールは、彼の最高の弟子との相違を自らの固有の思索のうちへと取り戻そうと試みている。

しかしそれによってフッサールがハイデガーになるわけではない。たしかにハイデガーもまた近代を危機と理解しているが、ヨーロッパ的諸学問を哲学的基礎づけのプログラムによって危機から救い出せるだろうとはもはや思っていない。フッサールが思考の「自己解明」という伝統的な哲学の要請に固執しているのに対し[14]、ハイデガーは唯一まだ残っている可能性を以下のことのうちに見ている。すなわち、現れるものを現れさせる開性それ自体を思索し、そうすることで西洋的伝統のうちで忘却されているものに対して注意を向けるようにする、という可能性である。

とはいえ、このような違いがあるにもかかわらず、フッサールとハイデガーは対蹠者ではない。開性それ自体についての思索と、何ものも自明なものとして認めない徹底的な哲学的自己省察は、お互いを排除することはない。それどころかひょっとするとお互いを必要としているのかもしれないのである。フッサールが要求した自己省察が可能になるのは、おそらく開性それ自体、すなわち現象の現象性についてのハイデガー的思考に基づいてなのである。そしておそらく反対に、哲学的伝統の意味での自己省察が、ハイデガーにとって重要な思考を実行する唯一の可能性なのである。伝承された可能性の他にどのような思索の可能性があるというのか。そしてまた、無前提でまったく自明でない所与性の根源的事態からこれらの可能性が展開されることによって以外に、どうやってこれらの可能性が現実の思索に生じうるというのだろうか。ひょっとするとフッサールとハイデガーは哲学の可能性をそれぞれ自分の方法で徹底して考え抜いたのかもしれないし、いまや二人の思索の企図の間の緊張のなかで、共通するものを見出すところにまで来ているのかもしれない。

この試みはずっと以前から途上にある。フッサールとハイデガー以後の現象学は彼らからきわめて決定的な刻印を受けており、いずれのやり方にせよ、あるいはまたそうした現象学が両者の間の緊張において展開されている場合であっても、つねに両者にならうものである。モーリス・メルロ＝ポンティの後期著作『見えるものと見えないもの』と『眼と精神』における可視性の謎をめぐる思索と同様、ジャン＝ポール・サルトルの天才的な初期著作『存在と無』も両者に負っている。エマニュエル・レヴィナスが『全体性と無限』で展開する、他性についての徹底した倫理学の構想もまたフッサールとハイデガーを抜きにしては考えられない。ジャック・デリダの初期著作『声と現象』と『グラマトロジーについて』は、フッサールの現象学とハイデガーのそれとの間の緊張のなかにヨーロッパの伝統が持つ運命を熟考する開性の思索であると、見なせる。これはジャン＝リュック・マリオンによる所与性の解明である著作『エタン・ドネ』にも当てはまる。

フランス人の名前、フランス語の書名ばかりだ。フライブルクで創始された哲学的伝統は見たところライン川の向こう側へと引き入れられているようだ。しかし、ライン川はフライブルクから遠くないので、苦もなく横断することができる。越えるべき境界は、おそらくとりわけ言語の境界として顕著になるだろう。しかし言語の境界は閉ざされておらず、驚くべき仕方で独自の行為によって開かれる。すなわち、読むことと話すことを学ぶことによってである。他の言語によって分節化された思索のなかで、自らの伝統と、それとともにまた自らの言語は再発見されるのである。人は地域的な特性と同じように、言語とともにあるだけではない。このことは、たえず繰り返しその特性を、新たに言語へもたらすことを勧め、また義務づけるのである。

（田村未希 訳）

論文

ハイデガーと現象学

1

公刊された最晩年のテクストのなかで、ハイデガーは自らの『現象学への道』を語り、同時に現象学の将来の可能性を考えている。「現象学的哲学の時代は過ぎ去った」ように見える。現象学的哲学は「すでに、わずかに歴史学的にのみ、哲学の他の諸学派と並んで記録される過去のものと」見なされる、というのである。しかし現象学は、「その最も独自な点においてはいかなる学派でもなく」、「それ自身をときおり変化させ、そうすることによってのみ残り続けるような、思索されるべきものの要求に応じる思索の可能性」である。このように経験されるなら、現象学は「思索の事柄のために――その事柄の開性は秘密にとどまるのではあるが――名称としては消えても」構わない(1)。

したがって、現象学の「最も独自な点」は、絶対に実現される必要があるというわけではなく、その実現を待つしかない可能性としても最も独自な点であり続ける。しかしながら、何よりこの「最も独自な点」は、哲学的プログラムや哲学的方法に拘束されることなしに存立する。ハイデガーが特徴づけるように、最も独自な点とは思索自身の可能性に他ならない。ヘラクレイトスの火が調合される薬草の香りを受け入れるように、(2)自らを分節化してゆく思索のなかで、最も独自な点はさまざまな色合いを受け入れるのである。この「最も独自な点」に即して考えるなら、現象学は匿名になる。ハイデガーも加えられる哲学的潮流のうち、その名が一定期間目立つ思索もあるが、そうしたさまざまな思索のなかでも、現象学は無名のものであり、そしてそれゆえたいていは知られざるものでもある。

ハイデガーにとって現象学の匿名性は、後々発見されたものではない。振り返れば、現象学の匿名性は、すでに彼の哲学的始まりの中心として現れている。フッサールの『論理学研究』を検討する際に、ハイデガーが「確固とした洞察に導かれてというよりむしろ、予感によって［…］」経験したのは、「意識作用の現象学にとって現象のそれ‐自身の‐告知として起こるもの」が、どのような仕方で「より一層根源的に、アリストテレスによって、そしてギリシア的思索の全体と現存在において」思索されているかということである。そこでは、しかも実際すでに初期のハイデガーにとって、アレーテイアが哲学的思索の事柄である。〔ハイデガーが〕振り返りつつ説明することによれば、アレーテイアが哲学的思索の事柄であるのは、「現前するものの隠れなさ」、「現前するものが隠れを脱すること」、「現前するものがそれ自身を示すこと」としてである。(3)したがって、現象学がもつ匿名の「最も独自な点」は、現象学の将来であるだけではなく、すでに現象学の過去でもあり、そしてそのようなものとして、あらゆる哲学の過去でもある。つまり、哲学がそれ自身のギリシア的始まりに依って生命を得ているかぎり、あらゆる哲学は結局のところ、哲学自身にも見抜かれぬままに、無名のままに現象学だったのである。ハイデガーが自らの哲学的始まりをなおも「現象学への道」と特徴づけることは、匿名化の妨げとなってはいない。たしかに現象学への通路は、特殊な哲学的プログラムにさしあたり通じており、特殊な方法に精通させる。しかし、現象学はその本質において認識されることによって普遍的になり、それゆえ自らの名前を放棄しうる。逆にこの普遍化は、現象学の名のもとに始まる思索に特別な重みを与える。現象学の普遍化によって、現象学の際立った、普遍化を遂行する形式が、すべての哲学の真理になるのである。

現象学の匿名化と普遍化が、ハイデガーの思索の根本運動である。そのようなものとして、匿名化と普遍化は、現象学への彼の逆説的でも本質的でもある寄与である。そこからハイデガーの巨大で哲学的な仕事が開示されるのだが、それは彼が自らの概念を休むことなく変更し、解釈し直すことを考慮すると、また彼がつねに注意深く新しい始まりを準備することを考慮すると、まったく驚くべき同質性において起こる。「もはや哲学の事柄ではありえないこと」[4]を言葉へともたらそうとする思索のために、〔彼が〕後期に哲学を見放すことでさえ、ここではつじつまが合う。「哲学の終焉」と「思索の課題」は、匿名化された現象学の観点のもとに共属している。ハイデガーが理解するような哲学は、ギリシア的始まりを継承することにおいて、現象の「隠れなさ」を糧に生命を得ている。哲学がそのことを自覚していようがいまいが、またその概念がそのことにふさわしかろうがなかろうが、そうなのである。そして、哲学において「思索されざるもの」[5]を思索するために哲学を越え出る思索は、ハイデガーがゲーテと共に「原現象」と呼ぶものに突き当たる。[6]原現象としての、哲学によっては「思索されざるもの」と関わり合うかぎり、思索は哲学とは根底から異なるのだが、それにもかかわらず無名であるという仕方で、哲学と同様に現象学的なものなのである。こうして哲学の伝統に対するハイデガーの独特の立場は、彼の思索の現象学的性格から明らかになる。

しかしこの現象学的な性格は、それ自身のうちに議論の余地を残している。すなわちこの性格は、ハイデガーによる現象学の匿名化と普遍化と同じくらい逆説的なのである。というのもこの匿名化と普遍化は、制限された問いの提起から出発し、現象学をあらゆる哲学することと思索することのうちに見出すのだが、それでもなお、問いの提起が制限されていることに基づいてのみ現象学を見出しうるからである。この問いの提起が出発点にとどまるため、普遍化は問いの提起に遡って関係づけられねばならない。つまり、すべての思索が匿名の現象学であるというこの思想は、その思索を担うような、現象についての理解が及ぶかぎりでのみ納得のいくものでありうる。そしてもしこの思想が、現象の本質をよりよく理解することへと導くことがないのならば、この思想は前提された現象学に依存したままであり、そのことでいかなる現象学的な明瞭さの要求も満たさないものとなるであろう。それゆえ決定的な問いは、ハイデガーによる現象学の匿名化と普遍化が、現象学にいかに寄与するのかである。

後に明らかになるはずだが、前期の思索は後期の思索ほど現象学に寄与していない。というのも、彼が自らの思索をなおも現象学と公然と呼んでいる間は、現象学への彼の寄与は、後年の仕事と比較すれば、むしろ型にはまったままだからである。年月が経つうちに、ハイデガーの熟慮はより集中したものになる。すなわち、現象自身の本質から哲学の運命を理解するために、彼はよりいっそう決然と現象自身の本質へと目を向けるのである。けれども、この主題に関する最晩年の考察で、ハイデガーは現象の本質を、それが動機として埋め込まれていたすべての哲学的思索からは再び区別されるような仕方で規定する。この本質は、伝統的な哲学によっては思索されざるものであるだけではなく、「哲学の終焉に際して思索の可能な課題について問う(7)」という、いまや自己批判的に解明された自らの試みによっても思索されざるものなのである。ハイデガーは、同時に匿名化された現象学の事柄でもある「思索の事柄」についての問いを、すべての思索から、彼自身のこれまでの思索からも際立たせている。たしかに思索の事柄も、このようにこれまで「思索されざるもの」ではある。しかし、事柄は不意に再びそれ自体で存立する。現象学の匿名化と普遍化が暗黙のうちに撤回され、そうしていまや再び、匿名化と普遍化にとって暗黙のうちに前提されていたもの、つまり現象学が公然と存在しうることになる。これはハイデガーの解決策ではないであろう。しかしこの解決策を採用するなら、現象学へのハイデガーの寄与は彼自身の思索の領域を越えてゆくのである。

2

現象学へのハイデガーの寄与と、それゆえまた現象学の匿名化は、ハイデガーがこれを自らの後期の著作のなかで報告するまさにその通りの仕方で始まる。すなわち、フッサールのプログラムに対する批判として始まるのである。その批判は、現象学的な経験を学的な方法としてではなく、人間的生の根本可能性として見ることを目指している。ここでハイデガーにとってアリストテレスが関わってくる。つまり、意識作用の現象学は、アリストテレスがアレーテウエインと特徴づけるふるまいへと連れ戻される。人間的生の、あるいは現存在の本質は、ハイデガーがそれをアリストテレスに関連づけて際立たせるように、発見することまたは開示することである。存在するものすべてが現存在において与えられるかぎり、それらは現存在からのみ、その「隠れなさ」において思索可能になる。存在するものすべてが、それがそれであるものとしてそれ自身を示し、逆にその存在はそれ自身を示すことのうちに存立するという前提のもとで、ハイデガーは自らの現象学的なアリストテレスの翻案を、アリストテレスの存在論の改訂と結びつけることができる。存在するものすべてが現存在においてそれ自身を示すので、現存在の存在は、そこへと向けて、他のすべての存在者が存在するものとして理解される一なるものである。現存在から、現存在において発見されるものは、現象としてそれ自身を告知し、そしてその存在においてそれ自身を告知する。上述の前提のもとでの存在論は、『存在と時間』において言われるように、「ただ現象学としてのみ可能[8]」である。

　現象学のこうした存在論化を、また逆に存在論の現象学化をひとたび度外視するなら、ハイデガーは現象の概略的な理解に関して、フッサールの、より精確に言えば、フッサールによる現象の「規範的な[9]」規定のかなり近くにいまだとどまっている。『現象学の理念』で言われているように、「現象という言葉」は「現れることと現れるものとの間の本質的な相関関係によって、二重の意味をもっている」。その説明のためにさらに次のように続いている。「ファイノメノンとは、本来は現れるものを意味するのだが、それでもやはり主としては現れること自身、すなわち（荒削りに心理学的に誤解を招く表現が許されるなら）主観的現象のために用いられる[10]」。この規定は、ハイデガーの思索の連関において再び見出される。つまり、現象が或るものであるのは、それが現存在における「現れること自身」から見られ、それ自体で事実的に与えられる現れるものとして見られないかぎりである。フッサールとの違いは、現象的なものの記述と、現象的なものそのものが引き立ってくる仕方のうちにのみ存する。ハイデガーの意味での現象的なものは、認識の対象ではなく、対象の有意義性において経験されうるような、世界がもつ契機である。そしてこの契機は、反省において現象として把握されるのではなく、現存在において実際に与えられるものとしては退去していることによって把握されるのである。欠けているもの、それ自身を拒むもの、あるいはそれ自身を拒絶するものが、事実的に与えられるものよりも強固な仕方でそれ自身を示す。そうしたものは、もはや事実的に現れるものではなく、現存在において現れることへと歩み出るのである。

　この思想は決定的である。というのも、ハイデガーにとっての現象的なものの本質契機は、退去であるからである。「不在の現」[11]においては、或るものが高められた仕方で現に存在する。類似のことは、不在から取り出されるものにも当てはまる。フッサールの概念を使って言うなら、これも「現れるもの」として与えられるのではなく、「現れること」において与えられる。この意味で『存在と時間』では、現象とは「さしあたりたいていまさにそれ自身を示さないもの、さしあたりたいていそれ自身を示すものに対して隠されているもの」[12]であると言われる。現象とは、発見されねばならず、隠れから際立たせられねばならないものである。そうすることによってのみ、現象はそれ自身を示すものであり、ただ仮象のものという意味で現れるものにすぎないのではないということが保証される。現象とは、或るもの自身であり、そう見えるようなものなのではない。

　現象の現象性は発見のプロセスに依っているというこの信念を、ハイデガーは三〇年代の始めまで忠実に守りつづけている。一九二九／三〇年冬学期講義のなかで、現存在が「世界形成的」なものとして理解されるとき、そのような理解は『存在と時間』と比べると徹底化でさえある。つまり、世界の「企投」の働きのなかで現れるようになるものは、ただ暴かれるというだけではなく、「製作される」のである。[13] 後に明瞭に示されるように、ハイデガーはその際たしかに作り出すことを考えているのではなく、むしろ際立たせることを考えている。すなわち、或るものがこちらへと、その経験可能性の領域へと立てられ、現れることのうちで経験されうるのである。[14] この徹底化は問題含みであると同時に、徹底化された思想がすでに始めから問題を含んでいたということを明らかにしてくれる。徹底化によって、現象の根本特徴――現象は示されるというだけではなく、それ自身を示すという事態――が視界からはずれてしまう。それ自身を示すことは、発見することに定位することですでに周辺に追いやられ、製作に定位することで失われてしまうのである。

とりわけこうしたことが、ハイデガーに製作を絶対視することを撤回する気にさせたのかもしれない。その際に、二〇年代の始めとはまったく別の仕方で、彼はギリシア的思索における哲学の始まりを引き合いに出す。しかし、いまやハイデガーはこの思索の「最初の、決定的な展開」[15]を、もはやアレーテウエインというアリストテレスの思想において見てはいない。ハイデガーは或る新しい根本語を、すなわちピュシスという語を見出すのである。

『存在と時間』と同様に、ここでも現象学と存在論は同一視されたままである。ハイデガーが一九三五年夏学期講義『形而上学入門』で言うには、ピュシスとは「存在者そのもの」であり、しかもピュシスが「それ自身から発現するもの」、「それ自身を開きつつ展開すること」であるという点でそうなのである。つまりピュシスとは、思想の三番目の変奏において言われるように、「現れるように－なること、現れのうちにそれ自身を保持しとどまること」であり、「端的には、発現し－滞留する支配」なのである。[16] 少なくともこの最後の定式化で明らかになるのは、ハイデガーがピュシスを現象の本質と考えていることである。ピュシスは現れることであり、そのうちで或るものは現れるものになる。

それにもかかわらず、現れることをピュシスと規定することは暫定的なものにとどまる。つまりこの規定によっても、現象学がギリシア的思索のうちに匿名的なかたちであるのを見出そうとするハイデガーの企図は、最終的に納得のいく仕方では果たされない。たしかに一方で、この規定は現象をそれ自身を示すものとして理解することに、まったく理想的な仕方で適合している。たとえそれ自身を示すことが、示すことをきっかけとしていようとも、それ自身を示すことが自発的に、すなわちそれ自身からと言ってもいいような仕方で起こることが、それ自身を示すことの本質に属している。そしてまさにこの根源性が、ピュシスの概念に含まれるのである。ピュシスの思想は、すでにフッサールが現象学の試みと結びつけていたような、所与性がもつ事象性と無条件性を表しているのである。

しかし他方で、この思想はあまりにも特異なものである。それ自身を示すことがピュシスにおいて起こることなしに、或るものはそれ自身を示しうるからである。それゆえ少なくとも、それ自身を示すにもかかわらずピュセイ・オンではないものは、ピュシスという意味でそれ自身を示すことに依存していなければならず、ピュシスからのみ現象として理解されうるのでなければならないだろう。しかし、こうしたことは納得のできるものではない。こうしたものがそれ自身を示すことの思想をあまりに制限してしまっているからである。

ハイデガーはこの困難をはっきりと見てとっていた。彼はそれを、アリストテレスの『自然学』第二巻の始めに関する自らの論文で、ピュシスの「本質」とその「概念」とを区別することによって解決しようと試みた。この区別に従えば、ピュシスの概念に結びついているのは、存在者の或る特定の領域への、すなわちまさに自然的なものへの拘束だけだろう。それに対してピュシスの原初的な「本質」は、制限なしに、発現することとそれ自身を示すことであるとされる。ピュシスの概念によって与えられるような制限は避けられうるだろう。というのもこの制限は、ピュシスの生起を製作から際立たせることにおいて把握しようという試みによって初めて機能してくるからである。こちらへやってくるという事態としてのピュシスに、この制限は隠すようにして持ち込まれているのだろう。

もちろん問われねばならないのは、ハイデガーがピュシスの思想によって把握しようとする「それ自身から」が、自然的なものや生きものに目を向けずに、どのように説明されるべきなのかということである。[17] ピュシスから、それどころかピュシスとしてそれ自身を示すことを規定するような試みはいずれも、自然的なものがこちらへやってくることと生長することに立ち戻る。この現れと生長は「それ自身から」のためのモデルなのではなく、「それ自身から」の唯一の実現なのである。それゆえピュシスの概念は、現象の本質を表すためにはあまりに中立性を欠いている。ピュシスの本質をその概念にふさわしく引き立たせるならば、こうした本質への指示は現象学の匿名化には不適切なのである。

ハイデガーはそこから当然の帰結を導き出す。彼はアレーテイアという初期の主要概念に立ち帰る。ただし、彼はこの概念をもはや『ニコマコス倫理学』のアレーテウエインから理解してはいない。その代わりに、ハイデガーはパルメニデスに立ち戻るのである。ハイデガーは、思索と存在を「隠れを脱すること」の「二重襞」へと区別し、そうすることによって結び合わせるという仕方で、思索ないし認取と存在の同一性についての命題を、思索と存在を支配する同じものについての命題として読むのである[18]。この同じものがアレーテイアとして理解されるなら[19]、根本においてはすでに後期の立場に到達している。「思索の課題」がギリシア的始まりとの関係において規定されるためには、アレーテイアはさらに「明るみ」として説明される必要がある。

3

ハイデガーは「明るみ」について、前期にもすでに語っていた。『存在と時間』にこの表現が現れるのは、「開示性」を説明するためであり、また現存在のこうした存在規定と自然ノ光《ルーメン・ナトゥラーレ》のイメージとの類似性を説明するためである[20]。ハイデガーはこの表現を、芸術作品の根源に関する論文に取り入れており、しかも彼の後期テクストでももつことになる意味ですでに取り入れているのである。「明るみ」は、ここではもはや光から理解されてはおらず、「開けた場所」として理解されている。「明るみ」とは、そのうちへ存在者が「入ってきたり出ていったり」し、「存在者への通路」を保証する開性である[21]。明るみは現象の可能性なのである。

もちろんハイデガーは、先の論文ではまだ明らかに別のところに重きを置いている。そこでは開性としての明るみは、隠れることと隠れを脱することから思索されており、「世界」と「大地」の「抗争」へと結びつけられている。したがって明るみは、前期ハイデガーの構想から見た意味では完全に、照らすことの生起と同じ意味であり、その生起はもちろん同時に、手許に留めておくこと、拒否すること、拒絶することの生起である。明るみは、「決してつねに幕が上がっている固定された舞台」ではなく、「隠れること」として生起する、とハイデガーは言う。(22)或るものがそれ自身を示すのは、それが隠れることから取り出され、示されることによってである。そのようにして、存在者の連関としての世界と、それとともに存在者が、芸術作品においてそれ自身を示すのである。

後期の著作である『哲学の終焉と思索の課題』の考察によると、事情は別である。ここでは明るみは、「静けさの場所」と特徴づけられる。(23)この場所は「最初の隠れなさを与え」(24)、したがって隠れることと隠れを脱することの遊動を可能にする。明るみとは、現前するものや不在のものによって塞がれていない「開けたところ」(25)であり、それは存在者ではなく、非存在者でもない。明るみは、或るものがそこでそれ自身を示すことができ、また示されることができるような隔たりなのである。

こうした開けたところとして、明るみはあらゆる隠れを脱することと隠れることに先んじている。光も明るみを前提し、同様にして「響くことと響き止むことに、鳴ることと鳴り止むことに」(26)も、明るみは前提される。或るものがそれ自身を拒むものから際立たせられるときに明るみはすでにあるのであって、それは明るみが、そこから隠れを脱することと隠れることが理解されうるような根拠(アルケーないし原理)であることなしにそうなのである。明るみは根拠ではないが、ハイデガーがゲーテと共に言うように、「「原現象」」である。あるいは「原事象」と、ハイデガーに従って言わねばならないだろう。(27)

しかしとりわけ注目すべきなのは、ハイデガーがこの「原事象」を、すべての「哲学」から区別される思索の事柄として要求していることである。「形而上学」としての哲学は根拠づける思索であるが、明るみの思索はこの根拠づける思索と手を切る。すなわち、哲学のうちには明るみの思索はいかなる拠り所も、ましてや、いかなる始まりももたない。たしかに明るみは「哲学の始まりには」パルメニデスのもとでアレーテイアという名で「呼ばれている」が、明るみは「哲学のその後の時代には、わざわざそのようなものとして思索されてはいない」のである。[28] この断言は並大抵のことではない。ハイデガーはここで暗黙のうちに、一九二二年の綱領〔「ナトルプ報告」のこと〕から、『存在と時間』や『哲学への寄与論稿』を経て、五〇年代の講義に至るまで通用していた自らの哲学に対する理解を変更しているのである。『根拠律』ではまだ、ハイデガーはピュシスの思想に定位しており、そのため『形而上学入門』での自らの究明を原則的に越え出ていない。

ハイデガーが後期のテクストで放棄するのは、始まりの神話である。すなわち、さまざまに姿を変えるような、伝統に制約された原初的な真理を喪失することとしての哲学の歴史である。原初的な真理とは、それを繰り返す、取り戻す、あるいは「別様に原初的に」始めることが肝要である、そのようなものなのである。いまやこうした様相を呈しているが、哲学の歴史は意図せざる喪失の悲劇的な歴史なのではない。喪失のなかでは、失われたものがそれでもなお引き続き保たれ、始まりへと立ち戻ることのうちで眼差しへともたらされうるからである。むしろ哲学は、つねにすでにそれが現在あるようなものであった。しかしハイデガーの診断によると、現在では哲学はその根拠づける思索の結果としてその終わりに向かっている。ハイデガーが思索しているように、この終わりに哲学は委ねられていたことになる。この終わりから、新しい可能性へ向けて身を軽くすること、解放することも語られているのである。いまやすべての思索に義務づけられる思索の課題は、哲学の終焉に応じてはじめて立てられる。

もはや根拠づけるのではないがゆえに哲学的ではない思索のために、こうして哲学を見放すことによって、現象学の普遍化は終わりへと向かっている。哲学の始まりにおいて明るみは思索されてはおらず、アレーテイアという名称でせいぜい呼ばれているだけだとするなら、〔ハイデガーの〕初期の思索の現象学的解釈は独自の可能性と見なされてよい。しかし、この現象学的解釈は恣意的なものではない。というのも、解釈という名称にふさわしく、解釈は伝承されてきたテクストに含まれているものだけを暴くことができるからである。だが解釈は、解釈としてはじめて、伝承されてきたテクストのなかで考えられてはいないもの、そのときには失われ覆われたものを暴く。そうしたテクストのうちの現象学的なものは、現象学によってのみ明るみに出るのである。

もしそうであるなら、現象学的な解釈は再びそのようなものとして、公然と表舞台に登場することができる。現象学的な解釈は、匿名的ですべての哲学とすべての思索のうちに隠されているというのではなく、解釈と名づけられてよいし、名づけられるべきだろう。ハイデガー自身は、原現象というゲーテの根本語を取り入れることで、この方向を目指すヒントを与えてくれる。原現象ということで考えられているのは、特殊な明晰判明性において現象であるような或るものである。すなわち、その現象がそれ自身の現象性格を経験可能なものにすることによって、それ自身を特殊な強度で示す現象である。原現象には、それが根拠づけられなさにおいて明証的であるということも属している。原現象は、根拠づけようという試みをいわば遮断する。つまり、それは別のところから理解されえないのである。それゆえゲーテの言うように、原現象はわれわれに「一種の畏れを」感じさせ、「不安にまで」[29]させる。「われわれは自らの不十分さを感じる」[30]のである。原現象は別のところに由来せず、それゆえ「与えられ」もしない。というのも、与えられるためには、与えるものが必要だからである。せいぜいのところハイデガーとともに、原現象がある〔それが原現象を与える〕、と言えるだけであろう。[31] しかしこのことが意味するのは、〔原現象は〕自然的なものが「それ自身から」現れ出るようにではなく、現れるということである。

原現象が現れることとは、根拠づけようと欲することに対しては言葉を拒むかもしれない。ゲーテの言うように、「感性的な人間」は原現象に直面して「驚嘆へと」逃げ込むかもしれないのである。[32] しかし原現象は、無言のままに受け入れられてはならない。それは解釈され、その構造と契機において展開され、それゆえまた統一的なものとして捉えることができる。それは解釈学的に経験されうるのである。その際、いま一度ゲーテの言葉を借りれば、「経験という永遠の戯れによって[33]」原現象はわれわれを活気づけ、喜ばせる。

こうしたことは、そのようなものとして認識される現象に一般的に当てはまる。原現象にこうしたことが当てはまるのは、現象的なものの強度についての「経験」が規定されるときだけである。原現象が正当に評価されるのは、それを解釈し読み解きつつ、その現象性そのものを考えることによってのみである。原現象がそのうちで現れる開性は、すなわち諸々の原現象を対立させ接近可能にさせる解釈学的空間は[34]、こうした原現象自身のなかに存在する。

ハイデガーの明るみについての語りは、おそらくこうした意味で理解されてしかるべきである。その場合、明るみは現象ではないし、また数あるなかでのひとつの原現象ですらない。そうではなく、明るみは原現象のうちで明証へと至る現象の明るさなのである。それゆえ明るみの思索には、この明るみをたしかにそのようなものとして、独立した対象のようなものとしてではなく受け取ることが属している。

そのとき、明るみそのものの思想はむしろ、或る「経験」に属しているであろうし、逆に経験はこの思想からその導きを受け取るであろう。この思想は或る探求と記述の始まりの一歩であり、その探求と記述には、根拠づける思索の向こう側で、現象的なものがもつ豊かさの全貌が開かれていよう。この思想は、匿名性と普遍性から再びそれ自身へと至った現象学の始まりの一歩であるだろう。

（金成祐人 訳）

アリストテレス主義者としてのハイデガー

1

誰も伝統なしには思考しない。伝統の働きがとりわけ強いのは、それが取り立てて考慮されず伝来の思考様式と諸概念が問われることのないまま通用しているところにおいてである。その上、あらゆる思考は先立って与えられた特定の事象的なものに服している。或る際立った設問が一つの時代を、それどころか一つのエポックを規定することがありえ、その時代あるいはエポックに生まれ落ちたどんな思考もこの設問との関わりにおいてしか可能でないということがありうるのである。それが他者の問いのさらなる展開であれ、批判的な意図からの対決であれ。

ところが伝統との諸連関はしばしば、一つの時代あるいはエポックの全体像から抜け落ちてしまう。それらは慣れ親しんだ成り行きとは反りが合わず、思いもかけないものであったりする。多くの場合こうした連関は際立った緊張をはらんでいるのである。過去による刻印は通常、伝来の諸概念と図式によるものや、設問と思考の全体的連関という先立つ所与によるものなのであるが、それに対して、かの張り詰めたものには意志された向き直りが属している。それらは、自らを刻印させようとする多かれ少なかれ表明的な決断に基づいているのである。そうしてこれらの緊張は通常の諸制約を超えて行くことで伝統への関係を新たに形成し、この新たなものがこれらの内で明瞭になればなるほど、伝統との関係はより深く反省される。伝承されてきた哲学への意志的な向き直りにおいて、諸々の設問と可能な答えは際立って明瞭になる。とりわけ考え抜かれ明晰にされうるのは、伝統との関係とはその本質において何であるのかということである。

ハイデガーによるアリストテレスとの対決もまた、こうした仕方における伝統との張り詰めた連関に属している。たとえそれがさしあたっては通常の、自明と化した刻印のように見えるとしても、やはりそうなのである。アリストテレス哲学は神学の修練を通してハイデガーに親しいものとなっており、その刻印はもっと早くから始まっていた可能性もある。ハイデガー自身の報告によれば「アリストテレスによる存在者の多様な意味」についてのフランツ・ブレンターノの学位論文(1)は彼にとって最初の哲学的な読書に属しており(2)、これに応じて哲学に関する彼の最も早い経験はアリストテレス的な問いと問題に即したものとなった。しかし、ハイデガーの哲学的な発展における最初の決定的な局面に当たるもの、つまり一九一九年から二一年までの諸講義が与える描像はそれと異なっている。本来的な哲学の端緒をめぐるフライブルク大学私講師の労苦にとって、アリストテレスは総じてどんな役割もはたしていない。ここにおいて先立つ所与としてもまた批判の対象としても支配的なのは新カント派の哲学、なかでもリッカートとナトルプの仕事であり、[3] またディルタイの解釈学、[4] そして何にも増してフッサールの現象学的プログラムである。[5] ハイデガーは一九二一／二二年冬学期の講義で初めてアリストテレスの方へ向かうのであり、[6] この向き直りはまったく意図的に生じている。ハイデガーにとってそれは、哲学とは何かに関して根本的かつ新しい明晰さへと至るための試みである。したがって彼の思索のなかでそれは一つの中間休止という性格をもっている。アリストテレスへ向かうことでハイデガーは、彼の哲学することにおける固有の立場を獲得する。いまや初めて彼はあらゆる点において「彼自身」である——かの哲学者、『存在と時間』によって著名となりそしてこの断片的な主著のなかで企投されたプログラムを変容させ展開しいつも新たに出撃する、その彼として。これに応じて、ハイデガーの思索におけるアリストテレスとの対決は規定的であり続ける。この対決はつねに同じとは限らない詳細さと歴然さで作動しているが、しかしいつも居合わせている——個々の事象的問題という観点においてのみならず、ハイデガー哲学の根本動向としても。

ハイデガーがアリストテレスを自ら発見したのち、後者は数年のあいだ最も重要な対象かつ対話相手であり続けた。アリストテレスはハイデガーがそこから尺度を得る思索者である。一九二一／二二年冬学期の講義における導入的な考察に続くのが、一九二二年夏学期における『形而上学』第一巻冒頭の諸章および『自然学』第一巻への個別に立ち入った解釈である。[7] アリストテレスとの取り組みはこうして、ハイデガーのアカデミックな経歴にとっても彼の哲学的な自己理解にとっても中心的となる一つのテクストへと凝縮される。すなわち、アリストテレスに関する包括的なモノグラフィーとして構想され「ナトルプ報告」として知られることになる一九二二年の計画書へ、である。[8]

その後もアリストテレスはハイデガーのもとに居合わせつづけ、計画されたアリストテレス書の序論から発展したのが『存在と時間』なのである。マールブルク期の諸講義がこの本を準備した。これらが示しているのは、ハイデガー自身の哲学的企投が絶えずより明確な輪郭を獲得していったのはいかにしてか、ということである。これらの諸講義のうち、アリストテレスのテクストへの立ち入った解釈なしで済まされているものが一つしかない以上[9]、これはまたハイデガーにとってアリストテレスとの対決がいかに中心的であったかを物語っている。同時に、アリストテレスはギリシア的古代についての彼の理解をも支配しており、彼にとってアリストテレスは疑いの余地なくギリシア哲学の中心的形象である。一九二四／二五年冬学期に自らその解釈を行ったプラトンの『ソピステス』へとハイデガーが向かうのは、アリストテレス哲学の詳細な探求の後ようやくにしてのことであり、そこでは中心的な思想が一九二二年の計画書から取り出され、よりしっかりと把握されている[10]。ハイデガーには、アリストテレスを通じて以外にプラトンへ接近することはできないように見えた。自身で言うとおり、彼は「解釈に際しては明るみから暗がりへ向かうべきだ、という解釈学の古い格言に」従ったまでのことである[11]。これに応じてプラトンはハイデガーにとって影に留まる[12]。まるでプラトン的対話などなかったかのようであり、言表の本質への彼の洞察のみならず[13]、〈事象に即した言語〉と〈説得の弁論術的な力〉との区別に関する熟慮も、アリストテレスへと収斂させられる。アリストテレスの『弁論術』は彼らの日常性における言語の理解にとっての鍵となり、それが言語を扱うのは「人間自身の相互共存在としての存在の或る根本様式として[14]」なのである。

ハイデガーの前期の主著がアリストテレスについての包括的な書物への序論から発展したことを考え

れば、彼との一貫した対決は驚きではない。注目に値するのはむしろ、『存在と時間』公刊後のハイデガーの関心が横滑りしてゆくことである。この書の公刊後に初めて行われた講義[15]がアリストテレス的な時間の理解に関する詳細な究明を含んでいるとはいえ、アリストテレスが引き受けていた卓越した地位はいまや、しばらくの間カントによって占められる。しかしこのことはやはり戦略的地盤をもってはいない。『存在と時間』を「実存哲学」へ数え入れることに対して自らを守るには自分の仕事をカント的な超越論哲学に近づけてゆくのが一番だ、とハイデガーは信じたのである。カントの仕事は彼にとって一つの「避難所」となった[16]。にもかかわらず、アリストテレス哲学はハイデガーにとって中心的なままである。新しい思考の理解にとってもそれは出発点であり、『現象学の根本諸問題』においてカントはアリストテレスの方から解釈されるのであり[17]、これがいささかも後退などではないからこそ、ハイデガーは一九三一年の夏に再び直接アリストテレスへと向かうのである[18]。詳しく細部に立ち入っており注釈として大いに役立つこの解釈は、それが現存在と言語の関係についての新たな規定へと導くだけに、ハイデガー固有の思索にとってとりわけ意義深い。それは「言葉への途上」という道における最初の一歩なのである[19]。

とはいえアリストテレス哲学との対決が後期ハイデガーにとっても鍵となる性格をもつということが初めて本当に明確となるのは、論文「アリストテレスにおけるピュシスの概念と本質について、『自然学』β巻第一章」によってである[20]。一九三九年に成立したこのテクストは一種の決算であると同時にハイデガーの三〇年にわたる仕事の基礎づけでもあり、この仕事は芸術への問いと近代の技術的-学問的な刻印への問いに仕えることになる[21]。実際にアリストテレスの『自然学』が「覆い隠されてきた、そしてそれゆえに決して十分考え抜かれてはいない西洋哲学の根本書」であるのなら、[22]この哲学について明晰さへ至らんとする思索が開示されるのはアリストテレスの方からである。

この考察におけるハイデガーは、遅くとも一九二二年以来のあらゆる移行と変様にもかかわらず、自己に忠実である。変化したのは、いかに哲学はアリストテレスから正しく理解されるべきか、という問いへの答えだけである。『自然学』は確かに一九二二年の計画書においても或る重要な役割を果たしてはいたが、ハイデガーの着手にとって準拠となるのは『ニコマコス倫理学』であった。したがって、ハイデガーの思考の展開と内的一体性を理解できるようにしたければ、『ニコマコス倫理学』から『自然学』への方向転換を明確化することは重要である。ただそのためにまず述べておかねばならないのは、ハイデガーがいかにしてアリストテレスへと至り、そして『ニコマコス倫理学』を出発点として彼と共に何を始めたのか、ということである。

2

ハイデガーにおけるアリストテレスへの傾倒は急激である。これによってハイデガーは、少し前まで口にしていた反ギリシア的で反アリストテレス的な情動を乗り越える。一九一九／二〇年の冬学期にも彼は依然としてギリシア的な、とりわけアリストテレス的な伝統を、現象学がそこから逃れねばならないものと断定していた。「内的な諸経験」が「古代の学の表現形式へと引き付けられた」ということは「今日なお深くそして混乱させつつ作用して」いる一つのプロセスである。[23]ハイデガーに従えば、それはもちろんこの学の存在論的な刻印にも当てはまる。しかし「存在論〔オントロギー〕」という語からもすでに、「決定的な問題が見て取られていない」ことが明らかとなる。それは「歴史と生」である。[24]

現象学の内においてすら、この講義および一九一九年の最初の講義ですでにハイデガーが理解しているところによると、変化が必要である。現象学はその使命を、そう生きられる通りの生に対して正当であること、に持つべきなのである。ハイデガー自身を除けば、生は「古代の学」へと遡る伝統的な哲学に服しており、現象学は、世界の内で生じる事象内実へと生を客観化するのではなく、体験についての生き生きとした思考の遂行と表出の遂行において生を把握しようとする。生を「理論的なものの全般的支配[25]」へと委ねてこれを「脱‐生化（ent-leben）[26]」するのではなく、体験（Erleben）と共に「同行する[27]」のが正しいのであり、それに即して体験の意味を概念把握し分節化するべきなのである。

この思想はフッサールのプログラムの意味においても現象学的である。そこで何が現象学的差異としてしるしづけられるのかを認識するのは難しくない。フッサールが記述したような自然的態度から現象学的態度への変容がそれである。何かの事実的な所与性は現象学的に「カッコに入れ」られてエポケーの内に置かれ[28]、そしていまや所与はただ意識の内における意識の相関者としてのみ考察される。それは現象すること——意識の内でその現象から現れるものである[29]。しかしハイデガーは原則的に彼の教師に従っているにもかかわらず、彼は同時に師からラディカルに離反する。すでに一九一九年における戦時緊急学期の講義が示すように[30]、生と体験が或る世界へ結びついているということは現象学的差異に関するハイデガーの把握にとって決定的である。それゆえ、ハイデガーにとって現象するものから現象への態度変更に対応するのは世界体験の何らかの転換である。それは「生活世界」内での体験の支配から脱して中心的な世界体験の体験そのものへと導く。その成果は、ハイデガーの言葉では「事実的な生が自己世界へと先鋭化されること」[31]である。フッサールにおいては意識の内在が占めていた場所へ、「自己世界」がやってくる。

ハイデガーはこの態度変更のための接続可能性を伝統的哲学の内にさしあたりまったく見て取らない。彼には、伝統全体と共にフッサールの哲学もまた「理論的なものの全般的支配」のもとに置かれていると見えるのであり、その限りで「生の歴史」もやはりそれによっては知られないのである。現象学的な衝動はしたがって、ハイデガーによれば、哲学を超えて導いていかねばならない。彼はこれに応じて、自分が理解するような生の現象学の指針となりうる「歴史的な範例」を探し求めるのである。それを彼は原始キリスト教的宗教性に見出す。そこでは自己世界が「それ自身として［…］生へと」入ってきて「それ自身として生きられている」[32]。

一年後、「宗教現象学」についての講義[33]でハイデガーはこのような思想をパウロ書簡、なかでもテサロニケ人への第一書簡の解釈に即して展開する。その解釈は印象深く、これが説得力をもつのは何と言っても信仰する生の時間的構造を見えさせることによってである[34]。しかしこの解釈はハイデガーによって目指された目標へと連れていってはくれない。示されるのはむしろ、原始キリスト教的宗教性はどう考えても生の現象学にとっての「範例」としては捉えられない、ということである。これは哲学的に体験としていわば再び試みることはできず、ただ「形式的に告示される」[35]のみである。キリスト教的生の「遂行連関」へと「入り込む」ことには「ほとんど望みがない」[36]とハイデガーは嘆いている。生の現象学のようなものはいかにして可能か、という問いはしたがって未決のままである。ハイデガーにとってそれはアリストテレスへと向かうことによって初めて答えられる。

この転向が生の現象学の可能性をめぐるハイデガーの問いへの一つの答えであるのはなぜかということは、一九二二年の計画書によって明らかとなる。ここでは、一九二一／二二年の講義で原始キリスト教的宗教性によって占められていた場所に実践的理性（フロネーシス）がやってくる。いまや「自己世界」はフロネーシスによって覆いを取られ、そしてそれはハイデガーが原始キリスト教的宗教性に即して示したものとまさに同じ時間的構造においてなのである。

この宗教性が、何らかの過ぎ去りによるものとしての回心を経た遂行によって規定されており、将来的にはイエス・キリストの再臨へ向かっていることに規定されていたとすると、ここにフロネーシスとの類推が成り立つ。それは「関与への準備[37]」として、為されるべきもの（プラクトン）の先立つ所与性に規定されているのと同じように、それが現実化されるべきものとして面前にあることによっても規定されている。フロネーシスに属しているのは何といっても、行為しつつ或る状況を存立させるべき者が自分自身だということの確かさである。この意味でそれは「瞬間の究極的に単純な見渡し」である。それは或る特定の状況における自己確実性であるが、ただしそれはこの状況が完全に自己確実性から経験されているというようにしてである。その本来の「実践的」真理（アレーテイア・プラクティケー）は自らを「事実的生のそのつど覆いを取られた全き瞬間[38]」として証示する。

アリストテレス的なフロネーシス理解の解釈としてこれは思い切ったものであるが、だからといって的を外しているわけではない。実践理性の時間的構造を強調することによってハイデガーが明らかにするのは、アリストテレスにおいて共に考えられてはいたがはっきり仕上げられていないものは何なのか、ということである。ただしハイデガーの解釈には少なからぬ代償が伴う。ハイデガーがフロネーシスに関心を抱くのは、それが生の或る規定された開性である限りにおいてのことである。それはアレーテイアの一様式、あるいはハイデガーの言い方では「心が存在者を、覆いを取られたものとして、保持へと運び入れ受け取る仕方」の一つである。[39] こうなるとフロネーシスの倫理的な意義が忘れられ、そのため次のことも考えの外に置かれてしまう。アリストテレスはフロネーシスを、人間にとっての善と悪に関わる行為を為すことのできる乱れのない態勢として規定している、ということである。[40] しかしハイデガーの一面性は説明を要する。ハイデガーにとって問題なのは生の現象学にとっての「歴史的範例」である以上、具体的でそのつどの行為にまつわる考慮は関心を引かない。肝要なのはあくまでも、実践理性の内でそれにとっての本質的な仕方において生の覆いが取り除かれる、ということである。ハイデガーがフロネーシスの「真の態勢」(ヘクシス・アレーテース)をめぐって関心を抱くのは、この態勢の行為連関性ではなくその自己世界的な「真理」なのである。

しかし事実的生が覆われていないこととして実践理性が理解されねばならないということでは、ハイデガーにとってのその意義が十分規定されたことにはまだならない。決定的なのはむしろアリストテレスによる究明が、覆いを取り除く別の諸可能性との連関において、とりわけ理論的な態度すなわちソフィア——との連関においてなされたということである。したがってアリストテレスに即して、ハイデガーは彼にとって尺度となる実践理性を理論理性への関係において見ることができるのである。後者の「全般的支配」について彼はすでに戦時緊急学期のなかで批判していた。そうなるとしかし、アリストテレス的な実践理性というコンセプトはもはや単なる「歴史的範例」ではない。それは生の本来的真理であり――理論には欠けており、むしろそこからして初めて理論がそれとして理解できるようになる真理である。

アリストテレス自身はもちろん、実践理性に対する理論理性の優位にいささかの疑問も抱かせない。[41]ハイデガーは、その思想をアリストテレスに抗して代弁できる限りにおいてのみ、彼と共にかつ彼に反して思考することができる。アリストテレスは、ハイデガーが読むところでは、生の本来的真理への洞察をしっかり保っていない。彼は覆いを取ることあるいは発見に潜む一つの傾向、つまり覆いを除かれたり発見されたりしうるものへ直接向かうという傾向に従っている。この傾向があからさまに認められるとただちに発見は「純粋に見ている関与」となり、それは「その目指すところにおいて、まさに彼がその内にいるところの生自身をもはや共に見てはいない」[42]。このことは、ハイデガーが一九二二年の計画書で強調するように、「純粋な受認」あるいは「純粋な理解」[43]の或る種の過剰評価へと、そして彼が後に言うように、実践的関与に対する言表の優位の過剰評価へと、[44]アリストテレスを連れて行ってしまった。理論的態度はしたがって何かしら自己忘却した仕方で「生活世界的」であり、他方では実践的に「自己世界的」であり、少なくとも可能性においては現象学的なのである。そうするとアリストテレスにおいて、現象学にとっての屋台骨である現象学的差異は、したがって態度変更は、いわば逆の符号を付けて研究されねばならないことになる。真に自然的な態度であるものが彼にとって哲学的な態度として認められ、一方で哲学に適した態度を彼は実践的なものとして理解するのである。

アリストテレス的な把握における理論的態度が西洋の歴史を支配してきた以上、アリストテレスの哲学はこの歴史の原初として理解されることができる。同時にしかしアリストテレスにおいては、哲学の伝統に先立つ或る生の真理が見出されもするのである。ハイデガーのアリストテレスは双頭のヤヌスのような思想家である。他方の眼差しから漏れ、その限りで彼の理論的哲学によって刻印された伝統にとっては覆い隠されたままであるものを、彼はもう一つの顔で見ている。ハイデガーの理解するところ、アリストテレス哲学は或る原初のヤヌス的頭部をもっているが、しかしそれは絶対的な原初などではなく一つの転換点である。この地点から哲学的伝統が始まり、そして同時に生の真理への引き返しが始まる。

ハイデガーの考えによれば、アリストテレスへと戻らねばならないのはまさにこのヤヌスの頭があるゆえにである。彼による実践理性の規定は、ハイデガーにとっての――パウロ以来のそして後にはルター(45)とキルケゴールの――キリスト教的信仰のような特異で哲学からは遠い経験などではいささかもなく、概念的に分節可能でありそれゆえに生の現象学という意味で豊かにされうる態度である。そして同時にアリストテレスが哲学的伝統にとって尺度を与える思想家であるならば、この伝統は彼へと遡ることができそしてその際に自らが本来それであるところのものとして明らかにされる。その伝統の堅固さと自明さは解体され「解体」されることを許し、そうしてその原初において自らに覆い隠され失われていたものへと至ることができるのである。こうして、ハイデガーが言うように「解明の根源的な動機源泉へと解体しつつ遡行すること(46)」へと衝き動かされ、生の真理に対して正当なものとなる或る新しい解明へと身を持することができる。

ハイデガーによるヤヌス的なアリストテレスは、一種の様式化である。ハイデガーが描く像が出来上がるのは、生の現象学という彼の問題設定を型板のようにアリストテレスのテクストに押し当て、そこに浮き出た章句をなぞることによってなのである。そのおかげでいくつかの思考の筋は際立つが、同時にしかしアリストテレスに見出されるような複雑な思考の織物は引っ込んでしまう。それはぼやけて認識できなくなる。型板を再び当てると、浮き出る章句はつねに以前よりもさらに明瞭に認識できるようになる。もしかするとそれは初めて見るものかもしれない。実際にそうであるのなら――そしてアリストテレスによるアレーテイアの究明に即してハイデガーが磨き上げたような理性の覆いを取るという性格に鑑みると、それは疑いえないことなのだが――ハイデガーの解釈は画期的である。ハイデガーと共にアリストテレスを違ったように読むと、彼をよりよく理解することができるのである。

とはいえ、この型板はあるがままの型板に留まる。ハイデガーの解釈は、その行程のなかで検証されることのない諸前提に縛られている。このことは第一に、生活世界から自己世界への変容としての現象学的差異という把握に当てはまる。この前提がなければ、理論理性に対する実践理性の評価を改めることはできなかっただろう。そして第二に、「解体的遡行」によって解き放つべき「根源的な動機の源泉」があるはずだという確信にもそれは当てはまる。それ自体として取り上げれば実践理性の再評価が、理論的態度は――実践理性の側から把握されうる――生の真理の覆い隠しとして把握されるべきだ、ということを含むことはない。それは次のような確信が抱かれる場合に初めて役割を演じる。何かの意味はそれが現象している通りの意味をもってはおらず、何らかの覆い隠された意味をもっており、この意味はそれそのものとして勝ち取られねばならず、さしあたり現れているものから奪い取られねばならない、という確信である。ポール・リクールに繋げれば、この前提は「懐疑の解釈学」[47]として特徴づけることもできよう。このような懐疑の解釈学が、伝統的哲学およびアリストテレスにおけるその始まりに対してハイデガーが抱く像を刻印したのである。ただそれゆえにのみ、この伝統はそのものとして解体的解釈の対象となることができるのであり、それゆえにのみアリストテレス哲学自体が逆なでに読み解くべき対象となるのである。

ハイデガーのアリストテレスへの転向が彼のそれまでの哲学的な仕事から生い育った決断に基づく意識的なものであるとしても、それは本質的な観点において反省されてはいない。このことは、それが反省を経ていない、と言っているのではない。その諸前提は概念的に展開されて計画的に言いかえられているが、それらは解釈の遂行において解釈されている事象の方からは考察されておらず、またその際に前提として浮き立たせられることもないのである。説明されている解体の目標であるものは、いわば「表明的ではない［…］諸傾向と解釈様式へと解きほぐされねばならず[48]」、志向的な方向づけに留まっている。それは解釈の対象へと制限されており、解釈自身へと突き返ってきていない。

もしかすると解釈の対象もまたそれゆえに決定的な点で問われないままに留まっているのかもしれない。アリストテレスが哲学的伝統の原初であるということは、単に主張されているにすぎない。しかしこの原初は、アリストテレスの代わりにプラトンが与えることもできるだろうし、両者の複雑な相互作用が与えることもできよう。或る緊張に満ちた完成という意味、あるいはガダマーがそう見なすように「プラトン－アリストテレス的作用統一[49]」という意味において。

一九二四／二五年冬学期の講義でハイデガーは彼の決断を根拠づけている。しかしそこでは一つのさらなる前提が明らかになるのみである。アリストテレスは「プラトンが彼に手渡したものをただより根源的かつより学問的に仕上げて」語ったのだ[50]、ということにハイデガーが固執するとき、彼は「厳密な学[51]」としての哲学というフッサールのプログラムに従事したままであり、これはすでに一九一九年の講義において彼が哲学を「根源学」として理解することへ導いていた。プラトンの対話はいかなる「学的」哲学にもまして無前提性の原則に可能な限り適っている、ということは考慮されない。アリストテレスがそもそもプラトンとは異なった志向をもつことがありえ、後者と同一のことをただ「より根源的」かつ「より学問的」に語っただけだというわけではまったくない、ということにハイデガーは思い至らない。

このことはとりわけ、アリストテレスにとって中心的なものになる一方でプラトンにおいては後回しにされたままの或る問いに当てはまる。アリストテレスがハイデガーにとってギリシア哲学およびその西洋的伝統の中心的な人物像であるがゆえに、ハイデガーはまた、それが自明であるかのようにアリストテレス的な哲学の定位をも引き継ぐ。すなわち「存在者としての存在者」を、オン・ヘー・オンを問うことへの定位である。[52] アリストテレスの哲学と同じくハイデガーのそれも存在論的でなければならない。そして予想に違わず、ハイデガーが存在論に対する自らの理解を得てくるのは、アリストテレスの諸テクストからなのである。

3

アリストテレスへと向かう以前のハイデガーには、存在論的なものと同一視されるような問題設定の端緒さえもない。それに対応して、存在者の「主導的な根本の意義」への探求について、また「存在とは何を言うのか」という問いが実際に一九〇七年以来ハイデガーの思考を支配する問いとなっていたということについても、一九二一／二二年冬学期までの講義にはその手掛かりがない[53]。ハイデガーは一九二二年のアリストテレス講義で初めて、「そもそも生の存在およびその対象意味の探求はいかに把握されるべきなのか」と問うのである[54]。それは、すぐ後に成立した計画書ではこう言われている。「哲学の問題性」は「事実的生の存在」にかかっており、したがって哲学自身が或る「事実性の存在論」である[55]。これに応じてまたここで初めて、生に代わって「現存在」が或る予兆的な仕方で語られる。「哲学的な研究の対象」は「哲学によってその存在性格へと問いかけられるものとしての人間的現存在」である[56]。

ハイデガーが生の現象学という彼の計画に施した存在論的転回は、根拠づけられないままに留まっている。存在論的な問題設定は一挙にしてそこにあるのだ。しかしこの問題設定の動機は、ハイデガーの抱くアリストテレス像から再構築できる。アリストテレスの理論哲学が本質的に存在論であり、そして実践哲学という端緒の「生活世界的」様態が自己忘却されているゆえに問題的だとすれば、この端緒は非存在論的であるかそれともアリストテレス自身によっては認知されていない別の存在論を与えることになるか、であるに違いない。しかしただ後者の場合においてのみ、アリストテレスによって仕上げられた存在論は実践哲学の端緒の変容として概念把握でき、したがってまた「実践的真理」（アレーテイア・プラクティケー）の方から理解できるものとなる。このようにしてのみ、アリストテレスの理論哲学は同時に存在論となり、実践哲学という端緒のうちで全き豊かさにおいて見出されるべき真理の問題をはらんだ縮小あるいは反転ということになるのである。

あの計画の素描は、ハイデガーが上記のように考えていたことを明確に告げている。「世界所属的な

(welthaften) 個々の規定された諸領域存在論は、事実的生の存在論から問題の根拠と問題の意味を受け取る」のであるから、「事実的生の存在論」は「原理的存在論」でなければならない。[57] したがって「世界所属的な」、あるいは一九一九／二〇年冬学期講義での区別が言っていたところの「生活世界的な」存在論は、事実的生の「自己世界的な」存在論の変様なのである。この「存在性格」が、生活世界的な所与はいかに理解されるべきかということを前もって定める。

アリストテレスへのあらゆる批判にもかかわらず、ハイデガーはここでもやはりアリストテレスによって先に与えられた走路の上に留まっている。事実的生の「存在性格」は、アリストテレスの言い方では「一者」でなければならず、存在者を言い表す多様な諸可能性がそこへと向けて言い表されるものである。[58] しかしハイデガーがアリストテレスの思想を受け取るのは、アリストテレスを乗り越えるためである。つまり、「存在している」という表現の多様な使用を導く一者への問いは、もはや言語において表明される存在理解だけを目指すのではない。この問いはそれを越えて、存在者の意義に関して哲学的にさまざまに仕上げられた諸存在論へと向かうのである。事実的生の存在論は、単なる存在論以上のものでなければならない。それは当初から諸存在論の存在論として、『存在と時間』で言うように「基礎存在論」として、概念化されている。[59] ハイデガーにとってはアリストテレスから自ずと立ち上がってくる存在者の「主導的な根本の意義」への問いは、アリストテレスの乗り越えにおいてまぎれもなくハイデガー固有の問いとなる。この問いは「基礎存在論」がもはや語られなくなってもそのままに留まる。最晩年の諸テクストに到るまで、ハイデガーの思考の中心にはこの問いが立っている――「存在とは何を言うのか」。

アリストテレスにとってこの問いは二つの面をもっている。後に彼は存在者の多様な挙示を取り集める一者をウーシアとして規定したが[60]、この語によって言い表される「存在者性」をいかにしてより厳密に理解すべきかということは、なお未決に留まっている。これはあの計画書の著者においても同様である。そこでは事実的生の存在論の計画によってさしあたり方向が示されているのみで、かの問いへの何らかの答えをその二つの面において見出すにはこの方向をたどらねばならないのである。「事実的生」が存在者の或る「主導的な根本意義」という意味で存在論的に理解されうるということは、単純には成り立たない。そしてこうした主導的な根本意義が先に与えられているということが示されうる場合でも、根本意義という意味において理解された「存在」が厳密には何を意味しているのか、これを明らかにせねばならないということに変わりはない。この双方の問題はハイデガーにとってすでに計画書の時点で明確であった。第一の問題に関して彼は一つの回答を素描しており、その仕上げが『存在と時間』を規定することになる。第二の問題に関して彼は、アリストテレスを解釈しつつ『存在と時間』を越えて伸びる一つの思想を定式化した。すなわち、存在が何を言うのかが理解されうるのは、『ニコマコス倫理学』に代わってアリストテレスの『自然学』との連関においてだ、とされるのである。しかし、この射程の長い思想の意義はさしあたり発見されないままである。この思想を覆い隠しているのは、或る「主導的な根本意義」という意味での現存在の存在への定位である。この定位にはどれだけの困難が伴っているのかということが明晰になった後で初めて、ハイデガーは先の思想を展開するのである。そうして彼にとってアリストテレスは新たな役割を演じる。存在の探求が、そしてアリストテレスの基礎存在論を乗り越えることが、アリストテレスへ帰るよう導くのである。

「事実的生の存在論」の内で「主導的な根本意義」への問いに何が懸っているのかを理解させてくれるのは、事実的生の「存在性格」つまりその意味での「人間的現存在」そのものだけなのだが、こう言えるのは現存在が存在者の多様な挙示における一者として機能しうる場合である。実際にそうなっているという見込みは確かに「言葉の多義性」と対立している。生は、ハイデガーが強調するように、「ポラコース・レゴメノン〔多様に語られるもの〕」である。しかし人間の生は或る統一的な「根本意味」すなわちあの時間的性格をもっており、これをハイデガーはフロネーシスに即して指し示し、また存在論的な意図のもとに「気遣い（curare）」として規定した。[61] この回答は『存在と時間』においても妥当なままである。ここでは「気遣い」の概念が立てられるのは現存在の全体性のためにであり、その「根源的な統一性」は「時間性」の内に見て取られる。[62]

第二の問題への、したがって現存在への定位において理解される「存在」の意味への問いへの回答は、明らかにより困難である。計画書でハイデガーは、人間的現存在の「存在」あるいは「存在性格」への問いを未決のままにしている。『存在と時間』においては確かに現存在の「存在者的」優位がこう強調されている。「この存在者にとっては自らの存在においてその存在自体が問題である」。[63] しかしこのことは存在の概念自体を無規定なままにするのであり、ハイデガーが次のように言うときもそれは何ら変わらない。「現存在がそもそもそこから存在といったものを表立たずに理解し解釈しているもの、それは、時間」である。[64] 何かが理解できるのはそこからである、というものを見えるようにしても、その理解の様態そのものは規定されない。

しかし『存在と時間』には、ハイデガーが「存在」をどう理解しようとするかについての或る足がかりがある。それが見出されるのは「探求の現象学的方法」への導入において[65]、なかでも暫定的な現象－概念の解明においてである。「現象」は「おのれを－自分－自身－において－示すもの、明らかなもの」であり、そしてそれに応じて諸現象は「白日のもとにあるものの、ないしは明るみにもたらされうるものの総体で、ギリシア人たちがしばしば単にタ・オンタ（存在者）と同一視したものである」[66]。このような同一視が見出されるのは、もちろん「ギリシア人たち」よりもむしろハイデガー自身においてである[67]。すぐ後で曰く、現象学とは「存在論の主題」となるべきもの「へと接近する様式であり、これを挙示しつつ規定する様式」である。「現象の現象学的概念」は「存在者の存在を、自らを示しているものとして」考える。そうなると「存在」は、開けて存在すること〔Offenbarsein〕といったようなものとなる。事態がそうなっているのであれば、存在論は実際「ただ現象学としてのみ可能」である[68]。

こうした思想は、一方ではそれに倣ってついていくことができるものであり、とりわけハイデガーによる現象の規定にある「それ自身において」を強調する場合はそうである。おのれを自分自身において示すものは、在り、そしてそれがそうであるものである。現象は、それが在ることといかに在るかということにおいてそれ自身として経験され、ただ他のものにおいて現れたり他のものを通して示されたりするだけのものから区別される。そこへと向けてたんに指示されるにすぎないもの、あるいはたんに間接的にのみ確証されるものは、「存在」ではない可能性があり、またそれに対応してこういったものに即して「存在」が経験されることもない。

他方で、現象性と「存在」の等置は問題をはらむ。現象の概念には、自己を示すことに関わる事実は含まれておらず、これをハイデガーはすでに計画書で強調していた。そして一九二三年夏学期の講義において、固有の存在の排斥不能性として究明したのである。「事実性」が意味するのは「そのつどこの現存在であり」、現存在はそれが「その存在性格において存在に適う」限り「現に」ある。[69] 現存在とは人がそれでありまたあらねばならぬものだが、この「事実的」不可避性は自己を示すものすべてに当てはまるわけではない。

ハイデガーが「存在」を現存在の事実性から規定しているのではないということには、もちろん異論のない根拠があり、それはアリストテレスの存在論によってあらかじめ与えられている。そんなことをすれば、ハイデガーが自らの探求をかねてよりそこに据えてきたあの普遍性を、「存在」は失ってしまう。意図されているのはまさに現存在の存在論ではなく――アリストテレスと共にそして彼を越えて――存在一般を規定することである。存在と現象性の等置という地盤の上で、この目標は現存在の際立たせと最もうまく結びつきうるように見える。自己を示すものすべてがおのれを示すのは現存在においてである、あるいはハイデガーがアリストテレスと共に言うように「（人間の）魂は何らかの仕方で存在者である」[70]。これに応じて現存在は或る存在論的優位をもつはずだ。なぜなら「世界の内で近づきうる存在者の存在の理解」がその現存在に属しているからである。[71] しかしこれは当然である。あらゆる存在者がその存在において理解されるのはいつも、それを理解することができる何らかの存在者によってなのだ。このことは理解されうるという性格より以上のことは言い表していないが、ただし、この性格をそれの理解されているさま（Verständlichkeit）と等置するのなら話は違う。まさにこのことが、『存在と時間』でハイデガーが行ったような存在と現象性の等置において、生じているのである。

ハイデガーは明らかに、現存在の存在への定位にある困難を自ら見て取った。『存在と時間』の末尾においてなお「存在者を開示しつつ理解することがそもそも現存在にふさわしく可能[72]」であるのはいかにしてか、という問いが立てられねばならないとき、理解されているさまという意味における現象を存在と等置することは疑わしくなる。存在はそれそのものとして規定されねばならず、そして現存在の方からだけではなく、「現存在に相当しない存在者の存在[73]」もまた固有に汲み取られることができるように、規定されねばならない。

しかしハイデガーがこうした問題を自ら立てるには、しばしの期間が必要である。二〇年代後期と三〇年代初期の講義は現存在の存在論にまったく集中している。それらにおいては、「現存在に相当しない存在者」を現存在の方から理解しようとする試みは、さらにラディカルにされる。それは、何かが自己を示しうるそのつどの規定された仕方が、現存在における一つの根本生起としての「世界形成」へと送り還されることによってである。或る世界の「企投」において初めて、全体における存在者のそのつどの存在は自らを与える。世界の企投は、ハイデガーが或るところで言うように、「種々の存在者の存在諸連関における多様な存在者の開性を許す[74]」。こうした企投に縛られているのが「可能にすること」自体、すなわち企投が可能にしているものを通じた「現実化の先触れ」である[75]。存在者はその存在に関して、現存在の内で「制作される[76]」ような仕方で在るが、これが言っているのは、「前もって」或る開けの内で「全体において」形成されている、ということである[77]。こうした制作の絶対化を、ハイデガーは数年のうちに見直すことになる。そしてその際にアリストテレスが再び決定的な役割を演じるのは、まったく偶然ではない。

4

ハイデガーの思想におけるこの転換は、やはり急激にやってくる。またもや、新たな発想はほとんど準備もなく根本的には仕上げられた形で、そこにある。それは一九三五年夏学期の講義『形而上学入門』でのことである。ハイデガーの講義自体が公刊されたということは、彼がこの講義を自らの思想の道におけるとりわけ重要な滞在地と見なしていた印として理解される。実際にこの講義は――一九二二年の計画書のように――自ずから明らかな性格をもっている。それは存在への問いを新たに取り上げ、これを「それそのものとしての全体における存在者」[78]への問いとして立てる。それに答えるためハイデガーは、「ギリシアにおける西洋哲学の第一の［…］そして基準となる［…］展開」へと立ち戻るのであり、「それを通して、それそのものとしての全体における存在者への問いはその真の原初を受け取る」[79]。この「第一の基準となる展開」はいまや、もう実践的理性とも、またさしあたりアリストテレスとも関係がない。ハイデガーにとってそれが集中してゆく先は或る一つの語、ピュシスである。

ハイデガーによるピュシスの発見はすでに一九三一／三二年冬学期の講義に見出され、そこでは、ピュシスの経験と共に「自己‐覆蔵するものとしての存在者の根本経験」がなされると言われている[80]。これに対応して、ピュシスが意味するのは「今日のわれわれにとって自然研究の対象である存在者の区域ではなく、存在者の、すべての存在者の支配である[81]」。だがこのことが先へ進められて存在論的な観点から明確にされるのは、より後の講義になってからである。これはつまり、ピュシスはいまや「存在者の存在(82)」だということであり、しかもそれは「自分自身から生い育つもの」、「おのれを開く展開」、「現れへと‐立ち入り、そこでおのれを保ちそして留まる、要するに、生い育ちつつ‐滞留する支配(83)」なのである。

この規定を存在と現象性の等置の或る変様として認識することは容易である。ピュシスは、『存在と時間』での定式化で言えば、「おのれを‐自分‐自身‐において‐示すもの(84)」である。しかしながら、アクセントはいまや明らかに別のところに置かれる。存在者の現象性は今ではもはや現存在の存在理解の方から考えられてはおらず、それは自分自身からの生起、或る運動であり、これと共に「より根源的な統一から静止と運動が閉ざされまた開かれる」のである(85)。ピュシスの方から理解されると、現れるものはたんに現に在るのではなく、静止しているものとしてだけでなく運動するものあるいは自ら動くものとしてもやってくる。支配するもの、それはハイデガーの理解によればピュシスであり、それが「現出へと」もたらす(86)。

ハイデガーによるピュシスの発見がいかに無媒介的であろうと——何かの現れは出来の自然的な運動であるという思想は長く準備されていた。それはすでに一九二二年の計画書で定式化され、ここではさしあたり、何かをしつらえる技術（テクネー）という意味での制作に関係づけられる。アリストテレスにとって、そしてこれは計画書の根本思想の一つだが、「存在の意味は［…］根源的には制作されてあること」である(87)。「存在」はアリストテレスによって「出来上がって在ること」として、そこにおいて或る「運動がその終わりへと到っている」ものとして、考えられている(88)。アリストテレスが制作されて在ることとしての存在というこの理解を得たのは、「周囲世界」およびその周囲世界を視るフロネーシスからであるが、ただし彼は、現存在における存在者の開性という連関を見落としている。彼にとって存在者は「それがそうであるものにおいて、制作しつつある交渉にとってのみ本源的に現に」在るのだが、「早くもこの存在者を使用する交渉においてすら、出来上がった対象をさまざまなもはや根源的でない気遣いの観点から取り上げうる限り、存在者はすでに本源的に在りはしない」[89]。制作されて在ることが事実的生の存在から理解されていない以上、ハイデガーが注意する通り、このように在ることは何らかの自然的な存在者つまり「ピュセイ・オン」という範型に従って考えられており、それは「つねに自分自身からおのれを制作しているもの」である[90]。ピュシスがこのようにテクネーのモデルに従って理解されているにもかかわらず、他方でピュシスは「範型」としてテクネーの理解に基準を与えているのである。

ハイデガーが『形而上学入門』で取ったような立場へは、あとわずかな一歩が必要なだけだろう。しかしそうはならなかった。このように素描され、一九二七年夏学期の講義でハイデガーがもう一度詳しく展開した考察は[91]、ただ初期の彼によるアリストテレス批判の方向を跡づけるのみなのである。現象学的差異という意味において存在者が自分を示すことは現存在の方から理解されているが、その一方で、何らかの制作の結果であるような事実的状態への定位は、フッサールなら「自然的態度」と言うであろうものに配列される[92]。この最終的な配列はハイデガーにとって変わることがないが、存在の「主導する根本意義」として現存在が機能しうるということへの疑いが、そこへ徐々に頭をもたげてくるのである。

このことは、二〇年代後期から三〇年代初期に展開された「世界形成」の思想と関係がある。世界の形成を現存在の可能性性格から理解できるようにすることはできない、ということがハイデガーにとって目に見えて明らかとなってくるのである。彼は一九二九／三〇年冬学期の講義では未だ先の意味で、世界形成しつつある「根本生起」として「企投」[93]を規定していた。世界形成はしたがって、自らの事実的現実性を超え出てゆくという現存在の根本動向からのみ明らかにされる。[94] ハイデガーはこの考えを一九三一／三二年冬学期講義で再び取り上げる。ここで初めて世界形成という概念は、学問的、芸術的そして哲学的な世界形成という相のもとで厳密に解明される。[95] しかしまたハイデガーはここで、或る生起としての企投の規定に力を入れるが、それはこの生起を「真理」の生起として明らかにすることによってである。人間は「真理の内へ据え－置かれて」おり、人間は「真理の「内に」」在る。[96] いまやハイデガーは「真理」を、自分自身の方から生い育ちそして「支配するもの」として理解するほかはない。彼はこのこととピュシスの概念とを、一九三一／三二年の講義でそう導かれたように、結びつけることができる。ここでピュシスがそれとして言い表されている「存在者の支配」が、ことさらに「隠れなさの内へともたらされ」ねばならない「隠れていること」として把握されることをやめて、真理として把握されるならば、『形而上学入門』の立場が達成されることになる。[97]

しかしそれにもかかわらずハイデガーが、隠れなさの生起とこの生起を分節化する隠れなさの経験とを統一性として理解している限り、初期の立場はなおも残響している。企投が或る生起であったように、ここでの生起は同時に或る企投でなければならない。この意味でハイデガーは原初的な詩作と思考の像を描いたのであり、それは徹底してピュシスの生起の内に立ちつつ、この生起を言うということを通して裏づけ跡づける。[98] これに対して、このピュシスの経験がピュシスから立ち出でてそこから降りてしまうことは、退廃と見なされる。これはピュシスが「テクネーとの対置によって」狭められる、ということである。[99] ピュシスとロゴスが互いに入り込むということは、「ピュシスとしての存在」を覆い隠すことへの最初の歩みと見なされる。[100]

確かにハイデガーはこうした思想を完全には諦めない。三〇年代の末になっても彼は、ヘルダーリンを解釈しつつ、言葉へと到るピュシスの経験はピュシスに即してきたのだという点を固く持する。[101] しかしその一方でハイデガーは、テクネーとの差異やテクネーに属するロゴスがなければピュシスを概念把握することはできないということを、よく自覚している。『哲学への寄与』という熟考の後に初めて、ピュシスがそれであるところの生起はそれそのものとして、テクネーの制作的な行為との区別へと到る。ピュシスがテクネーを「初めてそれそのものとして経験され見られることができるように」する一方で、[102] テクネーをピュシスに対立させることが「ピュシスによって」強いられる。[103] 一九三六／三七年冬学期での最初のニーチェ講義ではこれに応じて次のように言われる、人間は「彼がそこへと置かれている存在者（ピュシス）のただ中で」「一つの場所を勝ち取ってやりぬくように」努めねばならない、と。これが可能になるのはやはり、ただ人間が存在者に対抗して「前進する」ことによってのみであり、この「存在者に対抗する前進が担われ遂行される」のは「存在者に関する何らかの知によって」である。この知はだがテクネーである。テクネーは「始めから決して「つくること」や生産の呼び名などではなく、存在者のただ中へのあらゆる人間的な出立」を担い導く「かの知の呼び名」なのである。ピュシスがことさら経験されるや否や、それはこの区別の規定性に立ち到った。ピュシスから立ち上げられ、だからこそピュシスを直接には把握しない、そうした一つの知の内でピュシスは開示される。

ハイデガーをアリストテレスへと連れ戻すのは、この区別の不可避性である。論考「ピュシスの本質について」でハイデガーは、アリストテレスによるピュシスの究明に従っているが、それはこの探求がテクネーとピュシスの区別および後者への定位に即して展開されるという点においてである。にもかかわらずこの論考は、『形而上学入門』の根本思想を放棄していない。ピュシス論文のアリストテレス読解は、現象性として考えられた存在という意味でのピュシスという思想とテクネーの方からするピュシスの規定の両者を、相互に結びつけようと試みる。それは一九二二年の計画書以来お馴染みの仕方で起こる。またしてもアリストテレスはヤヌス的双頭像として現れ、そこでは「ギリシア人たちの偉大な原初および西洋哲学の第一の原初の残響」(104)と「「自然」のその後のあらゆる本質的語義を担い導くピュシス解釈」(105)とが互いに結びつけられているのである。

とはいえ、後の論文と初期の計画書の違いは見落としえない。最も意義深いのは、アリストテレス的思考の「解体」はもう語られない、ということである。アリストテレスのテクストを唯一の思想へ様式化するかわりにハイデガーは、ハイデガー思想の手掛かりとしてだけでなくアリストテレスへの注釈としても啓発的な、『自然学』β巻第一章の解釈に乗り出す。この解釈の主導的な思想はやはり、初期の解釈スケッチとは異なってくる。初期では、フロネーシスの「真理」と、出来上がったものの「純粋な認取」を通じたその真理の覆い隠しとの間には強い対立があり、後者はたんに眼前にあるものを規定していたが、いまや、原初的に経験されたピュシスの位置に取って代わったものの内でもピュシスの根本意味は保たれたままなのである。ハイデガーの読解によると、アリストテレスはピュシスの「概念」からその——動詞的に理解された——「本質的な現れ (Wesen)」を除外しない。ギリシアと西洋の思考の原初を明るくする真理の覆い隠しは、後になって初めて生じる。ハイデガーにとっては確かに、後のアリストテレスによる「自然」の理解はその「隠された根」をもっている。それにもかかわらず、アリストテレスはピュシスの思想家であって「自然」のそれではないのである。

ハイデガーはこうした思想を二段階の歩みで展開している。論文のほぼ全部にわたって彼は『自然学』β巻第一章のテクストに従い、ピュシスのアリストテレス的概念を練り上げる。その上で一種の終曲として、アリストテレスにおける「ギリシア人たちの偉大な原初と西洋哲学の第一の原初の残響」をたどり、それがピュシスの秘められつつも掘り起こしうる意味だということを示そうと試みるのである。思考過程の二つの歩みは、その関係が相互の組み込みであるような二つの規定を把握させてくれる。一方でアリストテレスはピュシスの概念を、ウーシアつまり「現前化（Anwesung）」として理解することによって展開する。より正確には、それはピュセイ・オンタとして一括された生き物と植物の現前化の「一つの様式と仕方として」理解される。[106]他方で、アリストテレスはウーシアをピュシス・ティスとして、「ピュシスのような何か」として、特徴づける。[107]したがってピュシスはウーシアとして、そして同様にウーシアはピュシスとして、理解されるのである。

双方の規定の関係がハイデガーの持論に従っていかに把握されるべきかということは、彼によるウーシアの翻訳から、またすでに『形而上学入門』で説明されていたピュシスの理解から、引き出される。それが生き物と植物の存在であり製作物の存在ではない限り、ピュシスは一つの特別な「現前化の様式と仕方」である。ピュセイ・オンタの「現前化」とは、それが自分自身から静止もしくは運動の内に在ることができるという仕方であり、[108]そうした仕方で生きていないすべてのものの存在から自らを区別する。そのウーシアは、製作物のウーシアとの区別において、ピュシスである。

このピュシスはしかし、ハイデガーに従うならば、「隠れなさ」一般の特殊な鋳造としてのみ可能である。それは、存在者の特定の様式に制限されない「隠れを脱すること」の生起に属し[109]、それゆえ開性一般の生起に属する。この意味でウーシアはそれそのものとして「原初的な」意味におけるピュシスである。あるいはハイデガーの言葉では、「ピュシスは「自然の理《ことわり》（Physik）」という意味でウーシアの一様態であるゆえに、そして本質的な現れそれ自体におけるウーシアは原初的に企投されたピュシスから生い出てくるがゆえに、存在にはアレーテイアが属しているのである[110]」。

この事態をフッサールの諸術語で表現したければ、ピュシスは「現れ（Erscheinung）」として特徴づけられ、他方で「原初的な」ピュシスはその本質において「現し（Erscheinen）」である、と言えるかもしれない[111]。この際、現れは特有の現しとして把握できるかもしれない――それにおいて、何が現しているのかにまで達しているような或る現しとして。しかしこのような規定は事実的な所与としてではなく、その現しにおいて規定されるものとして受け取られねばならない。つまり、現し一般からである。もしも事態がそうなっているのなら、あの二重の、ピュシスとウーシアの関係の互いに入り組んだ規定は、アリストテレスが与えた通りに、現象学的である。この規定は、それを妥当させている観点にとって自然的な態度ではないような、エポケーの内に立っている。そうするとアリストテレスは、まさにハイデガーが『存在と時間』によって展開しようとしたあの存在論的現象学の側に立っていることになる。このアリストテレスの思考はしたがって存在論的現象学の最初の原初であり、これに第二の原初としてハイデガーの思考が鏡像のように対応しているのである。アリストテレスがピュシスからウーシアへと思考しピュシスの概念をその本質的な現れの成り行きの内で展開するのに対して、ハイデガーはウーシアからピュシスへと還りつつ考える。

ハイデガーがこれほどまでに自分とアリストテレスを同じように見たことは今までなかった。これは、ハイデガーがアリストテレスのテクストを割り切って「良いとこ取り（*ad bonam partem*）」して読んだためにようやく可能になった、というものではない。アリストテレス自身がウーシアを「現前化」として理解したということは、いくらでも疑える。『自然学』*β*巻第一章の思考の歩みを徹頭徹尾規定しているテクネーとのアナロジーは、一九二二年の計画書の意味におけるような批判的な読解をいくらでも許す。アリストテレスが存在を制作されて在ることとして理解しているということは、たやすく棄却できない。[112]しかしまさにハイデガーがアリストテレスのテクストをこれほど共感をもって読んだからこそ、ピュシス論文は非の打ち所のない明晰さで彼のアリストテレス主義の根を認識させてくれるのである。その思考が存在論的である限り、ハイデガーはアリストテレス主義者でありそれに留まる。一九二二年以来ハイデガーが哲学を存在論として理解することのその驚くべき自明さは、再びピュシス論文において著しく明確になる。また同じく明らかになるのが、ハイデガーのアリストテレス主義の独特さである。彼のアリストテレス的存在論への通路は現象学的であるがゆえに、彼は「存在者そのもの」（オン・ヘー・オン）へのアリストテレス的な問いをつねに繰り返し新しい着手と思考の姿において現象学的に再定式化できたのである。現存在の存在論をピュシスの存在論に結びつけるのは、これである。ハイデガーによる現象学の存在論的な把握は現象学への独創的な貢献であり、彼による存在論の現象学的な把握はアリストテレス哲学の影響史への彼の貢献である。

したがって、誰がどの程度ハイデガーについていくかという問いは、きわめて非凡な彼のアリストテレス主義が持つ生産性への問いである。それは、ハイデガーのテクストにつねに繰り返し現れるようには自明でない。アリストテレスを現象学的に読むと彼についていて何がよりよく理解されるのか。現しとしての「存在」という発想において何が見落とされる、もしくは覆い隠されるのか。くわえて、現象学と存在論は実際に同一なのだろうか。自らの‐示しは根源的に「存在」として考えられるべきなのだろうか、それとも存在の根源的動向としての事実的なものは自らの‐示しとは区別される何らかの契機なのだろうか。そしてそうであるならば、自らの‐示しと存在とは同一のものの二面として共に属す、ないしは互いに補完し合うのだろうか。しかもただ、それらがもともとの可能性として哲学的な問いの複雑な接合に属するという仕方で。これはもはやハイデガーの問いではない。しかしこのように問うことができるということは、ハイデガーに由来するのである。

（串田純一 訳）

自己についての気遣い、存在、現象性

ハイデガー『存在と時間』の体系性について

1

『存在と時間』の成功は無条件に見越しうるものではなかった。現象学的な議論の文脈において、この書物は見慣れない印象を与え、さらに専門用語のあまりに多いその言葉遣いに、多くの好意的な読者が、ひるんだとは言わないまでも、苛立たされた。他方、この書物で表明された思索のもつ特有の力、つまり問うことの徹底ぶりと貫徹することにおける厳密さは、刊行当初から認めることができたに違いない。今日、哲学はこの書物抜きにはもはや考えられない。この書物の影響史はほとんど見渡すこともできないほどで、しかも修正もできないものである。誰かが現象学的かつ解釈学的に刻印された二〇世紀の哲学に関心を抱く限り、『存在と時間』の影響は保証されている。この書物は、まだまだ読み終えられてはいない。

したがって、この書物はまた、まだまだ最後まで考え抜かれてもいない。ガダマー、ハンナ・アーレント、レヴィナスやメルロ＝ポンティから『存在と時間』へと立ち帰る者は、彼らハイデガーから学んだ者たちの諸々の問いを新たに立て直し、彼らの問題を新たに熟考し直さなければならないだろう。そうすれば、諸々の問いと問題が一変しているということが、容易に追体験されるだろう。そしてもちろん、ハイデガーその人に取り組むには、『存在と時間』へ立ち帰ることなしには不可能である。この書物はハイデガーの初期の試みの到達点であり、ハイデガーがその刊行以後に考えたすべての出発点である。『存在と時間』以後のハイデガーの思索はつねに『存在と時間』との対決でもあり、このことは、ハイデガーが残した膨大な数の手記が刊行されるや、印象深い仕方で証明されるであろう。

しかし、疑いないものとなった『存在と時間』の重要性は、問題含みな側面ももっている。そのような重要性は、この書物の試みが不透明な自明性を受け取るほどに「古典ならではの威圧」を引き起こしている。細部においては疑わしかったり暫定的であったり不十分であるように思われようとも、『存在と時間』の全体は概して疑いの対象にならない。こうした全体、つまりハイデガーの哲学的プログラムが、あたかもハイデガーの哲学的影響のうちで止揚されているかのようである。それでもまだ批判者たちは、きわめて早い段階で、ハイデガーの哲学的企図が有する自明でないもの、危ういもの、場合によっては的外れなものに対する感覚を保っていた。ハイデガーは現象学を人間学に変え、そのようにして現象学を裏切ったというフッサールの疑念は払拭されうるかもしれない。けれども『存在と時間』のなかで、フッサールの現象学のプログラムにまったく奇妙なことが降りかかっていることは疑いようがない。ハイデガーが育んだ「存在論的欲求」に対するアドルノの不快感はあまりに的外れかもしれない。しかし、アドルノの批判が不十分であり、しかもあまりに簡素な存在論理解を示していようとも、この批判は、『存在と時間』において力強く披露された存在論的要求は、その要求が果たすことのない期待、そもそも果たされえない期待をともすれば呼び起こすかもしれない、という洞察によって支えられている。『存在と時間』は内在の哲学であり、そういうわけでその倫理的な拘束性において他者の経験を無視している、このようなレヴィナスの異論は、「共存在」と「共現存在」[1]というハイデガーの考え方を、確かにあらゆる点で正当に評価しているわけではない。しかし、こうしたことは、『存在と時間』において倫理的要求は掲げられてはいるが果たされないままであるという疑念の正当性について、何も述べてはいない。

もし『存在と時間』を用済みのものとしたくないのであれば、批判の挑戦を受け入れることが望ましい。そうすることが、問題含みであるのに自明であると思い込むことを防いでくれる。つまり、ただそれに対して自明性を拒否することによってのみ、『存在と時間』の試みは真剣に受け止められる。『存在と時間』を批判する際の指導的概念――現象学、存在論、倫理学――が、フッサール、アドルノ、レヴィナスのような批判者たちにとってのその意義をもっていたのは、それなりの理由があってのことであった。これらの概念は『存在と時間』の著者にとっても指導的概念である。この書物の要求が示そうと目指しているのは、それら三つの概念が単に互いに緊密な関係にあるだけではなく、一つの、しかも同じ事象へと関わっている、ということである。したがって、現象学と存在論と倫理学との合流は『存在と時間』の特徴となっている。ハイデガーは、存在論と倫理学とを引き合わせることによって、理論哲学と実践哲学という伝統的区別を廃棄しようとしているわけである。さらに彼はこの廃棄を現象学的な旗印のもとで遂行することによって、フッサールが打ち立てたような現象学に、或る別の意味を与えるのである。〔ハイデガーにとって〕現象学とは、あらゆる認識を確実な地盤の上に立脚させる哲学的な根本学ではもはやなく、哲学そのものなのである。こうした要求をハイデガーは遡及的な仕方で掲げる。哲学はその本質において現象学的である。つまり結局のところ、哲学はつねにすでに現象学的であったのであり、それゆえ、そのようなものとして理解され遂行される現象学において、哲学は哲学それ自身へと到来するのである。

ハイデガーの哲学的企図を正当に評価したいのであれば、現象学と存在論と倫理学との合流を熟考することが必要である。『存在と時間』のこうした哲学的な根本戦略と比較すると、この書物の名声と評判とに貢献した個々の分析は目立たなくなる。世界の構造についての、不安、死、良心についての、歴史と時間についての諸々の問いは、ただこの根本戦略に基づいてのみ、その体系的な位置価において評価されうる。この根本戦略をありありと思い浮かべるときにのみ、ハイデガーの試みの強みと難点が浮き彫りとなる。そしてただそのときにのみ、ハイデガーと共に何かを始めることができる。ただそのときにのみ、ハイデガーによって開かれた思索の諸可能性はわれわれを先へと導くのである――ハイデガーと共に、ハイデガーを越えて。

2

『存在と時間』の根本操作は、現象学と存在論に関しては容易に確証されうる。それらは同じものであるとハイデガー自身が述べているからである。『存在と時間』の導入部では、現象学とは「存在論の主題となるはずのものへの近づき方であり、それを示して見せる規定様式である」、と述べられている。それゆえ存在論は「ただ現象学としてのみ可能」なのである。[2] 反対に、現象学は「存在者の存在についての学」として、つまり存在論として規定される。[3] それゆえ現象学は、他にも色々とあるなかで存在論にも当てはまるような方法なのではなく、その事象によって規定されており、その事象こそ存在論の事象にほかならない。

ハイデガーによる現象学と存在論との等置は、現象とは何であるのかを述べることによって根拠づけられている。現象という語は、ファイネスタイ〔φαίνεσται：現れること〕から導かれたファイノメノン〔φαινόμενον：現れ〕に由来し、ファイネスタイは「それ自身を示す」ということを意味する。現象とはそれゆえ「それ自身を示すもの」、あるいはより正確には「それ自身をそれ自身において示すもの、顕なもの」である。現象は「白日のもとにあるものの、あるいは明るみのうちにもたらされうるものの総体であり、それをギリシア人はときとして単純にタ・オンタ〔τὰ ὄντα〕（存在者）と同一視していた」[4]。

後者の主張は大胆なものである。「ギリシア人」は、少なくとも伝承されたプラトンとアリストテレスのテクストのうちで彼らの思索が記録されている限りで、必ずしも現象を存在者と同一視しているわけではなく、ハイデガーが存在者からはっきりと区別している単なる現れと同一視していた。単に現れでしかないものは、それ自身をそれ自身において示すのではなく、それ自身をそれがあるのとは別の仕方で与えるのである。(5)けれどもまさにこの区別が、存在者を「それ自身をそれ自身において示すもの」として――「ギリシア人」に反して、しかも彼らがそれに与えていた意味においてではなく――理解することを正当化する。それ自身をそれ自身において示すものは真に、それがそれであるところのものなのである。

しかし、上述の説明によっては、ハイデガーの現象学的‐存在論的意図はまだ言い当てられてはいない。ハイデガーの哲学的プログラムの要諦となっている「存在者の存在」についての問いは、或るものが真に何であるのかについての問いではなく、この「ある」そのものがどのように理解されうるのかについての問いである。重要なことは、それ自身を‐それ‐自身‐において‐示すもの、というよりもむしろ、それ自身を示すことの可能性と意味である。「それ自身を‐それ‐自身‐において‐示すもの」ということで単に存在者だけが理解されるならば、ハイデガーが言うように、「通俗的」現象概念と関わることになる。そうした「通俗的」現象概念とは違い、「現象学の扱う現象」とは、通俗的に理解された現象のうちで「非主題的にではあるが、そのつど先行的にかつ同行的にそれ自身をすでに示している」ようなものである。(6)これによって考えられているのは、それ自身を示すことの条件、つまり、それ自身を示すことそのものの可能性なのである。

ハイデガーは、現象学的な意味での現象の例として直観の形式を参照することによって、こうした現象規定をただカントを指示することだけで説明する。カントがその分析によって「事象に基づいた一つの超越論的言明」を要求したとき、空間と時間は、それ自身を示すことができなければならなかったのである。(7) そういうわけで、ハイデガーがここでは完全にフッサールによる現象学的に理解された現象性格の「規範的な」規定の枠内に留まっている、ということは言われないままである。「現象という語」は「現れることと現れるものとのあいだの本質的な相関関係があるため、両義的である」という立場を、フッサールは『現象学の理念』についての講義の要約では堅持していた。ファイノメノンとは、「本来は現れるもの」を意味するが、それでもこの表現は「とりわけ現れることそのものを、つまり主観的現象を指すものとして使用」される。(8) この「主観的現象」は、それが意識のうちで現れるという条件のもとでの現れるもの——意識という条件のもとで与えられるその仕方における現れるものである。

ハイデガーは、フッサールとの近さを言わないままにすることで、カントに対する自らの批判的発言が実際にはフッサールに関係していることを黙っていることもできる。ハイデガーが確信するところによれば、「通俗的」意味で現象とみなされているものの条件がそれ自身を示すことについての問いを立てることを怠ったのがフッサールなのである。こうして、ハイデガーは自分の課題を、この問いを立てることに見出すのである。それは、なおもフッサール的に定式化するならば、意識そのものの現象性格についての問いである。

ここで倫理学が関わってくる。このことは倫理学が、倫理学として名指されるのではなく、解釈学の問題という肩書きのもとで姿を見せる、という仕方で間接的に起こる。ハイデガーは、存在論的観点で遂行されるべき現象経験の現象化の可能性は、存在理解のうちに与えられていると見る。他方、存在理解は、ハイデガーが「現存在」と名づける在り方にとって構成的である。ハイデガーが言うように、現存在は、「何らかの仕方と表明性で、自身の存在において自らを理解している」(9)。このように、存在理解とは第一義的にはそのつど自らに固有の存在の理解であって、ハイデガーが確信するところによれば、この優位は存在論にも当てはまる。「現存在の存在者的卓越性」、つまり現存在を存在者として特徴づけているものは「現存在が存在論的に存在する」ということに存しているがゆえに、存在論は現存在の存在理解から始まらなければならない。存在理解から存在論が発源するのであり、ハイデガーが『存在と時間』で考えているように、存在論は存在理解によって支えられているのである。

そうだとすれば、存在論――それと共に現象学――は現存在の自己関係のうちへと組み込まれたままである。現存在の存在理解は、第一義的には「この存在者にとってはその存在においてこの存在が問題となっている」ということに存する(10)。この定式は確かに『死に至る病』冒頭のキルケゴールの「自己」の規定を彷彿とさせる。その規定によれば「自己」とは「それ自身へと関わる」関係、あるいはむしろその関係において「その関係がそれ自身へと関わるということ」である(11)。だが、この定式はプラトンによって描かれたソクラテスにまで遡るものであり、『ソクラテスの弁明』のなかで彼は、人は自己自身を気にかけないうちは（πρίν ἑαυτοῦ ἐπιμεληθείη）、自分の所有物、つまりタ・ヘアウトゥー〔τὰ ἑαυτοῦ〕を気にかけるべきではない、という信条を述べている(12)。この考えからハイデガーがどれほど恩恵を受けているかは、彼が現存在をその自己関係において「気遣い（Sorge）」として規定している、ということだけでもすでに明らかである(13)。確かに『ソクラテスの弁明』からのこの箇所をハイデガーは引いていない。けれども事象に即して見れば、ハイデガーは『存在と時間』のなかで、人間の生は、自己についての気遣い、つまりクーラ・スイ〔cura sui〕、エピメレイア・ヘアウトゥー〔ἐπιμέλεια ἑαυτοῦ〕の要求のもとに置かれている、というソクラテス的洞察に従っている。このことは、まさしく倫理の要求である。つまり、『ソクラテスの弁明』のなかで言われているように、人は可能な限り善良で思慮深くなるために（ὅπως ὡς βέλτιστος καὶ φρονιμώτατος）自己に配慮すべき、というわけである。[14]

ハイデガーは倫理の根源的な思想に従っているが、彼はこの思想をそれとしては取り上げない。彼の興味が向かうのは、自己についての気遣いというソクラテスが掲げた目標ではなく、もっぱら自己関係性の構造だけである。この構造は他方で、——存在者のみならず——存在がそれ自身を示すための構造として理解され、その結果、自己についての気遣いは、存在論と同一視された現象学の可能性と同義になる。この可能性はしかも、付言すれば、ハイデガーにとって唯一の可能性である。『ナトルプ報告』としてよく知られるようになった一九二二年起草の準備草稿や、プラトンの『ソピステス』に関する講義（一九二四—二五年冬）の導入部で遂行されているような、アリストテレスとの初期の対決のなかですでに、ハイデガーは実践理性（φρόνησις）が哲学的観点でも根源的かつ第一義的であるという考えを展開していた。そうした実践理性に対して、理論理性のまなざしは派生的なものとして姿を現す。初期の草稿のなかで言われているように、理論理性のまなざしにおいては「生そのもの」はもはや見て取られない。[15] そうはいっても、理論的まなざしもまた「生」の、あるいは存在論的な旗印のもとでは、現存在の一つの可能性なのである。

3

ハイデガーの議論に従うならば、現象学、存在論、倫理学の同一視には説得力がある。だが『存在と時間』の説得力はハイデガーの議論だけによるのではない。この説得力は事象の本質から来るのであり、それはしたがって『存在と時間』から生じた並外れた影響の本当の理由であるだろう。『存在と時間』のなかで、不安、良心、死が、また世界への「頽落」が話題になっていることが、この書物の哲学的な暗示力にとって決定的であったはずはない。いま挙げた主題の論究が哲学的な意義をもつのは、それらの主題が、哲学的な全体構想から新たに開示され、それらが論究されるのに際してこの全体構想のうちにぴたりと接合される場合である。個々の主題の論究へと哲学的な注意が向けられるためには、この全体構想は全体として、あるいは少なくともいくつかの本質的な観点において、説得力をもつのでなければならない。

以上のことを『存在と時間』の著者はそれ自体で要求することができる。存在論と現象学との合流は根本的に、これら双方を倫理学の根本思想と合流させることと同じくらい納得のいくものである。存在者の存在についての問いは、存在者がそれ自身をそのようなものとして示すことができるような諸条件を考慮する場合にのみ、適切に返答されうる。反対に、自身を示し、その点で現象であるものについての問いは、その可能的ないし事実的な存在についての問いを指示している。この問いはさらに、もしそれが自らの生や存在の経験と何の関わりもないとすれば、現象学の方法と同様に拘束力のないものとなろう。逆に、倫理の根本的な問いは、存在し、それ自身をそのものとして示しているものについての問いと共属していなければならない。哲学的な解明の根本的な可能性に結びついていなければ、倫理は哲学的ではありえないだろう。

もちろん以上述べたことによって、『存在と時間』の構想はあるがままに受け取られなければならない、と言っているわけではない。逆に、この構想をより詳細に眺めるならば、ハイデガーの革新性がその代価を要するということが明白となる。存在論、現象学、そして自己についての気遣いを同一視することは、〔代価として〕さまざまなことを切り詰めることによって獲得されているのであり、この切り詰めが原因となって、これら三つの主導的概念と、これらの概念によって指示されているものとが共属していることも、充分には引き立ってこないのである。

このことはさしあたり存在論と現象学との関係に当てはまる。存在するものがそれ自身をそのようなものとしてそれ自身において示すときでさえ、それ自身を－それ－自身－において－示すことは、存在するものの十分な規定ではありえない。「ある」ということの固有の意味は、それ自身を示すことの現前性《プレゼンツ》に尽きはしない。或るものは現前的に存在することができ、もっぱらその現前性《プレゼンツ》のうちでのみとらえられることができる。人は――たとえば一枚の絵画のもとで――その絵画の諸契機の調和を、つまり内的であると同時に現れ出ている構造を観察する。ここで問題となっているのはこの構造だけであって、その構造の記述のなかで「ある」は特別な役割を何も演じていない。つまり、「ある」は際立たされておらず、殊更に強調されていない。こうしたことが生じるやいなや、もはやただ現前性《プレゼンツ》だけ、つまり、それ自身を示すことだけではなく、事実的に与えられてあること、ないし目の前に置かれてあることが思念されている。この意味で、アリストテレスは存在者性（οὐσία）をただ単に形相としてではなく、「その内部に存在する形相」（τὸ εἶδος τὸ ἐνόν）として規定していた[16]。存在者の現象化において事実的なものの契機が失われるということに、存在者なしに存在はないという、アドルノのハイデガーに対する異論は関係づけることができる。もちろんハイデガーは、存在において、事実的なものの意味契機を放棄することはできないし、放棄するつもりもない。とはいえ、現存在にとってその存在においてこの存在が問題であるということによってすでに、存在関係と自己関係の不可避性に言及されている。存在理解を論究する存在論はつねに、ハイデガーが初期の講義の表題でとらえていたもの、すなわち事実性の解釈学なのである。

　だが、事実性が必ずしも現存在の事実性でもあるわけではない。存在論と存在理解との結びつきおよび、これによる自己についての気遣いとの結びつきが問題を含んでいる、ということをハイデガー自身は『存在と時間』の末尾で把握していた。『存在と時間』の本来の目標である「存在の問い一般の仕上げ」は、現存在の存在論によってせいぜいその道を示されただけにすぎなかった。「非現存在的な存在者の存在（たとえば客体的存在性）に対する実存する現存在の存在の区別」は「存在論的な問題系の出発点でしか」ない[17]。したがって、存在論は現存在の存在論に尽きるわけではない。存在論は、存在の多様な意味を、現存在において獲得された一つの意味へと関係づけ、その一つの意味に基づいて理解できるようにすることを――『形而上学』Γ巻第二章でアリストテレスが要求しているような意味で――可能にするような指導的な根本意味を、現存在の存在論に見出すのではない。

　そうだとすればしかし、現象学を現存在の存在理解に結びつけることももはやできないであろう。

諸々の存在論的構造を引き合いに出す現象学的解明は、それらの存在論的構造を構造として主題化するのであって、その構造が事実的に与えられてあることにおいて主題化するのではない。それに応じて、現象学は或る一つの態度から出発してのみ可能であり、この態度はもはや存在理解の不可避性へと存在論的に結びつけられていない、ということになる。たしかに、ハイデガーは現象学を人間学へと解消することからは遠く隔たっている。けれども、『存在と時間』においては現象学的態度が問題含みな仕方で解釈し直されているということをフッサールが指摘したのはもっともなことであり、それゆえ彼が『存在と時間』の試みに対して不快感を覚えたのも、もっともなことであったのである。

そのような不快感は、自己についての気遣いという倫理的な根本思想を、もっぱら存在論的かつ現象学的に把握することに対しても——ハイデガーに対するレヴィナスの批判のような意味で——顕在化してくる。そのつど自らの存在が現存在において問題となりうるのは、この存在をその不可避性において耐え抜くことが可能である限りでしかなく、自らの生が生きられうる限りでしかない。このために、この不可避性の経験は、生がそもそも生きられうるものであるという観点において現存在の開性が経験されるのと同じくらい、必要な条件である。しかし、現存在にふさわしい生の形態に支えと規定性を与えるような、諸々の可能性、構え、洞察も形成されうるのでなければならない。他方また、そのような諸可能性の解明と形成とは、何が善いかについての問い、つまり善き生についての問いの下位に置かれているのでなければならない。この問いが、レヴィナスが考えたように、応答責任のうちへと立たせるような者としての他者の経験と共に生じるのか、それともアリストテレスと共に、ふるまいの目的論的構造から獲得されうるのか、ということはここで議論する必要はない。そうした議論は、倫理的なものの還元不可能性の洞察に対しては副次的だからである。この還元不可能性はしかし、自己についての気遣いがもつ構造によってすでに与えられている。自己が気にかけられうるのはただ、現存在の〈いかに〉についての問いが、善についての問いとして念頭にある限りのことでしかない。

存在、それ自身を示すこと、自己についての気遣い、さらに、それらと共に存在論、現象学、倫理学はしたがって共属しているが、完全に等しかったり同一であったりするわけではない。むしろ、或る事象的な重なり合いについて、それゆえまた問題設定の絡み合いについても語られなければならないだろう。存在論、現象学、倫理学は、互いに無関係に並び合っているわけではないが、相互に還元されたり、それらよりも上位の或る一つの原則から導き出されるのでもない。それらの結びつきは体系的ではあるが、それは、これら三つの問題設定のいずれもが他の問題設定に触れており、これを補完するという仕方で、体系的なのである。

以上のことはさしあたり、現象学の方から最もよく説明されうる。現象学的な考察は、それ自身を示すものにすっかり順応して、それ自身を示すものが事実的に与えられてあるということを考慮しないながらも、この考察はその事実的に与えられてあることを否定するわけではない。与えられてあることは、いわば宙吊りのままになっており、フッサールの方法上中心的な概念で言えば、それはエポケーのうちに置かれている。現象学的考察が、事実的に与えられてあることの可能性をそのようなものとして考慮に入れるやいなや、この考察は、それ自身を示すものを、もしかすると存在するかもしれないものとして理解する。そうなるとこの考察は、もう一度フッサールと共に言えば、「形式的存在論」に変貌するのである。(18)

形式的存在論は現存在が事実的に与えられてあることにも関わりうるが、これに制限されているわけではない。ハイデガーは、現存在の特徴にも、「非現存在的な存在者」にもふさわしい存在論とはどのような外観を呈しうるのか、ということを未決定のままにしており、それゆえ『存在と時間』の存在論的な試みに間接的に限界を設けていた。たしかに、ハイデガーはこの限界を踏み越えもしたが、その際、彼の関心は存在論の仕上げから存在論の可能性の論究へと移行するのである。いまや彼にとって重要となるのは、「形而上学」という規定形式における存在論的な思索の運命であり、また「形而上学」を「克服する」という試みでもある。[19] けれども『存在と時間』は、ハイデガーの後期の仕事によって過去のものとなったわけではない。ハイデガーが『存在と時間』の最後の数ページで示唆している存在論は、哲学的課題として残り続けるのである。

以上のような事態になるのはとりわけ、『存在と時間』の存在論が根本的に、倫理学に対して開かれているからである。ハイデガー自身が、現存在の「事実性」[20]に対応しうるような生の形態の可能性を追求していなかったとしても、そうした可能性についての問いは的外れではない。この問いはむしろ、現存在の事実性によって、現存在が自己についての気遣いのうちに置かれる、ということから生じる。この問いが見出され、現存在のうちで遂行され、形成されうるためには、もちろん、現存在とその世界とを考察しつつ開示するという可能性が必要である。実践理性は単に、事実的生の露わになったまったき瞬間に対する開性というだけではありえず、初期のハイデガーは実践理性をそのような開性として理解しようとしたのである。[21] 熟考を要することであるが、それはさらに、それ自身を示す通りの仕方で、世界を先入観にとらわれずに開示することに依存している。つまり、この熟考のためには、現存在の〈いかに〉を問うに際して、行為の遂行へと繫ぎ止められたままであり、自由な考察へと導くような態度変更を通じてはじめてそのようなものとして実現される或る洞察が必要となるのである。そういうわけで、倫理学は、存在論に対して開かれているのみならず、現象学に対しても開かれている。そのことが可能であるのは、或る開かれた共属関係に基づいてのことであり、そこでは現象学的な眼差しは、倫理学にとって完全には異他的ではないのである。

もう一つ補足として述べておくことにしよう。ハイデガーが『存在と時間』で仕上げていたような試みを修正することは、とりわけ一つの哲学観を撤回する、ということになる。この哲学観によれば、哲学はあからさまに実践的でありうるわけでも、あからさまに理論的でありうるわけでもなく、哲学は実践的なものとして理論的に拘束され、理論的なものとして実践的に拘束されるのである。この修正は、ハイデガーを通り抜け、しかもハイデガーにぴったりと寄り添いながら、アリストテレスによって導入され、長きにわたって規範的に通用してきた〔実践と理論という〕区別へと通じている。このことは、以上から明らかとなったであろうように、哲学にとって利益にしかならないのである。

（神谷健／峰尾公也 訳）

ロゴスを伴う能力《デュナミス・メタ・ロゴー》

アリストテレス的な文脈におけるハイデガーの言語哲学

1

『言葉への途上』というタイトルによってハイデガーは、彼の後期著作に属する論文集を適切に性格づけただけではなく、彼の哲学を全体において特徴づけている。言語への転換のようなものは、ハイデガーにおいて一度も生じなかった。というのは、彼自身の哲学の営みの始まりはすでに、言葉への問いに関わっていたからである。そしてその関わりは、根本においてあらゆる哲学の営みにとって妥当する、あるいは妥当するにちがいないような仕方でなされていた。それはつまり、思索が言葉において分節化されざるをえず、また言葉において思索自体の遂行を反省しようと努めざるをえない以上、哲学は思索として、つねにすでに、多かれ少なかれ、明らかに哲学に固有の言語性との対決なのである。たしかに、ハイデガーは特に集中的にこの対決に取り組んでいた。すでに初期の講義において彼を支えていたのは、つまるところ言葉は哲学の可能性として、同時に哲学を危険にさらす、という確信であった。それゆえ重要なのは、哲学することによって、哲学の言葉を、言葉そのものの傾向に抗して戦いとることであり、しかもとりわけ、哲学にふさわしい言語形式を獲得することなのである。だが、年とともにハイデガーにとっていっそうはっきりとしてきたことは、哲学的思索を分節化することの可能性が、言葉の本質それ自体のうちに存しているということであった。この可能性は、人がこの〔言葉の〕本質に応答する限りで言葉そのものから生じるのだが、人はこの〔言葉の〕本質に哲学的にいつまでも追いつくことはできない。かくして、ハイデガーのいう哲学は、決して言葉に属するものではなく、また哲学の営みの可能性として、言葉に到達することも決してないのである。言葉はいつも哲学の営みよりも先に到来するのであり、いつまでも先行的であり続ける。哲学というものをハイデガーの思索全体が示しうるならば、それは言葉におけるひとつの道であり、あるいは、意のままになるような発端も、到達できる終点もなしに、言葉への途上にある、ということなのである。

ハイデガーは哲学をその言語性において反省していたが、この反省はすでにはじめから哲学に対する伝統的な理解との対決であった。哲学に可能性として内在しており、哲学を危険にさらしているものを、ハイデガーは「理論的なもの」[1]と呼んでいる。こうした〔理論的という〕呼び名で考えられているのは、世界全体のなかで、または個別の観点から対象となり、あるがままの姿で確認され、言表の対象となることができるような、そうした一つの態度のことである。しかし、この態度によって隠蔽されているのは、世界が第一次的には有意義性において体験されるということ、そして生は世界において世界を伴うものとして遂行される、ということである。こうした隠蔽に対して必要となるのは、言表に背を向けることであり、そしてこの根源的な世界経験を正当に評価するひとつの言葉を養成することである。ハイデガーはその模範となるものを、使徒パウロの書簡のうちに実現されているようなキリスト教的生の表現と解明とのうちに見出している。というのも、とりわけ存在論をはじめとする哲学的伝統においては決して見ることができないもの、すなわち「歴史と生」[2]が、この書簡のうちでは際立っているとハイデガーが思っていたからである。この「歴史と生」という表現は、時間的な開けのなかで遂行されるような実存することを意味している。さらに言えばそれは、過ぎ去った啓示と将来的な主の再臨とのあいだに張り渡された、またそれによって明白に時間的であるような、そうした現在における実存することである。後代のキリスト教に導入された「古代の学の表現形式」[3]がこうした体験様式を歪曲したがゆえに、「古代の学」の刻印の力から「根本的に解放されること」が重要であった。ハイデガーが哲学的な仕方で、しかも哲学のために追求していたことは、神学的にいえば、初期キリスト教をその根源性において取り戻すことなのである。すなわち彼は、使徒書簡の言語形式に類比的な仕方で、〈哲学的に語ること〉の概念を展開していたのであって、それは、そうした語りが、生を対象化して、これを無差別に与えられるもののように扱うのではなく、むしろ時間的かつ「事実的に」遂行される生を解釈し伝達するようにである。生へのこうした態度と分節様式にハイデガーが付けた名称が、「事実性の解釈学」[4]なのだ。

このとき仮にこうした解釈学のプログラムが、「古代の学の表現形式」とそうした表現形式を反映した自己理解とから離反する、という意味で仕上げられていたとすれば、それは理解しやすく、それどころか当然のことのように思われただろう。その場合、こうしたプログラムは、パウロ書簡への定位から出発しつつそれを越えてゆき、キリスト教神学の根本諸動機にあらたな意義を与え、またそうした意義によって刺激された言語理解へと〔われわれを〕導いてゆくことができたかもしれない。だがこうした可能性は、ハイデガーではなくむしろ彼の学生ガダマーによってはじめて摑み取られたものである。ガダマーは彼の主著〔『真理と方法』〕において、古代ギリシアの思想を言語忘却的であると診断し、この言語忘却性に抗して受肉の思想へと手を伸ばし、この思想に即して言葉の真なる存在を理解可能にしようとした。これに対し、そしてガダマーの批判にもかかわらず、ハイデガーは古代ギリシアの思想に恩義を負ったままであった。その恩義はとりわけ、古代ギリシア思想の代表者のなかでも、哲学を理論として、またそれゆえに言葉を、規定し確定することを旨とする媒介者として〔それ以降の〕伝統の基準となる理解を確立した人物、すなわちアリストテレスに負ったままであった。ハイデガーは存在論の伝統の原作者としてアリストテレスを想定し、彼の思考から或る別の思索の可能性を、すなわち、生ないし現存在に真に適合した「事実性の存在論」(5)の可能性の獲得を試みていたのであり、そのようにしてハイデガーは存在論の伝統を批判していたのである。同様に、ハイデガーは言葉について考える者としてもまた、アリストテレスを批判するアリストテレス主義者であり続けた。ハイデガーは自身の事実性の解釈学を仕上げる際、規定し確定することの可能性として、すなわちロゴス・アポファンティコス〔言明によって明らかにするロゴス〕として言葉を考えたアリストテレスの研究にたずさわったが、しかもそれは拒絶的に批判するという意味でではなく、むしろアリストテレスを〔言葉への真正な思考の要素として〕統合させるようにしてであった。ハイデガーの事実性の解釈学は、「何かを何かとして語り、解き分けるカテゴリー的解釈」とされるアリストテレスの「論理学」のプログラムを受け入れる。[6] このようにして理解された論理学は「事実性の問題系の根源的統一のうちへと」取り戻されねばならない、とハイデガーは語る。こうした論理学は或る「突出部」、すなわち事実性の解釈学の一つの際立った部分である。[7] このことを反対から言うならば次のようになる。すなわち、論理学が事実性の解釈学にその一部分として属す場合、事実性の解釈学は「論理的に」も分節化されるのでなければならない。事実性の解釈学は、ロゴス・アポファンティコスについてのアリストテレス的研究を廃棄するのではなく、かえってこの研究を、或る決定的な連関においてあらたに引き立たせるのだ。

ハイデガーとアリストテレスとの結びつきは、『存在と時間』にいたる彼の一九二〇年代の思索でははっきりしている。こうした結びつきを描き出す人がいたとしても、新しい事実が明らかにされることはないだろうし、うまくいった場合であっても、根本的にはよく知られた事柄のよりよい理解に貢献するというくらいである。だが、ハイデガーが『存在と時間』のプログラムの挫折を認識することによって、アリストテレスに別れを告げたわけではまったくない。ハイデガーとアリストテレスとの結びつきは、現存在の解釈学的な存在論という彼の前期の計画に限定されるわけではないのだ。反対に、ハイデガーのこの思索の修正は、彼をその主著の発端から運び去って、言葉の追いつくことのできない先所与性を洞察せしめたわけであるが、こうした思索の修正もまた、本質的にアリストテレスとの対決にその起源をもっているのである。このことは、一貫性のなさでもないし、またアリストテレス的思考へのとらわれを表現しているのでもない。むしろ彼の前期の概念構成を、その事柄上見誤ったものとして単に放棄しないということが、ハイデガーの唯一の可能性なのである。こうした彼の概念構成が改訂可能であるのは、そこで取り上げられた連関の別の説明がありうる限りのことである。〔したがってこのとき〕現存在の解釈学が実際にアリストテレス的に理解された「論理学」を含むものである、ということを前提にするのであれば、この解釈学を事象により適した仕方で新たな仕方で捉えること〔の成否〕は、この「論理学」を〔これまでとは〕異なった仕方で理解することに懸かっている。こうしたことすべてが一つひとつ何を意味するのかが、いまや判明にされねばならないだろう。

2

ハイデガーの「論理学」は、一九二五／二六年冬学期講義ではじめてそれが詳しく展開されたときにそうだったように、明確に定式化された意図をもっている。この「論理学」はアリストテレスのロゴス・アポファンティコスという規定を究明し、命題が「真理の場所なのではなく、真理が命題の場所」であるということを示そうとする。(8) この解釈は、とりわけそれがわずかに変更されて『存在と時間』に取り入れられているがゆえに、大筋ではよく知られている。すなわちハイデガーが示そうとしているのは、言表命題の構造が、諸事物との交渉の構造に基づいている、ということである。言い換えれば、何かが何かとして言葉へともたらされることができるのは、ひとえにつねにすでにそれを何かとして発見するという可能性が存立しているからなのだ。何かが言表において言葉へともたらされることにより、その何かは一定の仕方で接近可能になるのだが、しかしこうした接近可能性の成立は、すなわちロゴス・アポファンティコスによるアポファァイネスタイ〔現象させること *apophainesthai*〕は、世界を伴う諸関連の先行的な接近可能性に基づいている。ハイデガーが『存在と時間』で用いた例を用いるならば、人は命題「このハンマーは重い」[9]を分節化できるためには、作業の際にハンマーを重すぎるものとして、そしてそれゆえ不適当なものとして経験してしまっているのでなければならない。「挙示的な〈として〉」は、（重い）何かとして何か（ハンマー）を言表することにおいて引き立つのであり、これが、交渉に際し生じる、何か（ハンマー）を（この特定の目的にとって重すぎる）何かとして解き分ける「解釈学的な〈として〉」[10]に基づいているのであれば、ハイデガーは正当に次のことを言いうる。すなわちそれは、「何かを何かとして語り、解き分けるカテゴリー的解釈」としての論理学は、世界を伴う諸関連の解釈の、そしてそうした諸関連における生ないし現存在の解釈の連関に、すなわち解釈学に属しているということ、これである。

こうした思索の道を展開するに際し、ハイデガーは決してアリストテレスについての批判的な注記を差し控えてはいない。アリストテレスは解釈学的な〈として〉の「構造現象」への問いを「怠った」というのである[11]。ハイデガーによれば、アリストテレスは「言葉への定位から解放されておらず」[12]、そうして伝統全体に基準を与えるような仕方で、手引きとして「規定するという意味のロゴス」[13]を主張したのである。他方でしかし、ハイデガーはロゴス・アポファンティコスというアリストテレスの規定そのもののうちに、言語的な真偽が、ある先行的な発見することに依存している、という性格を読み取っている。すなわちハイデガーによるならば、アリストテレスが、ただ「真であることと偽であることとが出来してくる」[14]ようなロゴスのみが挙示的である、と述べるとき、この「出来（*hyparkein*）」は本来的には「最初から客体的にあるということ」を意味する。あるいは、補足的説明によれば「あらかじめ客体的なものが他の一切を担うべく、或るものの根底に横たわること」である。[15] こうした規定に関連して、アリストテレスへの批判は次のような点にだけ制限される。すなわちアリストテレスが、現存在とその世界を伴う諸連関ではなく、客体的なものを、つまりは存在者を、その本質規定と同一性（ウーシア）とにおいて、「根底に」存するものとして理解していたということである。

たしかに、このことは重要な区別である。というのは、現存在の基礎存在論というハイデガーのプログラムが客体的存在性の存在論を派生的なものとして示し、そして同時にこれをその可能性において基礎づけるべきものである以上、そもそもこの区別からこのプログラムはその正当化を受け取るからである。だがハイデガーが、ウーシアの存在論的な位置に人間的現存在を置き入れることができるのは、この置き換えの際に用いられている枠組みを彼が変更していないからである。実際に『存在と時間』が〔課題として〕要求していることは、まさに次のようにも定式化されている。すなわち、ハイデガーによればアリストテレスは「事象内実的な「カテゴリー」の多様性に対して存在の統一性」を発見したとはいえ十分に明らかにしなかった。それゆえ、こうした存在の統一性を、現存在において証明せねばならないのである。現存在は「存在者的に」存在者であるのみならず、それにとって本質的である存在理解に基づいて「存在論的に」[16]もまた存在者であるがゆえに、現存在は、存在者のすべての多様な挙示が関連づけられるべき一者であることができる。そしてこれに対応して現存在は、アリストテレスの考えていたウーシアと同様に、その統一性において接近可能でなければならない。このときこの統一性は、「事象内実的な」諸規定の多様性を担い、そしてこの諸規定の相互帰属性において洞察されるのでなければならない。言い換えれば、現存在は、あらかじめすでに接近可能であるようなものとして理解されていなくてはならないのであり、こうした現存在なくしては、それに属するようなものは何ものも、示されることも、言葉にもたらされることもなく、それゆえ注意にのぼることもないのである。

これこそ、ハイデガーがアリストテレス的に理解されたロゴス・アポファンティコスを批判的に解釈する際の本来のポイントなのだ。ハイデガーにとってせいぜいのところ二番目に重要なのは、言表を、第一次的には日常的な行為において経験されるような連関から抽象的に独立させられたものとして、把握するということである。むしろ決定的なのは、日常的な行為のうちではたらいているのは、現存在自身がそれであるような統一性だということの方である。日常的な行為は一個の現存在に属するわけだが、この現存在はたしかに、世界を伴う生のさまざまな視角の多様性へと引き込んで自己を解釈している。だが本質的には――ハイデガーであれば「本来的には」と言うであろう――、現存在はおのれに固有の存在を直接的に把握するのである。言葉は区分するものであり、そうして多様へと結びついているので、現存在の直接性はこうした言葉によって伝達されないし、事象内容のごとくに示されたり言表されたりすることはなおのことできない。この直接性が表現されるとしたら、それはいわば一撃で、瞬間においてである。そして、この直接性が哲学の事柄である限り、それにはすでに一九一九年のハイデガーの最初の講義で一つの名前が与えられていた。すなわち、「解釈学的直観」[17]である。

解釈学的直観は言表において伝達されないとはいえ、しかしそれは言語と縁がないわけではないし、こうした解釈学的直観の言語性を理解するために、ハイデガーはふたたびアリストテレスに、より適切に言えば、彼のヌース〔理性〕とノエイン〔理性知〕の規定に手を伸ばす。これをハイデガーは『存在と時間』において「単に眺めやるような認取」と呼んだ。こうした認取において把捉されるのは単純なものなのだから、これは決して何かを何かとして言表することではなく、むしろ触れることと言うこと、すなわちアリストテレスの述べるティゲイン・カイ・ファナイ〔接触シ主張スルコト thigein kai phanai〕である[18]。こうした触れることと言うこととによって、名前を付ける際に生じるような、端的な語りかけることを思い浮かべてはならない。むしろ思い浮かべるべきは、区分けされたどのような話すことをも多かれ少なかれ明示的に支配しているような、単純な接近可能性における言うことである。単純な言うことは、アリストテレスの場合、露わになっている存在者（*on alethes*）[19]に対応する。ハイデガーの場合これに対応するのは現存在の存在であるから、この存在が——解釈学的に——その単純性と直接性とにおいて言葉にもたらされるべきものである。こうした言うことは真理を暴露する。この真理はどの話すことの根底にも存しているが、認取されたものが——ハイデガーがかつて用いた表現で言えば——「相分かたれて認取されて」いるとき[20]、つまり、現存在が世界的な生において分散し、おのれの存在の単純性のうちにいない場合には隠蔽されることになる。

ハイデガーがここで真理と隠蔽との二者択一を導入しているために、認取することと言うこととが話すことを支配しているという思想は、たしかに問題含みとなる。すなわち、統一と単純性が純粋に認取されるのはせいぜい一瞬のことであり、そうした場合でもこれらは多様なものに内在するものとして、判じ絵におけるがごとく、浮かび上がったと思えばたちまちふたたび沈み込む。区分されたもの、多様なものが姿を消すことはないのだから、直接的にのみとらえられる統一はつねにこの区分されたもの、多様なものによって濁らされ、隠蔽されている。だが、この困難は事象のうちにその根拠をもつ必要はなく、むしろ、認取することと言うことの単純性を、直接的にかつできる限りそれ自体で実現しようとする目論見のうちに存している可能性がある。言葉において単純なものと多様なものとが相互に矛盾しているのではなく、むしろ相互に補完しあっているのだとするならば、その場合この目論見の側が言葉の本質を覆い隠しているということになるだろう。

3

ハイデガーは、アリストテレスの『形而上学』Θ巻の最初の三章を扱った一九三一年夏学期講義で、この問題の結論を出している。ここでは言葉それ自体が、多様性としてだけでなく、統一としてもまた規定されている。言葉というものはもはや根源的に単純なものを区分することではなく、むしろ多様なものの統一化へ向かう可能性なのであり、また同時に、この統一化へ強いるような多様性の可能化である。このような仕方でロゴスとして理解された言葉を、ハイデガー自身は「拾うこと、拾い集めること、集めること、一つのものを他のものの方へ横たえること、そうして一つのものを他のものへとの或る関係のうちに置くこと」であると言っている。言葉はそれ自体「関連であり、関係」であって、「そのうちに立っているものを、取り集める」ものである。言葉は「規則づける接合、自らに関連づけられているものを集めること」である。[21] こうした結合と関連づけは、それでもつねに特定の観点においてのみ遂行される。取り集めは、選出するという仕方で生じる。それは、ハイデガーが言うには、「ただ部分的にのみ自分のものにするのであり、それは所有されうるものはつねに他のものであり続けるからである」。[22] それゆえ、或るものが別のものへと関連づけられることによって、つねに「何事かが決定され、また排除される」(23)のである。排除されたもの、そのつどの収集からとり残されたものはそれゆえ、言語以前の何の区分もない世界の、散らばったカオス的多様性のようなものではなく、むしろ、画定されていないが探知しうるような、否定的なものの空間、〈言われうるもの〉の空間なのである。こうした言われうるものが、そのつどの言うことから除外されており、しかし、こうした言うことを取り巻いている。ハイデガーの定式化によれば、この否定的なものの空間は、「対立させて解き分ける言うことと言表の多重性」なのであり、こうした多重性のうちで、ロゴスとして理解された言葉はつねにすでに「粉々に砕かれ飛散して」見出される。かくして、統一性というものは「つねに戻って獲得されるもの」、統一性の再獲得なのであり(24)、言葉とは本質的にそうした統一性であり、この統一性はそれ自体でそもそもつねに繰り返し失われるものなのである。

このように素描されたロゴスの特徴づけによって、ハイデガーは、後期の言語思想の中心をなすような諸規定を展開している。『言葉への途上』における諸々の考察、ヘラクレイトスのロゴス理解についての解釈すらも、ここにあらかじめ刻印されている。そしてそこでは、ハイデガーがこうした考察をはじめて得たのは、言葉の詩作的性格への省察との連関においてでもなければ、彼がヘラクレイトスの諸断片に携わったこととの連関においてでもないということが、示されている。ロゴスがひとつの関連づけることであるということをハイデガーが展開したのは、むしろ、彼がアリストテレスとの対決において獲得していた、挙示的な〈として〉構造に即してなのである。すなわち、或るものが或るものとして語られることによって、その或るものは、その直接的なそのつどのありさまにおいて言葉にもたらされるというだけではなく、むしろ、それがそれ自体それであるところのものとは同一でないような別の何かと結びつけられるのだ。言表はその際さらに、主題とされたものに帰属しないようなものとも、関連づけられている。ハイデガーが言うには、各々の帰属させることにおいて、「そのつど何事かが決定され、また排除される」[25]。或るものが何かである、とは、その或るものがその何かとして語りかけられるということだが、そうしたことはつねに、そのつど現実化されていない他の可能性との連関において成立する。それゆえ、言表の規定性は、無規定性、すなわち別様であることとの多重性と一体をなしているのである。

言表のこうした諸特質にもかかわらず、ハイデガーは言表においてロゴスの本質が最も判明に際立っている、と考えてはいない。彼にとってより決定的なのは、統一性と多様性との関係が制作知（*epis-teme poietike*）のなかに刻印されているということである。制作されるべき作品の形態――ハイデガーは「外観」と称している――は、単に制作過程の目標や完成と見なされうるだけではなく、そうした形態は、制作の遂行において、その制作に本質的に「対立して」いるものに関連しうるのであり、ここでロゴスはこうしたことの根拠として把握されるべきなのである[26]。この解釈によれば制作というものは、「或るものをその境界へ向けて打ち出す」ことと同義なのであり、しかもそれは、前もってすでに「まなざしのうちに存していた」「境界性」[27]が、〈この「境界性」に対立している「限界づけられていないもの」〉のうちにはっきりと現れる、という仕方で行われる。すなわち、形態、エイドスは、それが形式（モルフェー）となることによって、それ自体としては限界づけられていない質料（ヒュレー）のなかで際立ってくる、ということである。ハイデガーはこの考察を次のようにまとめている。「この、エイドスとヒュレーとの隣接関係が制作の本質に属しているということ」によってはじめて、「制作はその作業の各段階において、継ぎ合わせ、はめ込みながら同時に捨て去ることで、たえず排除的である、という必然性が生じるのである」、と。[28] そして、限界づけられながらもおのれを限界づけつつ作用するエイドスの統一と、形成されていないものの限界のなさとの関係が、ロゴスのうちで生じているがゆえに、「制作することによって取り集められていることが」「語りぬくことと、語りぬきつつ告知をもつことの収集（*legein*）において」働いている、とハイデガーは言うことができるのである。ロゴスにおいて、制作を導くエイドスが与えられ、それゆえまさにエイドスがロゴスとして理解されねばならないのだとすれば、そしてまた、質料においてエイドスがはっきり現れでることが、レゲインとして理解されるべきはめ込みと排除することであるのだとすれば、そのとき制作は、「自分に言うこと、自分に言わせること」として実際に性格づけられるのである。[29]

こうした考察のなかでハイデガーが、アリストテレスの『形而上学』Θ巻第二章の思考の道筋を正しく射当てていたかどうかは怪しい。アリストテレスは制作知を、ロゴスを伴って生じる能力（*dynamis meta logou*）として規定し、そしてそれゆえにこの知について、それは単に一つのものに、つまりその目標に向けられているばかりではなく、その反対のものにもまた向けられている、と言うことができるとしても、このとき彼はこうした反対のものということで質料を考えていたわけではない。むしろ、彼が考えていたのは目標に対立するような状態である。それはより適切には、目標として現実にあるはずのものが欠けることによって性格づけられるような、或る状態のことである。医術は、こうした意味で病気および健康に関係する。両者は医術のなかで現前している。これに対し温かいものがもつ「非ロゴス的」能力は、冷たさに対するどのような内的連関をももっておらず、ただ温めることのみに向けられている。[30] しかし、ハイデガーは、エイドスとヒュレーとの関係への問いをアリストテレス的な究明のうちに読みこむことによって、上記のようなアリストテレスの思考を逃してしまったわけであるが、だからといって、アリストテレスにおいて重要だったこと、つまりロゴスが異なるものないし対立するものの可能性であり、それらの場所である、ということが適切に射当てられなかったわけではない。

しかしハイデガーにとってロゴスを伴う能力の解明だけが重要だったわけではない。アリストテレスがこの能力をどのように規定したかということは、ハイデガーにとっては単なる出発点であり、また人間的現存在一般を別様に把握するための転換点にすぎなかった。このことに対応して、ハイデガーの解釈においては、ロゴスを伴う能力と非ロゴス的な能力との区別もまた後退する。もはや、デュナミスに属する現実性のなかで実現される能力と、ロゴスによって導かれて、欠如を認識しその埋め合わせが行われる力能とを、区別することだけが問題ではないのである。ロゴスが、欠如したものを現前的に保っているということは、ロゴスの本質の一つの可能的な現れにすぎない。すなわちロゴスにおいては、直接そこにはないすべてのものが現に存在することができるのであり、そしてまた現にそこに存在するものは、それとは異なった何ものかと関連することができるのである。このようにしてロゴスは、関連するものの活動空間なのであり、さらにこうした関連するもののなかでふるまうことの可能性なのである。あるいは、ハイデガーが表現しているように、ロゴスとは「認取しつつ探知すること、情報を収集しつつ関係すること」[31] であり、そしてその前にすでに「探知することの可能性、知を受け取ることの可能性、そうしてよく知っていることの可能性」[32] なのである。どの認取や発見もすでにロゴスのうちに埋め込まれているのであり、言表はあらゆる公言された語りと同様に、単なるロゴスの現れにすぎないのだ。

4

ロゴスはそれゆえいまや、ハイデガーにとって人間的現存在の本質である。『存在と時間』の術語を用いるならば、ロゴスは人間的現存在の開示性であり、それゆえまた、自己隠蔽の傾向に対抗して、それを哲学的に把捉することが重要であるようなもの〔すなわち現存在の存在〕なのである。もはやこうした哲学的な把捉はまさに、言葉に抗して「解釈学的直観」を引き立てることと同義ではない。現存在を言葉にもたらす試みは、いまや言葉それ自体へと戻ってゆくのである。そしてこれに対応して、哲学は言葉への注意深さであることができる。それは、言葉の本質の表出であり、たしかにこの本質は、どの話すことのうちでも認識されうるように与えられているわけではないが、しかし話すことから徹底的に脱去しているわけでもない。

直観的に把捉された現存在を解き分け伝達することのためだけではなく、こうした自己を表出する言葉への注意深さのためにも、ハイデガーは「解釈学」という概念を要求することができる。しかしこの解釈学は、彼が事実性の解釈学に対して要求していたのと同程度に、問題になっている事柄の対象化からは遠く隔たっている。自己を表出するような言葉への注意深さは、まさに言葉それ自体に属しているのであって、そうした注意深さは事象内実とは関係をもたない。むしろこの注意深さは、ハイデガーの後年の定式化によれば、それ自体、そこにおいて事象が関係の可能性を前もって差し出すような「事象－関係」(33)であり、また、限界づけられたり境界づけられたりした対立物をまったくもたず、むしろ或る自己を与えるものを引き受けることであるような、ひとつの「連関」[34]なのである。こうした自己を与えるものとは、言葉において言葉から話すという可能性が、そのようなものとして経験される際の可能性である。そしてそれは、非対象的に前もって与えられるのであり、特殊なものに名前をつけるという仕方では到達されえないけれども、しかし、関連するものの活動空間として、どのような名づけにおいてもすでに経験されているのである。こうした自己を与えるものが解釈学的に探知されうるのは、ただそれが「解釈学的なもの」[35]そのものとして、すでに「知らせや布告をもたらすこと」[36]であるからなのだ。関連するものの活動空間としての言葉は、言葉それ自体への連関をもまた創設する。言葉は、言葉それ自体の可能的なものに対して開かれたひとつの話すことにおいて、自己自身を仲介するような仲介作用である。ハイデガーの後期言語思想の中心を形成するこうした思索のために、アリストテレスとの対決は準備的な役割を担っていた。それゆえこの対決は、集めることと解釈することとを仲介することを通じて言葉の本質が引き立ってくるような一つの対話として、理解することができるのである。

（丸山文隆 訳）

対話術を前にしての畏れ

『ソピステス』講義（一九二四／二五年冬学期）における
ハイデガーのプラトン解釈について

1

哲学においてみずからを表明するのは生である。哲学のなかで語り出される、あるいは語り出されているはずなのは、生が何を意味するか、すなわちある世界のうちで現に存在することが何を意味するか、である。以上のような考えは、ハイデガーの根本的な確信に属するもので、それは彼の哲学的営為の最初の段階にすでにあった。ハイデガーは、この考えを一九一九年以降の諸講義のなかで発展させている。それらの諸講義において、ハイデガーはこの考えに備わるプログラム的性格を定式化しようとしていて、一九二二年以降になると必ず『事実性の解釈学』(1)という言い方をするようになる。一般によく知られているように、この時期のハイデガーはキルケゴールとディルタイの影響を、また両者ほどあからさまではないもののニーチェの影響も受けていた。それゆえこの時期のハイデガーは生の哲学のコンテクストのうちに置かれるべきであり、そのことからハイデガーを、たとえばジンメルのような哲学者と比較することも可能になる。とはいうものの、ハイデガーの初期の思索は、他方で今述べたような哲学者たちによって代表される生の哲学からは、はっきりと区別されうるものでもある。みずからが一個の独立した思想家であることを証明してみせた、そのすぐあとの時期のハイデガーにとって問題となったのは、生、つまり世界のうちで現に存在することが知によって導かれていることを示すことであった。もっと詳しく説明するなら、この知とは、世界をさまざまな観点から開かれてあるようにし、そのことによって人が世界のうちでみずからを方向づけられるようになる、つまり生や経験の諸可能性を発見する(entdecken)ことができるようになる、といったものである。

こうした知の本質を明らかにしようと試みるなかでハイデガーは、かつて神学の勉学に励んでいたことからよく知っていた一人の哲学者に立ち返ることになる。それはアリストテレスである。ここでハイデガーはアリストテレスをあらためて読み直すことになるが、その際には、以前とは違ったまったく新しい読み方をすることになる。それは、分かりやすくはあるが、しかしそれと同じくらい奇異にも思われる読み方である。だが、いずれにしてもこの読み直しの作業は、二〇世紀に哲学の分野で生じた重要な出来事のひとつに数え入れられる。アリストテレスが、たんにスコラ哲学の影響史における古典的哲学者としてのみ姿を現してくるということは、この読み直しの作業ではもうこれ以上起こらない。そうではなく、アリストテレスは現象学者として、つまり世界の内で存在することに見合った概念や記述を、とりわけ実践知（フロネーシス）についての分析を行ったことによって見出した人物として姿を現してくることになる。

とはいえハイデガーは、アリストテレスをただただみずからの盟友としてのみ考えるわけにもいかないことをよく分かっていた。アリストテレスの思考がたとえ先駆的な形での現象学であるとしても、それでもやはり彼は、ハイデガーによってまったく非現象学的であると見られた影響史のなかで古典的哲学者の位置を占めている。アリストテレスは『ニコマコス倫理学』において達成した成果をのちにはまたすっかり失った、というのがハイデガーの考えである。アリストテレスは、知と存在とが世界の内で共属していることを見出しながら、哲学と学問（エピステーメー）とを日常の生からは根本的に隔たった態度である観想《テオーリア》として理解したときに、その成果をないがしろにした。そのようにしてアリストテレスは、哲学のうちでは生がみずからを語り出すということを忘れてしまった、というのがハイデガーの見立てである。

ここで、ハイデガーにとってプラトンが重要性を帯びた存在として浮かび上がってくることになる。プラトンの対話術が示すのは、哲学することが本来何であるかということ、哲学しながら世界の内で存在するというのがどういったことであるか、ということである。この対話術は、またときに次のようなことを示しもする。それは、どのようにして哲学が生から、生の真なる表出（Artikulation）として発現してくるのかであり、またその際に生から発現してくる他の表出によって哲学という生の真なる表出が立て塞がれるという、問うに値するある特徴的な事情が存することである。後者のような事態が示されるのは、とりわけソフィストを主題とするプラトンの後期対話篇『ソピステス』においてであるとハイデガーは言う。そしてたしかに、ハイデガーはとくにそうした生の表出と哲学という問題をめぐって、プラトンのこの後期対話篇を一九二四／二五年冬学期講義で詳しく解釈している。後年、ハイデガーがプラトンの思索からはますますきっぱりと距離を置くようになることを考えると、彼が初期のころにプラトンに近づいていたのは驚くべきであり、また興味深くもある。とはいえ、そこには、ハイデガーは当然のことながら初期のころの自分が理解した限りでのプラトンとともにあった、という事情が付け加わる。ハイデガーはプラトンに親近感を抱いて哲学し、だから、プラトンの内にハイデガー自身の哲学、ということは一つの新しい現代的な哲学の可能性を見出した。プラトンがもつ現代性について説明もした。こうしたことは、以下の論述によって裏づけられるだろう。そして、ハイデガーの一時的なプラトン主義がその後にたどった歴史は、こうした観点から理解されるべきである。

2

『ソピステス』の一般的な特徴づけを、ハイデガーが講義のなかで展開している考えにあわせて見ていくことから議論を始めるのがよいだろう。この対話篇の二人の主役であるエレアからの客人とテアイテトスとは、対話のなかでソフィストなる種族がそもそもいかにして可能であるかを見つけ出そうとする。これは、世界の内での人間存在を探求するのと同じことを意味している。ソフィスト的な態度のとり方や話し方はどのような仕方で世界のうちに属し、またどのような仕方で世界を語りへともたらしているのか、と問われねばならない。こうした考えからプラトンの対話篇は存在論についての論稿と見られることになり、またそこにはソフィストの具体的現存在を、ギリシア人の生の内部において、まったく具体的なあり方のままにより詳しく理解しようと試みるという、独特の観点と主題設定とが伴うことになる。この試みは、〔結局のところ〕「ソフィストが行うふるまいの存在」への問いとなる。するとほど経ずしてすぐに、ソフィストは「虚偽や欺瞞」に関係するという予測が表明される。それで、虚偽や欺瞞がどういった身分のものかを規定することが問題となる。ところで、虚偽というものはどれも、そのように存在していないものをまるでそうであるかのように見せかける。虚偽は、「〔そのように〕存在していないものを〔そのように〕存在している」と告げる。虚偽を以上のように把握することはしかし、ハイデガーも強調しているように、「存在についての従来の把握、依然としてプラトン自身がその代表とされている、存在についての従来の考え方の革命」である。非-存在者〔存在しないもの〕をその存在において提示することは、「存在それ自身と、その内に含まれる非という性格とをよりラディカルに捉えること以外の何ものでもない」[2]とされる。

以上述べられたことのうちには、ハイデガーにとって重要な二つのモチーフがある。プラトンの対話篇では、ソフィストなるものは、それを規定しようと試みても繰り返しそこから逃れ去っていくのであるが、そうしたソフィストの存在がどのようにすれば隠れていることから奪い取られるか、が主題になっている。したがって、この対話篇では発見することが実際にどのようにして遂行されるか、つまりアレーテイアとして理解されるところの真理が扱われていることになる。アレーテイアは真を言うこと《アレーテウエイン》〔隠れていることから奪い取るという生起〕なのである。つまり、真理は静止した状態などでは決してなく、生の遂行あるいは生の生起なのである。おまけにこの対話篇は、以上の問題を「存在の意味」への存在論的な問いを立てるという仕方で扱う。その際、この存在論的な問いは人間の現存在の一つのあり方、つまりソフィストの存在を解明するという役割を表立っては担うことになる。だから、少なくとも基本的にこの対話篇では、アリストテレスが賢慮《フロネーシス》として記述したような実践的な知の形で発見することに対応した仕方で、この存在論的な問いが立てられている。『ソピステス』での究明は、どうやら賢慮《フロネーシス》の構造をもっているらしいのである。生は生の内で明らかにされる。生の可能性を発見することは〔それ自体が〕どれも生の遂行であり、生の生起なのである。

ハイデガーはこの対話篇をまさしくこうした観点で、哲学が哲学自身を解明することとして読んでいる。そのことについては、細部にわたって詳しく確かめることができる。だが、だからこそハイデガーは、プラトンがソフィストについての対話篇、政治家についての対話篇（『ポリティコス』）の次に、三つめとして哲学者についての対話篇を続けようと思っていたという、よくある議論に対して反論している。「むしろ、まさにこのソフィストについての対話篇において、哲学者とはどのようなものであるかを解明するという課題が取り組まれているのである。しかもそれは、哲学者がどのようなものかを物語って聞かせるという素朴なやり方ではなく、まさにソクラテス流のやり方で行われる。この対話篇の最後のほうで、はっきりと次のように書かれている箇所がある[3]〔…〕。そこで対話の導き手は、まだこの対話においてソフィストの本来的で学問的な定義に到達してもいないのに、そのまえに私たちはたしかにいま突如として哲学者を見出すことになった、と述べている[4]」。

ここで言われていることのポイントははっきりしている。哲学とは何かということが明らかになってくるのは、外見上哲学であるように見えているにすぎないもの、あるいは何となく漠然と見た限りでは哲学と違わないような姿をしているものから、哲学的な態度によって身をもぎ離すことを通じてである。プラトンが対話篇を始めるにあたって設定した問題状況は、以上のようなものである。ソクラテスは、そのときに議論を戦わせている相手である異国の地エレアから来た客人に対して、あなたの出身地では、ソフィストと政治家、そして哲学者は同じだと考えられているのか、あるいはそうではないのかを言うように要求するが、(5)このことは右に述べたような意味で理解されねばならない。エレアからの客人は、自分が哲学者であることを最初に証明しなければならない。この客人が自分が哲学者であると証明できるのは、とりわけソフィストなる種族について、それを哲学のやり方によってそのものとしての本質を見抜いて規定することによってである。それ以降の対話の展開が示すとおり、このことは彼にとって容易なことではない。それでこの人は、エレア派の根本的な教説のなかでも最も重要なものである、非―存在者は存在しない〔存在しないものは存在しない〕という〔パルメニデスの〕教説を放棄しなければならなくなる。こうして、彼はみずからの師であるパルメニデスに対する「父殺しの者」(6)になる。プラトンの対話篇は哲学における教養小説であり、ハイデガーが断言したように、哲学の生起、つまり哲学的思索を遂行することのうちで哲学を形づくるということが実際に目の前で実演されている。

ハイデガーはなかなかの情熱《パトス》をもって、哲学はいぜんとしてそうした発見の生起であると強調する。彼は次のように言う。「私たちは今日、哲学者とはどういうものかという問いを理解することにおいて、わずかに一歩なりとも先に進んだなどとさえ思い込んではならない。それとは反対に、時代が進むあいだに前面に出てきた種類の異なる傾向によって、つまり哲学以外の分野に属する問いの影響を受けることで、問いを設定すること、ましてその問いに対して答えを出すことなどはなおさら、私たちにとってより困難になってしまっていると言わねばならない」[7]。そのようにして、哲学は、「世界観[8]」として理解されたり、あるいは純粋にそれ自体として分離独立した学問へと切り詰められたりすることで立て塞がれている〔誤った仕方で受け止められている〕。哲学から、それがこのように立て塞がれたあり方を〔その誤った受け止めを〕もう一度取り去るためには、哲学にもともと備わっている「事象性の自由（Freiheit der Sachlichkeit）[9]」が必要である。プラトンの対話篇は、ハイデガーにとって、どうやら哲学的な生と思索の原風景となっているようだ。そうであるから、プラトンに即すことによって、哲学とは何かということを直接的に、拘束力をもった仕方で経験することができる、とされる。

だが、ここで実際に問題となっているのがひとつの経験であるとされるのならば、その経験がより詳しく規定されねばならない。この場合に、まさに経験されるものとしてあるのは何であり、またそれはどのようにして経験されうるのか、と問わねばならない。さしあたりの答えは単純なものであって、哲学は語ることのうちで自性現起する〔みずからを固有化する〕（sich ereignen）、というのがそれである。対話で扱われる事象は、ハイデガーが表現するところでは、「それをめぐって対話が行われるところの主題《テーマ》であり、しかもそのうちで存在者が露わにされたものとして目に見えるようになるといった、そうした話すこと、そうしたディアレゲスタイ〔話し合うこと〕の主題《テーマ》である[10]」。大事なのは、語りにおいて話題とされているものを、その語りを通じて、それが存在しているとおりのものとして見えるようにすることである。

以上のことでもって、表立ってはっきりした仕方ではないもののすでに次のことが言われている。それは、じっくりとした討議の内で明らかにされる事象は、蔽い隠されて（verdeckt）いるときには、あとで明らかになるのとはまったくちがったありようをしている、ということである。とはいえ、蔽い隠された状態にあったものは、これはこれで、いままで議論されることのなかったものとして存在していたのではない。それが蔽い隠された状態にあったのは、ありきたりの仕方で話すことのうちですでに話題として取り上げられていたからである。それでハイデガーは、次のように強調することになる。プラトンが対話篇を書いたのは「哲学することそれ自身がもつある内的な急迫から、ソクラテスによって与えられた深刻な衝撃をラディカルに受け取ることからである。空談としてのロゴス、つまりさしあたり与えられている、あらゆるものについてすでに語ってしまっており、また語り広めてしまっているロゴスから始めて、真正の話すことを経由して、実際に真なるロゴス《ロゴス・アレーテース》として、議論の対象になっているものについて何ごとかを言うロゴスへと至ること」(11)である、と。以上のように理解されると、哲学は、言葉(Sprache)の内で、言葉それ自身へと向かうひとつの運動であることになる。それは、言葉がもつ〔真と偽の間で揺れ動くという〕両義的なあり方のただ中につねにある運動であり、またその運動を通じて事象へと至る言葉を見つけようと試みるものである。哲学における話すことは、すでに言われていること、よくある語り方やすでに確固としたものになっている判断や信念に定位することに抗し、そのことを通じて、生き生きとした話すことの内で、言葉がもつ発見するという性格を取り戻すべき——繰り返し新たに獲得すべき——なのである。

ハイデガーは、哲学についてのこうした理解はただプラトンのもとにのみ見出せると確信している。どれほど緊密にロゴスと真を言うこと《アレーテウエイン》とが共属するかということ——ハイデガーはそれを「ロゴスと真を言うこと《アレーテウエイン》との強固な結びつき」と呼んでいるが——、このことを「アリストテレスはそれ以上立ち入って考察しなかった」。またハイデガーは、解説に次のように付け加える。「アリストテレスは実のところ、真を言うこと《アレーテウエイン》はそのあらゆるやり方においてさしあたりたいていロゴスを伴っているということを指摘したにすぎない[12]」、と。

以上のように粗描された仕方で対話術を理解することが正しいのを示すために、ハイデガーはプラトンの書いた対話篇のほとんどすべてを引き合いに出すことができるかもしれない。ハイデガーは探求の「方法」について、プラトンの対話篇においては、哲学するという言葉の運動が実際にやってみせられているだけでなく、それについてことさらにじっくり考えられてもいると述べるが、このことは何も『ソピステス』にだけ当てはまるのではない。私たちはプラトンの著述において、ソフィストないしは哲学者の本質とともに、同時に事象を取り扱う仕方そのもの、つまりロゴス〔そのもの〕に関する重要な事柄をも経験することが期待できる[13]。もちろん、私たちはそれが『ソピステス』においては特別に集中した仕方で行われていると期待することができる。というのも、ソフィストなる種族がその本質において開示されるのは、それが言葉のうちで、また言葉に対して取られるあるまったく特別な態度として理解されることによるしかないからである。ソフィストが際立っているのは、特殊な仕方で語るということによってである——それは、弁論の場で優位に立ち、他の人々が一定の考えを確信するようにもってゆく技術のことである——。このことにより他方ではまた、哲学にとってソフィストなる種族を規定することが問題になるときに、哲学はある比類のない課題の前に立たされることになる。それは、たんに言語表現として出来合いのものとなって凝り固まった確信をくぐり抜け、事象を、言語として分節化された理解にもたらすところまで押し進んでいくだけでなく、それに加えて、ときに話すことは非常に高度に熟達した仕方で、そうした凝り固まったものとなった確信の領域で運動することもあるという、話すことに備わったそうしたあり方の本質を見抜くことをも重要な問題として扱うというものである。したがって、哲学における話すことは、ソフィストの話すことを通じて規定され、またそうすることで、哲学における話すことが、まさにそうしたものである〔哲学における話すことである〕と証示されるのである。

3

ここまで述べたことから十分に明らかなはずであるが、哲学は、プラトンの意味においては、言語を媒体として人間の生がそれ自身を開示することとして理解することができる。したがってまた、すでに一度示唆しておいたことであるが、プラトンの対話術でハイデガーにとって重要なのは、プラトンが観想《テオーリア》を犠牲にして実践知である賢慮《フロネーシス》の価値を高めたことにちょうど見合ったものとなっている、哲学のそうした一つの形〔が実際にそこで示されていること〕なのである。対話術とは、これまで見てきたように、少なくとも『ソピステス』に窺い知ることのできる特徴づけに従うならば、言語を媒体として人間の現存在がそれ自身を開示することとして理解することができる。とはいえ、ハイデガーが対話術についてそのような評価をしているなどと期待しない向きもあるかもしれない。〔実際、〕ハイデガーが、哲学におけるる対話術というコンセプトにみずからを委ねることはない。

こうした拒絶は、対話術がある決定的な点で限定的なものであるという、〔ハイデガーの〕強固な信念と関係がある。ハイデガーがそうした考えを練り上げていくのは、対話術に備わった、〔事象を〕発見して「空談」を克服するという性格をもう一度話題とすることによってである。対話における話すことは以下のようでなければならない、とハイデガーは言う。「それ〔この話すこと〕は、賛成や反対の立場から話すことのうちで、そこで話題とされている事柄へとますます到達し、それを見えるようにする」[14] ようでなければならない、と。そこからハイデガーは、さらに次のように続ける。「話し合うこと《ディアレゲスタイ》はそれゆえ、それ自身のうちにノエイン、つまり見ることへの内在的な傾向をもつ。だが、考察が語ること《レゲイン》のうちに留まる限り、つまり話し合うこと《ディアレゲスタイ》としてじっくりとした討議のうちに留まる限り、そうした討議はたしかに空談を離れることはできるが、しかしそれでもやはり、事象そのものへと押し進むという試みをなすことができるだけである。話し合うこと《ディアレゲスタイ》は議論すること (das Besprechen) のうちに留まる。それが純粋なノエインへと到達することはない。それがそこにおいて本来的に終わりへと達しているべきところ、つまり観想《テオーリア》そのものへと至る本来的な手段がそれには備わっていない。話し合うこと《ディアレゲスタイ》はその目的に到達しない、つまり存在者が依然として語ること《レゲイン》のうちに留まっている限りにおいて、その存在者を完全に暴露する (aufdeckt) ことはない。それにもかかわらず、話し合うこと《ディアレゲスタイ》は何かゲームのようなものである必要はなく、空談を打ち破り、空談をコントロールし、話すことのうちで問題とされている事柄をある程度まで暴き、またそのようにして議論されている事象を最初の告示のうちで、その事象の最も近い外見のうちではじめて設定する限りにおいて、話し合うこと《ディアレゲスタイ》は真正な機能をもつ。これがプラトンの対話術のもっている根本的な意味である」[15]。

ここで述べられていることのうちに現れている決定的な考えを掴むのは難しくない。対話術は空談からの解放であって、たとえ対話術がいまや獲得された自由をそれとして経験し、掴み取ることに成功することがなくてもそうなのである。対話術に欠けているものは、存在者をその開かれてあるあり方（Offenheit）において直接的・純粋に経験することである。存在者が「純粋な見ること《ノエイン》へ」到達することは「ない」、とハイデガーは言う。このことでもって、対話術が観想《テオーリア》として成立することはないことになる。対話術は、実際に哲学になることはないまま哲学への意志（Wille zur Philosophie）であるにとどまり、哲学への傾きをもつものにとどまる。

こうした考えのうちで明らかとなってくる根本的な態度もまたはっきりと見えてくる。ハイデガーは、対話篇のうちに現れているプラトンの思索をアリストテレスを基準にして評価している。アリストテレスの哲学理解を基準にして評価するならば、プラトンはその前段階として現れる。プラトンの対話術や『ソピステス』により詳細に立ち入るまえに、ハイデガーはそのことをもう一度、まったく誤解の余地のない仕方で述べている。「アリストテレスを経由しなければ、学問的な理解というものはまったく成り立たない、つまりアリストテレスを経由することなしにプラトンへと歴史学的に遡行するということはまったく存在しない(16)」。アリストテレスにおいてはじめて、プラトンにおいて対話術であったものが学問となった。〔このことから〕対話術は、ただそれが「学問」の観点から把握される場合にのみ、「歴史学的に見て」十全であるにすぎない。とはいえ、対話術が学問になりたいなどと思うなら、それは対話術がそれ自身のことをおよそ漠然としか意識していない〔ために、それ自身のことがよく分かっていない〕ような場合であろう。

とはいえ、事柄がまったくそう単純であるなどということは、もちろんない。なるほど、ハイデガーは単なるアリストテレス主義者ではなく、賢慮《フロネーシス》を高く評価していることだけでもすでに、アリストテレスに対するある緊張関係のうちに身を置いてしまっている。ハイデガーは、アリストテレスの哲学理解を単純にそのまま受容しようなどと思うことからは遠く隔たった立場を取っている。それでも、アリストテレスの哲学理解は彼にとって、明らかにある一つの点で疑いを差し挟む余地のないものである。つまり、まったく自明なことであるかのようにハイデガーは、哲学は学問でなければならないと考えている。学問という基準に照らすなら、対話術は哲学の前段階にとどまる。とはいえ、哲学の学問性は、アリストテレスを、アリストテレスに逆行する仕方で読むハイデガーにとって、もはや単純にアリストテレスの言う意味で現れてくることはない。言い方を変えてみよう。ハイデガーは、自分の理解するところに従って、アリストテレスの智恵《ソフィア》における問題含みの点を浮き彫りにするが、それを行ったあとで彼にできるのは、なるほどアリストテレスが行っている学問への要求を受け取ることではあるものの、しかしアリストテレスが提示した具体的な学問概念をそのまま受け取ることではない。とはいえ、このこともまだ問題含みである。賢慮《フロネーシス》に優先的に定位する思索が依然として学問という形態を受け取ることができるというのは、もちろん決して自明ではないからである。そのように考えるなら、プラトンの対話術はちがった光のもとに現れてくる。そしてそのときにはまた、プラトンの対話術は依然として、非常に暫定的で不完全なものとして現れてくるのかどうかということが、問われるべき問いとなる。

　しかしながら、以上のことすべてを一つ一つ〔立ち入って〕明らかにするためには、本来は対話術について〔これまで述べてきた以上に〕より正確な何らかのイメージを手に入れてしまっていなければならない。またそのためには、本当はまず第一に、ここで可能なすべての問いの内で最も単純な問いに立ち入るべきである。それは、プラトンの対話術を、アリストテレスの理論的な哲学を基準にして「非学問的」であると評価することはそもそも正しいのだろうか、という問いである。

この問いに答えるために、プラトンの対話篇を次々と頭の中に浮かんでくるがままに思い起こしてみるなら、この問いにはただ肯定的に答えることができるだけだ、というように思われてくる。こうした考えは、あるまったく外面的な事態を指摘することですでに裏づけることができる。それは、プラトンの対話篇のなかで、ほとんど同等の能力をもった対話の相手が、問題となっている事象を、実際に満足のいく仕方で明らかにしているものは一つもない、ということである。対話篇でよくあるシチュエーションは、『ソピステス』に見られるようなタイプのものであり、それは、対話の相手となる者の一人としてある若者が登場し、問題とされているなんらかの事象領域のことが、特定の見地や観点からではあるが、分かってくるというものである。『ソピステス』では、天才的数学者であるテアイテトスがこれに当たる。若者がその事象領域〔ソフィスト〕のことを分かるようになっていくのにはなかなかの困難がつきまとうが、しばらく時間が経つと、その困難は完全に克服されはしないものの、それでもいくらか軽減される。それどころか、ついには対話が目指していたものへと到達し、本来ソフィストとはどういうものであるかについての考え抜かれた十分な規定が見つかった、となる。

だが、そうであるにもかかわらず、見つけられた規定が暫定的なものであるという性格は維持されたままになっている。論じられるさまざまな問題が決して余すところなく論じ尽くされているわけではなく、多くのことが暗示的なまま〔大づかみに捉えられたまま〕に留まっていたり、あるいは具体例に即したものという性格をもっていたりする。すでに述べたように、こうしたことはすべての対話篇に当てはまるものであって、そのことから、プラトンの対話術の性格を的確に描き出しているという点でハイデガーは正しいとされねばならない。哲学の探求は少なくとも原則的には最終的な確実性や明証において終わるものであるし、また「学問的な」考察であれば、はっきりとした仕方でそうした確実性や明証に基づけられねばならないが、プラトンの対話篇には最終的な確実性や明証が実際に示されるという演出〔場面〕が欠けている。以上のことから、対話術が「純粋なノエイン」へと押し進むことはないということでハイデガーが言おうとしていることは、最初の大まかな特徴づけとしてなら理解することができる。

もちろん以上のことを、これまでしてきた対話術についての粗描に従いながら、ハイデガーがしたのとは違った仕方で根拠づけねばならないだろう。プラトンのテクストが劇作の形式を取っていることを真剣に受け止めるなら、このテクストがもつ「非学問的な」性格を、哲学はプラトンのところでは、ようやく徐々に、まだ手探りしながら探求しつつみずからを形作っている段階である、ということにしてしまうのは困難なように思われる。テクストに書かれている場面の数はあまりにも多すぎるし、テクスト自体もあまりにも意識的に作られすぎていて、そんなテクストがあるなど信じられないくらいである。したがって、そのなかで展開される思考の進ませ方が暫定的で、完結しないままになっているのは、むしろ意図したものであるように思われる。

このことはおのずと、対話篇がもつこうした性格そのものへの問いを引っ張り出して、そうした意図は何のためなのか、と問うことになる。対話篇のそうした執筆意図としては、二つの理由を考えることができる。一方でプラトンは、哲学は、その本質に従って、それが果たすさまざまな究明は立場や観点に応じたもの(perspektivisch)である、という具合になっていることを理解させたかったのかもしれない。つまり、究明は特定のものの見方と結びついた仕方で行われるのであり、そのものの見方において、特定の人々がその人のもつさまざまな限界、可能性、明らかにしたいと思っている関心のある事柄によってみずからを表明的に分節化する〔はっきりとさせていく〕ということを。他方では、プラトンは対話篇のうちで描かれた究明のすべては暫定的であって、そこでの究明は提示された問いを本来的に学問的な仕方で扱うようにとただ指示するにすぎない。これが二つ目の理由として考えられることである。そうであるとすれば、ハイデガーが見ているように、アリストテレスではなく、プラトン自身によって、より正確に言えば、アカデメイアで論じられたプラトンの秘教的な哲学によってこそ、対話篇ではただ暗示されているにすぎないことに対して、その内実が与えられることになろう。

もちろん、以上のことで言われているのは「プラトンの書かれざる（不文の）教説」への問いである。それについて参照すべきものとして一つの議論を指示しておくが、ここでそれを詳しく扱うことはできない[17]。とはいえ、決定的な点を明らかにするにあたって、いわゆるテュービンゲン学派のプラトン解釈に属するさまざまな問いと問題の組み合わせにまで詳細に立ち入る必要はない。プラトンはアカデメイアで何を教えていたのかという問いについては、対話篇に備わる指示するものであるという性格と、哲学が立場《パースペクティヴ》や観点に応じたものであるという性格とは互いに排他的なものでないことをはっきりと分かっていれば、それを開かれたままにしておくことができる。プラトンが、対話篇のなかで究明されたさまざまな問いを自分の生徒たちに対してはちがった仕方で究明したということはあるかもしれない——それどころか、そうしたことは大いにありそうである。とはいえ、対話篇に備わる一方の性格である、哲学的に考え、語ることが有する、立場《パースペクティヴ》や観点に応じたものであるということへの洞察を、プラトンは、テクストに書か〔ず、アカデメイアで行ってみせることしかし〕なかった究明では放棄していたなどというのでは非常に奇妙ではないだろうか。いま述べたことが説得力をもつのであれば、哲学的に思索することに備わる、立場や観点に依存するという性格《パースペクティヴィテート》への洞察が対話術の一つの根本規定であると見なす見方に対して、非常に有利な材料が提供されることになる。プラトンの哲学は本質的に、アリストテレス哲学の前段階以上のものなのである。

しかしながら、本論で問題にしているのはたんなるプラトン解釈などではなく、対話術のもつ意味をハイデガーの思索の布置のうちで明らかにすることであるから、ハイデガーによる対話術の評価が適切であるかということへの問いをさらに別の観点で受け取ることによって、この作業はさらに進むことになる。これまでのように、たんにハイデガーが対話術に関して与えているイメージがもつ説得力を問うだけでなく、それを補うものとして、アリストテレスの理論的な哲学が、ハイデガーの評価の内で対話術に対してどのような関係にあるかを明らかにしようと試みるのがよいだろう。

ハイデガーが、プラトンの対話術には「純粋なノエイン」が欠けていると言うならば、そのことでもってアリストテレス哲学のプラトン哲学に対する優越性が指摘されていることは誤解の余地がない。アリストテレスは、「プラトンが手に入れようとして努力したものをみずからの手で実際に成し遂げる」(18)ことに成功した、とされる。このような定式化を手がかりとするならば、ハイデガーが、アリストテレスの思索における「純粋なノエイン」の意義を非常に疑わしいものと判断しているということはほとんど受け入れがたく思われるだろう。ところが、まさにそうなのである。すでに、この講義のなかで直観《ヌース》について最初に論じるところで、直観《ヌース》が「純粋」なものであるという可能性に制限が加えられる。「直観《ヌース》としての直観《ヌース》は」、本来的には「人間の存在可能性では決してなく」、人間の現存在のうちで遂行されるであろう「認取のはたらき」(Vernehmen) のことを、アリストテレスは「「いわば」直観《ヌース》」であるとしている。またそれに加えて、そこからさらに次のように言われる。「「この直観《ヌース》は人間の魂の内ではノエイン、つまり端的な見ることではなく、思考する《ディアノエイン》〔推論する〕ことなのである」。というのも、人間の魂はロゴスによって規定されているからである」[19]。ここでいわれているのは、次のことである。人間の「認取のはたらき」は、それが分節化される際に、語りそれ自身がもつ重みによって、事象の直接的な現前《プレゼンツ》が損なわれるという危険のうちに立つことになる。おまけに事象は「端的に」見られるのではなく、言語の組み立てに従ってばらばらにされる。つまり事象は、言語のモデルに従って構造化されることになる。

ここに引かれた論述を、ハイデガーはあとのところで、もう一度取り上げている。その箇所では、次のように言われる。アリストテレスはたしかに「ウーシアという理念のうちで、ロゴスを越えて、語ること《レゲイン》のない見ること《ノエイン》へひたすら至ろうとした」。しかし、そのように述べてから、ハイデガーは付け加える。「より厳密に言えば、究極の始源《アルケー》であるもの、つまり分割できないもの《アディアイレトン》についてのアリストテレスの規定は、ロゴスに定位することにおいてのみ獲得されている」。このことは、アリストテレスにとって、存在者の最終的な、それ以上背後へと遡ることのできない規定は、存在者が話すことに対して与えられるということである。「あるものについて話すことの内で存在しているもの、何らかの存在者的な連関について議論することの内で、あらかじめあらゆる話すことに先だって、この話すことに対して現に存在しているもの、それはすなわちそれについて話される当のそのもの〔それをめぐって話される主題〕である」——それはウーシア、基体であり、またそれとともに、存在者が一個の存在者である限りでは、存在者である[20]。事象を認取するはたらきは、言葉による規定のために作用する認取のはたらきである。したがって、十分に補って言うのであれば、認取のはたらきとは、その態度のうちに、話すことと議論をしたいと思うこととによる刻印をつねにすでに受けたものとなっている、としなければならない。ただそれゆえにのみ、アリストテレスは、彼よりも前にプラトンがしたのと同様、認取されたものは現前《プレゼント》するものとして、認取することは現前《プレゼンツ》を認取することとして理解した、というようにハイデガーは考える。このことを真剣に受け取るならば、ハイデガーも結論づけているとおり、アリストテレスの理論的な哲学は、プラトンの対話術とたんに「関連して[21]」いるどころではない。ハイデガーが描くプラトンの対話術についてのイメージと、ハイデガーが理解するアリストテレスの理論的な哲学とのあいだには、もはや何の相違もないことになる。こうしてハイデガーは、さしあたってアリストテレスに即して、プラトンに逆らう形で確保しておいた理論的な哲学の規定を、今度はアリストテレスにも逆らう形で使用し、自分自身の研究に役立つよう要求する可能性を手に入れたのである。

こうした要求が実際にどのような仕方で果たされるべきかをはっきりと理解するためには、ハイデガーが賢慮《フロネーシス》に定位していることを念頭に置きさえすればよい。ハイデガーが入念に考えている「学問的な」哲学とは、そのうちで同時に生が言葉へと到達するような哲学である。とはいえ、ただちに明らかになるのは、ハイデガーがプラトンとアリストテレスの下に見た困難を、彼自身克服してはいないということである――それはつまり、この困難を克服することはできないということである。たしかに、実践知において遂行されているような純粋に現前《プレゼンティーレン》すること――つまり、生にとっては、生がその遂行において直面している「状況」のなかでみずからのことが問題となるけれども、そうした生の遂行の直接的な自己現前に定位することで、純粋な見ること《ノエイン》をそれがロゴスに依存していることから解放できそうにも考えられる。決断し行為することのうちで生が生を生きることを導いていくこと――このことは、自分が「現に」、可能性の空間（ein Möglichkeitsraum）という性格をもつ世界の内で存在していることを直接的に、あるいは「純粋に」見る場合にのみ可能である。理論的な哲学は、そのときには遂行のただ中にある生に、その開性において直接的に気づくといったこと、つまり現存在が哲学的な仕方でみずからを発見することのうちへとずらすようにして置き移されていることだろう。とはいえ、このみずからを発見することが哲学的なものであるためには、記述する概念的な語りのうちでみずからを表明的に分節化しうるのでなければならない。そして、このタイプの分節化によって、プラトンとアリストテレスが最終的に挫折することになった、とハイデガーが言うところの問題が提起されることになる。それは、みずからを発見することがいまやその「純粋さ」を失い、またその分節化による刻印を受ける、あるいは本来的な仕方で言わねばならないとすれば、歪められること、こうしたことがないということは何ら保証されない、ということである。プラトンとアリストテレスのどちらがすぐれているかという問題がさしあたりうまくいかなかったのと同じように、ハイデガーは、自分もまた言葉と結びついた見ること《ノエイン》という考えへと押しやられているのを目の当たりにする。

4

純粋な認取することに対してハイデガーがプログラム的な観点から見せるこだわりは、彼自身が言葉を避けて通ることはできないことをとうに認めてしまったときに、それだけますます注目に値するものとなった。このことは、彼が打ち出した独自の哲学コンセプトについての最初の構想のうちにまで遡ることができる。すでにこの最初の構想においてハイデガーは、そうした言葉に結びついた認取することの考えに取り組んでいるが、にもかかわらず、言葉によるある分節化を考えることを執拗に試みている。それは、言葉による分節化ではあるものの、それ自体が言葉自身の重みによって損なわれることからは守られている、言葉によるそうした分節化である。一九一九年の戦時緊急学期講義は、生が直接的にみずからを表現しながらみずからを発見することに対する論述で終わるが、そのみずからを発見するはたらきのことを、ハイデガーはこの講義では「理解する直観」あるいは「解釈学的直観」と呼んでいる。ハイデガーの言い方では、生に「同行する」分節化のことが考えられている、となる。この分節化は「生それ自身のうちで生き」[22]ていて、だからその分節化からは、「理論的に－客観化するあらゆる……定立のはたらきが生じてくる」ことになる。表現としての話すこと――それが、どのようにして生が言葉へと至ることができるのかという問いに対する答えであると、この講義のなかでハイデガーは考えている。純粋な認取することが出てこないとはいえ、少なくとも純粋に認取する話すこと――解釈学的直観は姿を現している。

もちろん「解釈学的」という表現は、みずからを発見するという意味での理解することだけを言うのではなく、伝達することをも言うものであるが、このことについてはいまのところまだ光が当てられていない――〔実際のところ〕生、あるいは現存在は、伝達するという仕方でみずからを表現する。一九二三年に行われた講義『オントロギー――事実性の解釈学』では、そのことに目が向けられている。「事実性」とは、現存在の「存在性格」を言うものである――それはつまり、そのつど現存在の内で経験されたとおりの、私たちの存在の仕方であるということであるが――との前提の下で、ハイデガーには次のように言うことが可能になった。解釈学という概念は、ヘルメーネウエイン（伝達すること）を遂行することに備わる一定の統一、つまり事実性を解釈して、運動、視、摑むこと、概念へともたらされるべき解釈のはたらきを現すであろう。その際、ハイデガーが強調するように、解釈というのは現存在にとってなんら外面的なものではない。「何らかの仕方で被解釈性のうちにある」ことが、現存在には本質的に属している(23)。

したがって、ハイデガーはすでに一九二三年に、「事実性の解釈学」というタイトルの下に、賢慮《フロネーシス》に合った仕方で哲学を構築することはどのようにして可能なのかという問いに対して、ひとつの答えを見つけたのである。こうして、ハイデガーが対話術を以上のような意味での解釈学として理解し、またそれとは反対に、「事実性の解釈学」を概念的に仕上げることへの問いを問うためにプラトンの対話術に定位しても、それを妨げるものは何もないことになる。そしてまた、実際に何もなくなったので、『ソピステス』講義でのプラトン解釈は、全体的に見てこの方向へとはるかに進むことになった。そして、ハイデガーがこのことをのちにもう一度引き受けて、体系的に見通すことのできるやり方で仕上げなおすことはなかった。もちろん、このことはまた、解釈学というテーマがすでに『存在と時間』で周縁へと追いやられてしまっていることに、一定程度関係している。

解釈学と対話術との親近性に照準を当てた論述を、ハイデガーはさしあたり付論のなかで『パイドロス』を参照して行っている。ハイデガーが言うには、この対話篇の二番目の部分にあたる弁論術と対話術についての究明は「公共的に語る者が行う……話すことについて」論じるのではなく、みずからを－語り出し伝達するという意味における語ること、つまり話し手が聞き手に対してみずからを語り出し、話し手が聞き手と一緒になり、両者が一つになって事象を探求することを言う、そうした実存のあり方としての語ることを問題にしている」。この対話篇ではエロースと魂とが、それからまた語りが究明されるが、このことをハイデガーは、ここで問題になっているのは「人間の現存在という一個の現象」(24)であるという言い方をして取り上げている。こうして、プラトンの対話篇は事実性の解釈学に対する一つの論稿に仕立て上げられる。

〔3で見たように、〕さしあたり非常に批判的なハイデガーによる判断に比べて、『パイドロス』に関して、ハイデガーがとくに対話術について論じている詳しい議論には、より目をみはるべきものがある。対話術のうちでまずもって経験されるのは、「真理を見ること」が遂行されるということである(25)。このことでもって言われているのは、「あらかじめ」見られてしまっているということであり、「真理を見ること」とは、それを「あらかじめ」見てしまっているという意味で知っている、ということである——「見ること」というのは、ハイデガーによるエイデナイの翻訳である。いまや私たちが経験するのは、知っている《エイデナイ》ということがまたもや見ること《ノエイン》という意味において、端的な認取することとして把捉されうるということである。

したがって、ハイデガーが『パイドロス』(26)の一節をパラフレーズしながら次のように言う場合にも、少なくともやはり以上のことが十分に理解されていなければならない。「存在者を、レゴーン、「みずからを－語り出す者」が遂行する仕方で、最も広い意味において把握し規定すること、つまり思考すること《ディアノエイン》

〔推論すること〕は、……「その思考すること《ディアノエイン》〔推論すること〕が話しの主題にしようと思っている、その当の存在者を、その隠れなさのうちで」……あらかじめすでに見てしまっているというあり方のうちで情態的にみずからを見出すのでなければならない」[27]。対話術そのものは、すでに見られたものとなってしまっている「存在者を、本来的な仕方でわがものにする」ことを可能にする方途である[28]。ここでもまた、事実性の解釈学および一九二三年の講義のなかで言及された理解と解釈と、対話術《ディアレクティケー》が構造的な平行関係をもっていることは見落とすことのできないくらい明らかである。対話術は本来的な話すこととして捉えられている。

　このことが明らかにされたことで、ハイデガーは対話術を、語りがもつ、立て塞いで偽装するという性格に関係づけることができ、そのようにして本来的な話すことと非本来的な話すこととのコントラストを規定することができるようになる。「はっきりしたのは、ロゴスはホラン〔見ること〕の助力を必要としていること、したがってロゴスは派生してきたという性格をもつことである。他方で、ロゴスはそれだけで遂行され、ひたすらさまざまな事物について話す、つまりおしゃべりをするというあり方をしている限り、人間の存在のうちではまさに、人間に対して事象を見るという可能性を立て塞いで偽装するものなのである」[29]。語りは、それが「見ること」の分節化であり、この見ることからはがれ落ちない場合に本来的である。語りが非本来的になるのは、言われたものがもはやそうした分節化の性格をもっていないときである。

　私たちはこうした論述を、次のようにまとめることができるだろう。ハイデガーは対話術というプラトンのコンセプトに、このテーマが導入されるときに彼がしたさまざまな注解を見て一般的に予想することができた以上に、はるかにずっと深く関わり合いになっている、と。もちろん、対話術と事実性の解釈学の間の親近性は、すでにこれまでで示されたように、むしろ構造上のものである。語りの仕方という点では比較することができるし、もっと言えば同じであるかもしれないが、そうはいっても、内容を顧慮するならば少なくとも両者が必ずしも親近性をもつ必要はない。結局、事実性の解釈学が「現存在がおのれ自身に対して目覚めていること」として一義的に規定されているのに対して[30]、対話術はといえば、規定を行うためのまったく一般的な方法であるように思われる。それはエロースと魂であるとか、ソフィストなる種族の本質であるとかを問うことによって、たしかに人間の現存在がみずからを解明しようと努力する営みではあるものの、とはいえそのことだけに限られるものであるとも思われない。いや、それどころかハイデガーが詳細に立ち入って検討している『パイドロス』における対話術の規定は、対話術をイデア——エイデー〔見られたもの〕——に関わるものとしている点で、ハイデガーの言う意味での解釈学とは相容れないものであるとさえ思われる。テクネーについて、ハイデガーがアリストテレスを引き合いに出しながら行った究明を思いだせば、その究明によって、現存在の行う理解、および理解されたことを現に存在することのうちで遂行する解釈と「見ること」によって特色づけられる対話術との間にある、はっきりとした違いが告げ知らされていると考えられはしないだろうか。少なくとも両者が持つ傾向からすれば、対話術は「世界にある存在者に向けられている」のであり、たんに「そのつど固有の現存在としての存在者に向けられている」のではないように見える[31]。だが、このことはそもそも矛盾したものである必要はない。『ソピステス』における対話術の理解を根拠とすることによって、そのように言うことができる。

ハイデガーは、『パイドロス』では話し合うこと《ディアレゲスタイ》のテーマとなっているものの存在性格がまだまったく論じられていない」のに対して、「『ソピステス』では存在を把握すること一般の理念」が究明されていて、これが『パイドロス』における対話術と、『ソピステス』で提示される対話術との違いに関係している、としている。[32]〔『ソピステス』というプラトンの〕後期のテクストで扱われる決定的な問題は、したがって存在者の存在《ある》への問いである、ということになる。

それゆえ、ハイデガーの解釈のやり方では、この対話篇は存在は一であるというエレア派のテーゼに出発点を置き、そこからこのテーゼを維持しえないものとして証示しているのを見ることが重要となる。この一連の論述は、次のようにまとめることができる。パルメニデスは、つねにすでに他という考えを利用することなくしては、すべてのものは一つであるという存在の一性をそもそも主張することができない。エレア派のテーゼはしかしながら、他という考えを否認し、それを考えられないもの、「死すべき者たち」の混乱〔した考え〕からしか説明のつけられないものというように説明するのだから、このテーゼはそれ自体が矛盾したものである、と。[33]

また、それに続けて繰り返し証示されるのは、存在者をその存在において捉える可能性はひとつだけではない、ということである。そうであるならば、「それゆえ存在者は多様に提示される〔語られる〕[34]」というアリストテレスの有名な命題を、すぐにでも『ソピステス』を解釈する際のモットーとすることもできるのではないか。とはいえ、『ソピステス』に出てくるエレアからの客人は、この考えをアリストテレスとはまったくちがったふうに捉えるべく奮闘している。アリストテレスにとって重要なのは、存在者をその存在において規定するさまざまな可能性の中から、そのうちの一つである「存在者はウーシアとして理解され、またウーシアはエイドスとして理解されねばならない」というものを際立たせることである。それに対して、エレアからの客人が示すのは、存在者をその存在においてさまざまに特徴づけることは、かりにそれらが同じように正当なものであるならば、それらどうしの関係において互いに規定し合うのでなければならないということである。存在者を静止しているものとして特徴づける人が、そうであるにもかかわらず運動を否定することはできない。この人は、静止と運動とが、それがある通りのあり方において、同じように正当であり、その両者が原則的には互いにどのように関係しあっているのかを明らかにしようと試みなければならない、ということになる。

この問いに対する答えを、『ソピステス』はこの対話篇の中心的な教説である類に共通するもの（コイノーニア・トーン・ゲノーン）でもって与えている。類《ゲノス》の概念はここでは誤解へと導く可能性があるかもしれない。それは、（「哺乳類」のように）個別のものを一定の共通した指標のもとに広くまとめることを言うのではなく、ひとつのイデアを意味する。その際に、イデアとは理解することの相関者として原則的に把握されねばならない。あるものが一定の観点において理解されたものとして現れる場合に理解されているのがイデアである——例を挙げるなら、黒板にチョークで書かれたある図形を円として理解するというような場合である。ここで類といわれているのは、だから理解の相関者としてしばしば出会われてくるイデアのことなのである。そもそも一定の類がなければ理解することができないのならば、つまり一定の類がどのような理解することにも与えられているならば、『ソピステス』にならって〔いくつかある〕最高の類（メギスタ・ゲネー）について話さねばならなくなるだろう。それがイデアである。イデアとは、いわば理解することと理解可能な世界との根本構造を形作るものである。

ハイデガーはゲノスの概念に対してある独特の強調《アクセント》を加える。それは、ゲノスを「存在者がその存在において〔その存在の点で〕そこに由来する」(35)ところのものとして理解することによってである。イデアとは、その前で手短に言われているとおり、「存在を根源的に規定するもの(36)」である。またそのように解釈することによって、類について論じる対話の箇所に関して、それは「存在者の存在を目に見えるものにするという課題(37)」をもつなどと言うこともできるようになる。すでに右に示された解説を見たあとでは、対話術についてのこうした存在論的な解釈はおそらくまったく適切なものに思えるだろう。メギスタ・ゲネー〔いくつかある最高の類〕の絡まりあいが、そのうちですべてのものが存在していることになる連関をなすのであって、その限りでは、その絡まりあいを実際に存在者の「存在」として特徴づけることができる、とされているのであるから。

それにもかかわらず、「〔いくつかある〕最高の類」のそのような絡まりあいの内で、存在が類として現れるということをじっくり考えると、こうした解釈にはどこかしっくりこないところがある。しかも、この対話の最も重要な成果の一つは、存在者としての存在者を他の類と同一視することはできない、つまり存在者は静止（スタシス）としても運動（キネーシス）としても理解することはできないし、イデアの領域としても目に見える質料的なものの領域としても理解することはできない、という知見である。「存在者の存在」——この対話篇でこの語にあたるものとして用いられているのはウーシアであるが

――はひとつの類、イデアそれ自体である。こうした考えに直面すると、類の絡まりあいが存在と同一視されるという解釈はほとんど納得のいかないものとなる。とはいえ、より厳密に見るならば、以上は術語に関する問いである。問題なのは、この場合に「存在」の語でもって理解されるべきは何かということだけである。そして、理解されるべき内実が何であるかということはまた、プラトンの対話篇にもハイデガーの解釈にも関わってくる。

『ソピステス』では、「存在」が意味すべきものは何かという問いに対しては、ひとつのはっきりとした答えが与えられる。存在者を規定する際、エレアからの客人は、存在とは「能力以外の何ものでもない」(38)と言う。これによって言わんとされている事柄は、そこより少しあとのところで解説される。デュナミス（能力）は、この場合には「結びつく能力をもつこと」《デュナミン・エケイン・コイノーニアス》(39)である。「存在」は、類――ここにはさらに、他のすべてのイデアを補うべきではあるだろうが――一般を、それらが絡まりあっているようにさせるものである。何かが存在するのは、それが他のものと結びついている限りにおいてである。イデアないしは類として理解された存在は、結びつきうるということである。目の前にあって見出しうるという意味での存在は、『ソピステス』においては結びついていることである。

いまや、どのような意味で、メギスタ・ゲネー〔いくつかの最高の類〕を扱う対話術について、そのうちでは「存在者の存在」が問題となっていると言えるのかということについても、はっきりと理解することができる。存在について語りたい〔存在のことを問題にしたい〕と思うならば、その人は存在についてだけ語っては〔問題にしては〕ならない――まして、存在が結びつきうることとして理解されるべきならば、なおのことそうしてはいけない。そうすると、存在という類は、他の類と一緒になることによってのみ、ひとつの意味をもつのであり、存在は――それら他の類と結びつくことができるのである。とはいえ諸々の類があり、さらにそれらを結びつけるものもまた類であるという重複は、それ以上複雑になることはないだろう。この重複は、「存在」は他のどの類とも同一視されえないが、にもかかわらず他の類に付随するという事態になっていることだけを言っている。どの類も、それ自体としては結びつきうることを意味することはない。たとえ私たちが、その結びつきうることを、ほとんど意識することもなく、何かを理解するときにいつでもともに考えているとしても。〔何かが理解されているときに、〕その何かはそのようにして存在することができるのである。

存在について語りたい〔存在のことを問題にしたい〕と思う人は、決して存在についてだけ語っては〔問題にしては〕ならない。だが、〔存在とは異なる〕他の類やイデアについて語る〔を問題にする〕人は、何らかの仕方でいつも存在についても語っている。そしてこの意味で存在のことが語られる〔が問題にされる〕ことによって、類とイデアの連関の全体は連関として見なされうるようになる。存在が意味するのは類が織り成す可能性の空間である。というのも、『ソピステス』では、存在はさまざまな類が連関しあっていることとなのであるから。

ハイデガーにおいても、存在はまさにそうした仕方で見られている。「互いに連関しあってある」という可能性は、「存在の意味以外の何ものでもない」(40)と彼は言う。もしくは、次のような別な言い方も見られる。「存在はともに‐存在し‐うること以外の何ものをも意味しない」。さらに別の定式化もある。そこでは、デュナミスとしての存在に関連して、「何らかのもののもとで現前する能力の‐あること」(41)と言われている。「何らかのもののもとに」存在するものだけが、「現前する」という仕方で存在しうる。

さてしかし、これは決して、存在がこの場合には現前性として理解されうるということを言うのではない。「存在それ自身」あるいは類としての存在と、現実にある存在者‐の‐存在との間にある違いを考慮に入れるならば、存在それ自身は、〔付随するものであるがゆえに、〕ただ現前するという仕方で存在しうることとしてのみ理解することができる。しかしハイデガーは、あるまったく別の解釈に至る。〔存在についての〕解明の三つ目のバリエーションのなかで、次のように言われる。「そのとき存在それ自身は、プラトンにとって、何らかのもののもとでともに‐現前することへの可能性（Möglichkeit zur Mit-Anwesenheit bei etwas）、簡潔にいえばデュナミス・コイノーニアス、ないしはより十全に規定された言い方では、パルーシア・デュナメオース・コイノーニアス、相互共存在することへの可能性が事物的に存在していること（Vorhandensein der Möglichkeit zum Miteinandersein）を意味する」[42]。この「より十全な規定」というのは、プラトンの〔書いたものの〕中にはどこにも見当たらない。ハイデガーは、〔プラトンの言う〕可能としての存在を「事物的に存在すること」へと解釈し変えているのであり、そのことだけでも、すでにプラトンの対話術に対して距離を置いている。こうして、対話術を、人間の現存在に見合った哲学の形式として受け取る可能性は閉ざされることとなった。

ここでおのずと、ハイデガーはなぜ自分に対して提示された可能性を摑み取ってしまわなかったのか、という問いが続いて現れてくる。これまで説明したり究明したりしてきたことに従えば、次のような答えがもっともなものとして考えうるだろう。ハイデガーは、ギリシア人にとって「存在」は「現前性」と同じことを意味したというテーゼにあまりにもがんじがらめになっていて、のちにまたふたたびその可能性に立ち戻ることができなかった。彼にとってそのことは、自分にそなわった解釈学的な天分の豊かさによって、よりよく分かっていたに違いないにせよである。

ハイデガーがこのようにそのテーゼにがんじがらめになっていたことの理由は、これまたずっと以前へと遡る。すでに一九一九年の戦時緊急学期講義で中心的となっていたのは、距離を隔てることなく世界の有意義性を直接的に経験することを伴う根源的な生の遂行は、理論的な態度によって破壊されるという考えである。こうした考えがハイデガーのうちで展開するのは、フッサール現象学と対決することに関連してである。この講義では、直接的に世界に関わること、いわゆる「自然的態度の一般定立」(43)は世界を対象化することとして理解すべきであるというフッサールのテーゼに対する異議申し立てとして、この考えが定式化されているのである。したがって、ハイデガーが行ったアリストテレスとプラトンとの対決を、対象化ないしは疎外の理論の前段階、より適切にいえばその根源となった歴史を語り、またその根源を、語り《ロゴス》がもつ対象化するという性格のうちに見定める試みとして理解することは十分に可能である。

こうしたことのすべては、次のような一般的な一つの論述にまとめることができる。どのようにすれば、現代における哲学の営みを、その源であるギリシアにおける哲学の営みへと遡らせ、そこから現代哲学の最も豊かな可能性を獲得することができるかということを、ハイデガーは、ほとんど他の誰にも真似できないような仕方で、実際にやってみせたにもかかわらず、その彼が他方では、古代と現代とを対比して違いをきわ立たせようとする傾向には逆らうことができなかった。こうしたことは、少なくともプラトンの対話術と「事実性の解釈学」との関係に関していえば納得がいかないが、これについては、ハイデガーの哲学を、彼自身とは違ったふうに理解するのがよいだろう。そうすることによって、ハイデガーが目の当たりにして開きながら、しかしそれを前に畏れて後ずさりしたさまざまな可能性を解き放ってやることができる。

（瀧将之 訳）

宗教的経験の現象学

1

宗教的経験の現象学においては、何が自らを示すもの、つまり現象と呼ばれるのにふさわしいのであろうか。もちろん、それは経験であるが、この経験は、何かあるものについての経験であり、したがって、現象学的考察は、この何かあるものと関わっている。宗教的に経験される当の事象が、問題なのである。しかしこの宗教的に経験される事象が、いかに自らを示すかは、やはりまた経験に依存している。宗教的経験は、それが経験する事象が「神」と呼ばれるべきであるか、あるいはもっと中立的に「神的なもの」と呼ばれるべきであるかを定め、同様に多数の神々が考えられているのか、ただひとつの神が考えられているのかを定める。その限りでは、これぞ宗教的経験というものについての現象学は、存在しえない。経験を考察する場合、いつもそれは、特殊なものと結びついている、そして、そのようにしてのみ、経験することを通じて、考察することに、特殊なものが与えられるのである。

このことは、考察が特殊なものに従う、ということを意味しえない。そうだとすると考察は、経験をたんに重複させることになってしまうだろう。考察は概念的である性格をもつがゆえに、経験をたんに重複させるものであるにとどまらない。すなわち、考察においては、経験されたものは、その統一性のうちへと置き移されるのであり、——それはちょうど体験されたものが、しばしば想起のうちではじめて一つの全体のうちに嵌め合わされて、その際に本質が明らかになるのに似ている。周辺的なもの、一時的なもの、ただ偶然的なだけのものは、このような後追い的になされる洞察のなかで自らを自ら自身として示す事象に席を譲って、後方へ退く。特殊なものは、特殊なものを本質的なものの特殊性としてあらしめているもののうちで、自らを証しているのである。

このことは、事象が自らを示すことにとって経験がもつ意義をいま一度強調する。考察することとは、何らかの仕方で概念把握することであり、それ自体はもはや経験することではない。考察することとは、経験することとは距離を保っており、また、距離を保つことによってのみ、考察の固有の成果にいたることができるのである。しかしそのようにして考察することは、事象へのどんな直接的な通路も持っていない。考察することは、それが概念把握することである限り、経験することを通して自らの事象を定められるのである。そのようにしてのみ、考察の事象は、概念的に——経験に基づいて、事象の統一性のうちへと置き移されうる。

概念把握することと経験することとのこのような固有の結びつきこそが、概念把握の現象学的な性格を形成している。現象は、単純にただ現にそこにあるだけのもの、直接目の前に見出せるものではなくて、経験することのうちで自らを示すものであり、とはいえすでに自らを示すことによって、経験のもつ単純な、いわば個々の点的な事実性からは解放されている。したがって、いかにしてそれが経験されるのかという点に即して、何かあるものの構造は読み取られるべきである。その一方で、経験は、その構造を自ら自身から獲得するのではない。経験は、何と言っても何かあるものについての経験であり、その何かあるものに経験は従っているのであり、またその何かあるものに経験は屈しているのである。経験されうるのは、経験のうちでは生まれないものだけである。しかし、そうであるからには、経験の固有性は経験されたものからのみ開示されるのだ、ということになる。

　したがって概念把握しつつ経験から出発するための可能性は二つある。ひとつは、経験それ自体を拠り所にすることによって可能となるものであり、もうひとつは経験を、その内で生まれたのでもなく、また生まれることもできない何かあるものについての表現として理解することによって可能になるものである。前者の場合には、そのうちにあらゆる決定的なものが現にあるところの領域として経験が受け取られているのである。その際、経験に定位した概念把握は何ら外的な事象を必要とせず、方法に関して見るのであれば内在的なものである。概念把握は、置き換えることであるにもかかわらず、またそれゆえ経験自体とは相違するにもかかわらず、原則的に経験と同じ性格をもつ。すなわち概念把握とは、〔ここでは〕経験同様、把握する一つのあり方であり、また言葉へともたらすことである。つまり〔この場合の〕概念把握とは、言葉をより精確に分節化し、伝達することなのである。後者の場合には、経験は、透過させるものと見なされている。すなわち超越的なものとして、あるいはより適切には、人を貫いて響く（personal）ものとみなされている。この際、このpersonalという語は、それを貫いて音が響く、ということの語の意義において考えられるべきである。その場合には、経験に定位した概念把握は、経験の開性によって他のものへと導かれている。そしてそのときには、概念把握は、経験自体とは区別される。というのも、経験は概念把握にとっては透過させるものであるゆえに、〔この場合の〕概念把握は経験とは異なり、それは経験を通過して経験とは異なる事象それ自体へと向かっているのである。

宗教的な経験は、このような透過させる性質という意味においてのみ、可能である。つまり、人を貫いて響くものとしてのほかには、宗教的経験は考えることができないのだ。宗教的経験において問題なのは、実際、経験しつつある者の尺度に従うことのない、何かあるものなのであり、というのも、そのあるものは外部から来るのであって、その外部性を経験することのなかで失うことはないからである。それは言葉通りの意味における襲いかかってくるものであり、ときには圧倒するものであり、また把握されうるという可能性を絶えず超え出ているものである。

以上でもって宗教的経験の現象学というものの端緒もまた、前もって示されたことになるかもしれない。宗教的経験の現象学は、経験の透過させる性質を現実化するための試みでしかありえず、またこの経験を、それに対して経験自身が明瞭に区別される当の事象へと関係づけるための試みでしかありえないということになるかもしれない。にもかかわらず、こうした事象は、ひとつの関係におけるもう一方の項のように〔経験に〕対立しているのではない。事象が、経験から明瞭に区別されても把握可能であり、概念把握できるなどということは、かなり疑わしいだろう。それでもって、宗教現象学的な試みは再び経験に戻るよう指示されることに気づくことになろう。宗教現象学的な試みは、この指示に従うことによって現象学一般の根本特徴に合致することになるかもしれない。結局のところは、この現象学一般は、内在の哲学として成立しているのであり、このような仕方で現象学一般が成立しているのは、多くの変種においてさえも等しくあり続けている古典的な形式のおかげなのである。つまり、身体性の現象学あるいはつねにすでに世界のなかに存在している現存在の現象学もまた、外にあるものを、自らの内部の所与性から理解可能にするのである。

しかし宗教的経験の現象学は、まさにこの現象学の唯一の逃げ道であると思われたところ、すなわち、宗教的経験の現象学の、内在への古典的‐現象学的な要求において挫折する。宗教的経験の現象学は、経験している当の事象を経験のほうから明らかにするという試みを果たすことができない。経験のうちにあるものは、それを概念のうちへと置き移そうと試みると、失われてゆく。というのも、経験は、現象学的であるためには反省が「括弧に入れ」(1)なければならない特殊なものへと関わるからである。また、そのうちで経験が経験の事象に向かって立っている近さを、自らへともたらすことができるためには、概念把握することとそれ自体が、経験することでなければならないことになろう。すなわち、概念把握することが、経験することと同じであるのでなければならないことになろう。そうしてのみ、概念把握することにとって、事象が、経験することのなかで与えられているまさにその仕方において現存することになるであろう。したがって、宗教の現象学的な究明は、その究明にとって本質的なものを、人を通して響く経験を反省しつつ〔概念へと〕置き移すのとは別様の仕方で探さなくてはならない。とはいえその一方で、宗教の現象学的究明は、何ら事象への直接的な通路をもっていないがゆえに、遂行されたり追遂行されたりしなくとも、自らに事象を現在的なものにするような経験を必要としている。宗教的なものの現象学は、ただ〔事象を〕表現している経験への戻り行きにおいてのみ可能である。別言すれば、宗教的なものの現象学は、きわめて固有な仕方で透過的であるような経験を必要としている。その経験は、自ら経験している当の事象がそれ自身を示しうるために、そうした事象を示さねばならない。

　これまで略述されたような向き変えは、模範的な仕方でハイデガーによって遂行された。すなわち、経験を概念に導かれる仕方で追遂行することに勤しむ宗教の現象学から、解明のために前もって与えられている経験の呈示力に基づく究明への向き変えが遂行されたのである。一九二〇／二一年冬学期に為された「宗教現象学入門」というハイデガーの初期の講義で、彼にとって問題なのは、パウロにおけるキリスト教的信仰の自己説明を哲学的に解釈することである。しかしながらこのように解釈することそれ自体に基づくことで、なぜハイデガーがこうした試みを放棄し、またそれでもって同時に彼の哲学の体系的な分節にとってさしあたって前途有望な方向づけの模範例をあきらめるのかが明らかにされることになる。長い休止を経てようやくハイデガーは、宗教という主題に再び向かう。それは、ヘルダーリンに関する彼の諸々の論稿のうちで行われる。他方またその体系的な成果を成しているのは、『哲学への寄与論稿』で「最後の神」に捧げられた簡潔で難解な章句である[2]。ここでハイデガーは、〔事象を〕呈示する宗教的経験に固有なものを考慮するための手がかりを見出す。ただしハイデガーは、この手がかりを必ずしもあらゆる観点で役立てているわけではない。それゆえ『哲学への寄与論稿』はいくつかの主張を体系的に取りまとめることができたのである。しかしながらこのことをハイデガーの思索の連関において立ち入って再構築することは、ここでは問題ではない。問題なのはただ、宗教的経験の現象学の根本の形姿を具体的に明らかにすることだけである。

2

ハイデガーが初期の講義で宗教的経験についての概念的な学的解釈を「形式的告示」として規定するとき、彼は、それでもって経験そのものを顧慮しようとしている。経験されるものの特殊さのうちに存する宗教的経験の特殊性は、普遍化されるべきではない。そのため、「形式的告示」は、ハイデガーが言うように、「純粋な宗教的な体験においてのみ与えられ」うるかもしれない「究極的な理解」を断念したのである[3]。しかしこのことはただ、こうした宗教的な体験の純粋さを眼差しのうちへともたらすためにのみ行われた。宗教からは、「意識の性格をもつもの[4]」が取り出されるだけであるべきではない。そうすると、概念的なものへと置き移すことが、ただ宗教的経験の普遍的なもののみを把握することになり、そしてその成果でもって決定的なものを逸することになる。決定的なのは、ハイデガーが強調するように、「対象自体をその根源性において経験しようとする現象学的な理解の傾向[5]」なのである。

この意味で、いまや「キリスト教的な宗教性」は、集中した時間的な生として規定される。キリスト教的な宗教性は、「時間性そのものを生きている[6]」のであり、その生は、時間を——他動詞的な意味で理解されるような仕方で——生きること[7]なのである。このことは、キリスト教的に生きることが「信者に」なってしまっていること[8]」によって規定されていることを、つまり、啓示によって呼びかけられていること、信仰の受け入れが、キリスト教的に生きることとの既在性を成していることを意味することになる。それに加えて、キリスト教的に生きることは、「主のパルーシア〔παρουσία〕（再臨）への期待[9]」

によって規定されており、その期待のうちで、到来的である。〔既在と到来の〕両者は、根源的な意味での時間的な経験として理解されなければならない。すなわち、「固有の秩序と堅固な立場なしの時間[10]」というものの経験として理解されなければならない。信仰することに固有な「〔信者に〕なってしまっていること」の時間的な本質は、生起したこととして日付可能であることにあるのではなく、現在生きていることを、こうした生全体をひとつの生起したことにしている何かあるものとして、徹頭徹尾気分づけていることにある。そして、再臨の時間的な本質とは、間近に迫っている出来事であって予期できないということであり、またそれによって生をあらゆる瞬間に到来的にするということである。

あらゆる時間的な日付、秩序づけ、計測に先行している時間性の根本特徴がここで下図を描かれていることを認識するために、『存在と時間』の関連する段落を少々見てみる必要がある。よりいっそう注目すべきなのは、キリスト教的に生きることの「遂行連関」のうちへと「入り込むこと」を、ハイデガーが「ほとんど望みがない」と見なしていることである[11]。このような「感情移入」に対して自らを遮断するのが、キリスト教的な宗教性の特殊さである[12]。つまり感情移入は、それが原キリスト教的な「状況」の「理解」でなければならないかもしれないがゆえに挫折するのである。もっとも、この理解は自分の力からは生じえない。〔原キリスト教的な「状況」の〕理解は、キリスト教的に生きることによって試みとしては退けられており、それも、このように生きることが、恵みによって実現されたものとして理解されていることによって、退けられているのである[13]。ハイデガーが、自身のパウロ解釈に基づいて現存在一般の存在の構造を規定している時間性の構造を取り出しえたということは、宗教の現象学としてパウロを解釈することが失敗したことを示すものである。

〔この講義から〕一五年後、情勢は変化してしまっているが、それでも〔この講義と〕同じ思索の情勢であることが分かる。ハイデガーはヘルダーリンについて語り、ここではヘルダーリンの特徴的な業績を、「詩作の本質」自体を詩作したことのうちに見出している。このことには、詩作にとって不可欠の、神々と人間のあいだの「対話」それ自体をヘルダーリンが言葉へともたらし、そのようにして文字どおり、時代を規定したのだということが含まれている。詩作はどんな時代にも属してはおらず、むしろそのつどの歴史的な時代が何であるのかを言うのである、とされている。ヘルダーリンの時代は、その際、ハイデガーによって「逃げ去った神々と到来しつつある神の時代」として理解されている。[14] それは、神々が退去したという既在性と神的な将来とのあいだに張り広げられている〈あいだの‐時代〉であり、この〈あいだの‐時代〉〔という事象〕のうちに、ハイデガーが原キリスト教的な宗教性に即して〔かつて〕浮彫りにした再臨の期待が、再び認められるように思うのである。それがどの程度ヘルダーリンの詩作の解釈として説得力のあるものなのかに関しては、ここでは心を煩わせる必要はない。決定的なのはむしろ、ハイデガーが、感情移入の可能性を引き合いに出す必要に迫られることなしに、宗教的経験の特殊さへと入ってゆくことができたことである。ヘルダーリンの詩作において、宗教的経験はまさにそれを正当に評価するために〔感情移入などを通じて〕分かち合われなくてもいいような仕方で、言葉へと到来している。宗教的経験は、〔神々の〕退去と〔神の到来の〕差し控えの経験として伝達される。それゆえ宗教的経験にとっては、それへと人が関わり合わなければならないであろうような積極的なものは何もない。あるのは、神的なものの不在において神的なものが現前しているということである。詩はひとつの時代を開くのだが、それは、自らを与えずあるいはただ心が満たされていることにもとづいてのみ説明することを欲している何かあるものへと、詩が向かうことによってなのである。

詩によって哲学的考察もまた、宗教的経験へのある別の関係の中へと移し変えられている。人を貫いて響くという詩作特有の性格に基づいて、哲学的考察は、詩作の概念の本性のうちに基礎づけられている現在性と退去のあいだの特有の揺れ動きと関わる。それほどまでに揺れ動くものが、とりわけ集中して現前している。その揺れ動きは、生の遂行のなかに埋没するのではなくて、この生の遂行から際立つのである。その揺れ動きは、自らを示すもの、すなわち現象である。そのうちで経験が人を貫いて響くところの詩は、現象学的な考察を自由にする。詩作は考察することを独特な経験にする。〔考察という〕こうした独自の経験のうちでは、宗教が問題とする当の事象は、経験しつつ生を遂行することのうちでは決してありえなかった仕方で在る。

ハイデガーが「最後の神」という名のもとで『哲学への寄与論稿』で捉えようと試みているものは、まさにこうした宗教的なものの現象学的な経験である。最後の神の、そう書かれているように「本質的な現れ」――その固定することのできない作用――はその「合図のうちに」、すなわち「既在の神々の到来と逃亡が、またこれらの神々の隠された変貌が突発的に出現したり不在であったりすること」のうちにある[15]。この合図は、自らを示すことに特有な未決定の揺れ動きが、〈理解‐するように‐仕向ける〉ということに他ならない。未決定の揺れ動きはここで、現前性と退去との繊細な交差のなかで言葉へともたらされる。すなわち、到来は襲ってくるが姿は現さず、その結果、現前性と退去の両者のどちらも固定されえない。その交差のうちでは、それはいわば時の呼吸のようなものであり、純粋な時熟である。つまり、かつて親しまれていたものが、自らを示すことに他ならないものへと変貌することである。そのことをも、ハイデガーは、「最後の」神について語ることでもって考えていたかもしれない。「最後の」（エスカトン〔ἔσχατον〕）を、ハイデガーは別のところで、「今まで覆われていた運命の別離」として規定している。[16] 最後の神という暗号のもとで問題となっているのは、今まで信じられ、あるいは表象され、またそのような仕方で生を規定している神的なものが、純粋な現象性へと変貌することなのである。

しかしながら、最後の神についてのこの思索のハイデガーによる表明はどっちつかずの状態から自由ではない。『哲学への寄与論稿』において、ハイデガーにとって問題となっている現象学的経験の極限のものは、終末論的なものがもつ伝統的な意味の多くを依然としてとどめている。最後の神というものは、神的なものが、自らを示すことへと変貌することを示す暗号であるだけではなく、ヘルダーリンの詩作に関してハイデガーが来るべき神の存在を主張した場合のように、来るべき神を告示するものでもある。最後の神がそれほどまでに、どうすることもできない仕方で一切を凌駕しつつ、神々のなかのひとつの神となるところでは、現象学的なもののうちへと置き移された宗教的な経験は伝統的なモデルへと逆戻りするのである。

（上田圭委子 訳）

歴史をめぐるハイデガーとニーチェ

ある未決着の対立に向けて

1

他の哲学者たちの功績を認めて惜しみない称賛を与えるといったことを、ハイデガーは必ずしもしなかったが、それは十分な理由があってのことである。まず、彼が対決した思索者たちはあまりに偉大すぎたため、彼らに対してそうした称賛は適切ではありえなかっただろう——例えば、プラトンやアリストテレス、カントやヘーゲルに対しては賛辞というものが場ちがいに思えてしまう。他方で、ハイデガーの思索構想はあまりに独立していて徹底的で個性的であるために、その組成と実行において他の思索者たちの諸観念には関連づけられない。とはいえ、徹底して問うことがうまくいくのは、ひとえにそうした比較を避けることによってのみである。だからこそいっそう驚かされるのは、『存在と時間』のなかでニーチェと「生に対する歴史学《ヒストリエ》の利害」に関する彼の論文(1)がほとんど無条件的に肯定され、しかもかなり詳しい所見が述べられていることだ。ハイデガーが言うには、この論文では歴史的に実存することと歴史学との共属性という「本質的なもの」が「認識され、明確かつ印象的に語られている」。ニーチェによる歴史学の三つの「様式」への区分は「偶然ではなく」、それは「現存在の歴史性のなかに予描されている」と言われる。そして「彼の『考察』の冒頭部」からは、ニーチェが「彼が表明したよりも多くのことを理解していた(2)」ということが推測されるそうだ。ハイデガーに従えば、ニーチェはすでに現存在の歴史性を把握しており、それゆえに『存在と時間』にみられる決定的な思想を先取りしていた。そしてニーチェはどうやらこの思想を適切に捉えることを前にして後退しなかったらしく、それは、カントがハイデガーの判定によれば超越論的構想力の根への問いを前にして後退してしまった(3)のとは異なる。ニーチェの場合、その思想はむしろ非常に明瞭であって、それを『存在と時間』に関連づけて捉えるためには、いわばわずかに後からなぞり、表現の的確さを補強するように筆を運ぶだけで事足りてしまうほどである。ただ、このように補強を加えた修正は『存在と時間』の根本的な説得力とは無関係なので、同書の基礎存在論的な真理がわざわざ伝統にとらわれた文言から奪取されてくる必要はない。解体というやり方は、むろんいつもはハイデガーが自分に先行する諸観念に対してとる態度を規定する(4)ものであるのだが、ニーチェに対してはふさわしくないのかもしれない。それどころかニーチェは彼が表明したよりも多くのことを理解していたのだから、ニーチェが理解していたことに注目し、それを明示させうるだけで、現存在の歴史性が何であるかが知られることになろう。

すでに述べたように、こんなにもあからさまにかつ無条件に、ハイデガーが他の思索家に対して支持を表明することはめったにない――ただし、ヘルダーリンに対する彼の親しみはあまりにも比類ないものであって、ここでは考慮に入れることができない。それを抜きにしてもやはり、ニーチェに対する支持表明はきわめて珍しく、過大とも言えるほどだ。確かにニーチェの『反時代的考察』第二編に見出される一連の思想と動機は、ハイデガーが受容できるものであった――とりわけ、歴史主義への批判がそうであり、歴史が事実確認可能な、いわば中立的に世界を眺める目で観察可能な諸々の出来事から成る一つの継起以上のものであり、それとは別のものだとする歴史解釈に関する発言がそうであった。しかし、疑念を抱きうるのは、ニーチェがハイデガーの意味での歴史的現存在という観念のようなものを本当に問題にしていたかどうかである。ニーチェの論文がハイデガーにどんなに強烈な印象を与えていようとも、そしてそれがどんなに後々まで歴史的現存在という観念に影響を及ぼしていようとも、明らかなのは、ニーチェが別のことを考えていたということだ――そして、彼は自分が考えたことを表明してもいた。

このことは、ハイデガーがニーチェを引き合いに出すことへの批判とみなされるべきではなかろう。ニーチェはハイデガーに影響を与えたのだし、ニーチェ以外には誰も、それが目指されるような仕方で――あるいはより慎重に言えば、ある特定の成果という観点ではなくてその意図において考慮されうるような仕方で、ハイデガーに影響を与えることはなかったにちがいない。影響史には実りある誤解やずれというものもあって、それは異なる理解を越えて理解されている事象の変様へと導くものである。他方で、そうした異なる見解は、異なるものをその緊張に満ちた調和において見てとる可能性を切り開き、差異を通じて事象的に引き立つものに――変様やずれなくしてはおそらくそれほど際立ちえなかったものとして——注目する可能性を切り開く。そうであれば、ニーチェが歴史について言及せねばならないものが興味をひくのは、ハイデガー的な観念の先取りや前史としてではなく、それが同一の問題の解釈として異なっているからだ。

その問題をさしあたり曖昧な定式で指し示すなら、それは歴史的に存在するということで何を言わんとしているのかという問いである。それに際して、ハイデガーとニーチェの回答は一見似ているが、両者が同じような諸現象——時間、過ぎ去ることと記憶、そしてそれらによって規定される生の指導——に目を向けているにちがいないことが考慮されるならば、それは驚くにあたらない。それらの諸現象が曖昧な意味では同じであるがゆえに、ハイデガーはニーチェの原文を自らに固有なテクストへと移し替えることができる。しかし、それらの現象は各々の根本概念によって別様に構築された場に属しており、それゆえ原文とそれが移し替えられたものとはここでは本質的に異なっている。それはいわば文学作品に関して原文と翻訳文とで用いられる言語が異なっているのと同様である。こうした差異のなかで経験されうるのは、ニーチェ哲学とハイデガー哲学との対決という根本問題である。しかし、この根本問題に続く道は先の諸現象を経由しており、したがってそれらの現象に取りかかる方がよい。

2

その際、最良なのは、よく知られているがまだまったくもって表面的でしかないことから始めることだ。それはニーチェがその論文で区別する「歴史学」の三形式、すなわち記念碑的な歴史学、好古的な歴史学、批判的な歴史学である。ハイデガーはその区別を取り上げて、三つの形式へ分節されていることに特別な注意を払う。そして、その分節が「現存在の歴史性のなかに予描されている」[5]と述べる。歴史学を「主題化」[6]、つまり歴史の明示的な把握と究明とするハイデガーの理解に従えば、その通りにちがいない。すなわち、歴史性、それゆえ現存在の歴史的体制は、そこから歴史の明示的な理解がつかみとられうるのでなければならないような構造規定であり本質規定であるというわけだ。だが、歴史性はその構造において三分節によって規定されており、その分節は今度は時間性の構造に由来する。つまり、歴史性が存立するのは、人がその現存在において――将来的な――存在可能の直接的経験から伝承されてきた諸可能性へと戻り来ることにおいてである。それゆえに、人は自らが在りうるところのものでいつもすでに「在った」のでもある。[7]したがって、伝承されてきた諸可能性のうちの一つを把握することは、その可能性を「反復する」ことと同義である。ただしハイデガーが言うには、この反復は「「過ぎ去ったもの」を再び連れもどすことでも、「現在」を「古びたもの」に遡って縛りつけることでもない」[8]。そうではなくて、伝承されてきたものをその可能性という性格で捉えることである。伝承されたものはここでは一つの事実として過ぎ去ってしまっているのではない。そうではなくて、それは人がそれで在りうる何かであり、それゆえに可能性として捉えることができ、確証できるような何かである。歴史性とは将来的‐既在的な可能存在であり、それゆえハイデガーの規定に従えば、つまるところ「今日における」[9]現存在の誤って信頼され規定されている在り方として現れるすべての固定化の「撤回」なのである。

さて、こうした構造をハイデガーはニーチェによる記念碑的な歴史学、好古的な歴史学、批判的な歴史学という区別に再び見出す。つまり将来的な存在可能の直接的経験から伝承することへと戻ってくることは、「人間的な実存の「記念碑的な」諸可能性に対する」開性と同義だとされる。しかし、この「可能的なものを反復しつつ我がものとすること」のうちには同時に「かつて現に在った実存を敬いつつ守護するという可能性」があり、それゆえに「本来的な歴史学」は記念碑的なものであると同時に「好古的」だとされる。そして、伝承されてきた可能性を反復することは、自明となって一般的に認められてしまっている諸々の確定に向けられているのだから、歴史学は「今日の脱現在化」であると同時に「「現在」の批判」だとされる。[10]

容易に確信できるのは、歴史学のさまざまな形式に関するハイデガーの規定がニーチェにとって決定的なことを捉えているということである。実際、可能的なものという視点で歴史を経験することは「記念碑的」である。つまり、偉大な諸個人、および彼らの共同運命と行為は「かつて現に在った偉大なものがとにかく一度は可能であったし、それゆえまたおそらくもう一度可能であろう[11]」という視点で経験されるのである。同様に、ハイデガーは「敬いつつ守護すること[12]」に言及して、好古的なものの根本特質を取り上げる。ニーチェが言うには、歴史は「自分が由来し、自分が生まれたところを誠実さと愛をもって回顧する者[13]」に属している。そしてつまるところ、批判的な歴史学はニーチェにとっても解放活動であり、そうした批判的な歴史学のなかで「打ち砕き、解きほどく」力が示される。自明とされて確定されたものは「手厳しく審問され、しまいには有罪宣告される[14]」のでなければならず、それでもって人はあらためて本来的に存在しうるのである。

しかしながら、まさしくそのことがすでに、歴史学の諸形式がニーチェの場合にはいかに異なって理解されているかをはっきりさせる手がかりである。というのも、ニーチェの論述に従えば、批判が適用されるのは現在や「今日」ではなくて過去であるからだ。批判は、将来的な存在を拘束し妨害するものとして感じられるような伝統や歴史から離れる試みと同義である。批判的な歴史学は将来のためになされる特定の出自の否定であり、この否定が求められるのはただ、過去、つまり人がかつて在ったものが、まさに現存在を規定する諸々の確定や自明性を生み出してしまう場合だけである。

ニーチェにとっては批判が過去に向けられていたということは、好古的な歴史学に関する彼の論述によって確認される。この歴史学は、人がそこで生まれ、それによって形成されている「諸条件」(15)と関わりがある。好古的な歴史学とはそうした諸条件の育成と守護であり、その点でまったく肯定的な意味での伝統主義である。したがって、ここで重要なのは人がそう在りうる諸可能性ではなく、特定の諸可能性をはじめて解き放つような生の諸形式に関する事実的なものである。つまり、反復可能なものではなく、そこで初めてこうした反復可能なものが存するような活動空間の連続性が重要なのである。

それでもやはり、少なくとも記念碑的な歴史学はまったくもってハイデガーの意味で理解されうるように思われる。なんといってもニーチェは記念碑的な歴史学について、それが「活動し力ある者」(16)に属し、それゆえ事実的なものから理解される者でなく、可能的なもののなかに在って自らの将来を形成しようとする者に属すると述べている。だがここでも当然すぐにわかるのは、歴史の偉大な諸個人に定位して考える際に重要なのは、把握可能な諸可能性よりも固有な行動の確認と保証の獲得だということである。それに対応して、歴史学的なものの反復可能性が重要なのではなく、歴史学的なものと現在的なものとの共属性が重要である。あるいは、ニーチェ自身が定式化したように、「個々人の闘争における偉大な瞬間が一つの連鎖を形成すること、それらの瞬間において人類の山脈が数千年を通じて結びつけられること、そのようなとうの昔に過ぎ去った瞬間の最高のものが私にとってなおも生き生きとしており光り輝き偉大であること——これこそが記念碑的な歴史学の要求で表明されるところの、人間性への信仰における根本思想である」[17]。このことは、説明のためにさらに述べられているように、「偉大なものは永遠であるべきだ[18]」という要求に結びつけられている。

それゆえ、記念碑的な歴史学の根本特徴として際立つものは、包括的にして同時に特殊的な準現在化の試みである。すべての過ぎ去ったものではなく、「活動し力ある者」にとって助けとなり有用なものが、まさしく偉大な諸個人の生と影響こそが、現在的であるべきであって、しかもその行為に連関を、あるいはニーチェが名づけるような「地平[19]」を与えるために、そうであるべきなのだ。そのつどの行動は、それを確証してくれる周辺環境を必要とするし、それに即してそのつどの行動が自らについて明らかになりうるような諸々の比較可能性を要する。しかし、とりわけ必要なのは、そこからそのつどの行動が理解されうるような枠組みである。行為がそのような枠組みに属している場合、その行為は概してとりとめなく実際にはまったく評価不可能な結果を伴うようなはかない生起以上のものである。その行為は意味をもっており、それはある発話文が話のつながりのなかで意味をもつのと同様である。

好古的な歴史学の場合、根本的に重要なのは記念碑的な歴史学におけるのと何ら変わりはなく、ただここでは生の連関や行為の連関を形成するのが最も身近な生の周辺環境というだけである。慣れ親しまれ、連続的な生の形式を代表するような、受けつがれてきた諸々の事物や建築物、歴史的な都市、文化を通じて形成された景観——これらすべては、好古的に理解される生の永続性を保証する。ニーチェが言うように、好古的な人間にとって彼の都市は「彼自身の歴史に[20]」なるのだ。

ひょっとすると始めのうちは納得できないように聞こえるかもしれないが、批判的な歴史学もまた準現在化しようと努めている。問題含みに見える伝承されたものは記憶のなかにとどめられ、そうすることで人はそうしたものから自らを突き放すことができ、そのようにして新しい生の諸可能性へ向かう自由を見出す。ここで試みられるのは、「生きうるために過去を破壊し解きほどくこと」[21]である——だが、このことが可能なのはただ、人がまさにこうした過去を自由のために努力する現在の生の連関として理解することによってのみである。

したがって、生の連関の現在が歴史学の意味である。しかしながら、両者の関係はさらにまた逆転して考察されうるし、その場合にのみ、こうした現在の独特の身分が姿を現すのである。それはいまや単に現在として与えられているのではなく、準現在化を通じてもたらされる。生はいかなる連関も所持してはおらず、それを獲得せねばならない。そして、歴史学はそのための可能性であり道なのである。それゆえ、生の連関は一義的に規定されているわけでもなく、歴史学的な遠近法《パースペクティヴ》に応じて規定される。つまり、何が生の文脈と地平であるかは、生それ自身のなかで決定されるのである。

だが、そうは言っても、生の連関の現在は簡単には与えられない。ニーチェがその論文の冒頭で明確にしたように、あらゆる生の瞬間、あらゆる行為はそれ自身でとらえればばらばらではかないものであろう。つまり、その連関のなかでそのつどのものが成立しうるのではないようなものは、ただ回想によってのみ、つまり多かれ少なかれ明示的に保持されることによってのみ、加わってくるだけだ[22]。ニーチェが「歴史学」と名づけるものは時間的なふるまいであり、それはある現在を獲得するために時間に向けて働きかける。ここで言う現在とは時間の枠組みであり、時間のなかで遂行され、時間を考慮に入れるようなあらゆる行動にとっての関係の枠組みであり、意味地平である。歴史学とは時間を超えた時間的ふるまいなのである。

3

いまや、なぜニーチェの思想とのハイデガーの相違が、誤解としてでも強調点の変更としてでもなく、徹底したずれとしてのみ理解されうるのかも明らかになったにちがいない。ハイデガーは歴史学を時間の地平で解意し、歴史学のそれぞれ異なる形式を将来、既在、そして現在の表示として捉えようとしている。確かに歴史学の三形式はニーチェの思想連関のなかでも異なる時間様態に分類されうる。すなわち、記念碑的な歴史学の場合には明らかに現在が、つまり今の行動が視野に入っているし、他方で好古的な歴史学は現在の行動の前史へと向けられ、そして批判的な歴史学は特定の過去を否定して将来の生と行動を解き放つと言われている。しかし、三つの場合のすべてで、そのつどの時間相は単にその現在性における意味地平の色調でしかない。つまり、時間は副次的なのである。ハイデガーが解釈による変換を施すことで初めて、時間は歴史学のそれぞれの形式の理解を予め与える。そしてこの理解は、もはやただ解釈による変換を生じさせるだけでなく、いまやより正確に理解された諸現象それ自身の変更へと導く。すなわち、ニーチェが偉大な諸個人の「永遠の」現在について述べるところで、ハイデガーは把握されうる諸可能性のことを考える。ニーチェなら最も身近な生の周辺環境が、こう言ってもよければ故郷の歴史が語られるところで、ハイデガーはその存在可能性の反復が重要であるような「現に在った実存」を見る。そして、ニーチェが過去に関する批判的判断のことを考えたところで、ハイデガーは「今日」にとらわれていることからの離脱を強調し、その離脱がいかに存在可能の明示的経験および可能存在の明示的経験を伴っているかを強調する。これらの変様をたどってみれば、二人のまったく異なった印象が生まれる。

二人の差異を理解する鍵はもちろん、ハイデガーが時間を、より正確には現存在の時間性を重視することによって与えられる。そして、この時間性が何を意味するかは、ハイデガーが「歴史性」と名づける生起——つまり、そのなかで人が存在可能の確実性から脱して、自分が「かつて〔それで〕在った」諸可能性へと連れ戻されるような運動に関する彼の記述から再び判明する。このような生起として理解される現存在は、根本において将来と既在との間の運動以外の何ものでもない。というのも、この運動のなかでのみ可能存在が在るからだ。確かに可能的なものというのは一方で未決定なもの、間近に迫っているもの、つまり人がそうで在るものではなくそうで在りうるものである。しかし他方で、存在しうる特定の諸可能性はすでに知られていなければならず、それらの可能性はすでに生きられた生、遂行された行為として、与えられて受け取られうるのでなければならない。逆に、もし仮に事実的に生きられ遂行されたものが把握されうる可能性として認識されえないのであれば、それは人がそうした可能性を固有な存在可能から理解しないからであろう。〔既在と将来の〕両者は相互に開示されることによって共属している。それは次のように手短に言ってもおそらく問題はなかろう。すなわち、ハイデガーが時間性として理解するのは、まさしくこうした〔既在と将来との〕共属、つまりただある種の跳躍のなかでのみ共に経験されうるような現存在の二様相の開性であると——それはもしかすると、方位というものは視線の向きを換えることでのみ経験されうるが、それでもやはり方向づけの可能性がそれと共にもたらされうる限りでしかないというのと同じようなことなのかもしれない。

上述のことが的確な考察であるなら、「現存在と時間性」[23]をめぐってハイデガーが熟考する動機として、現存在の意味への問いが生じるだろう。というのも、時間性とは、そこから人が現存在において現存在として理解されうるところのものであるからだ。時間性は、それ自身で分節化された、それゆえにつねに断続的な現存在の開性である。そこで「開示」されているのは、人が現に在る様、そして現に在りうる様である。時間性とは可能的なものの意味なのである。

しかしながら、たとえ時間性がその分節化と断続性においてのみ可能的なものの意味でありうるとしても、時間性の統一への問いは自ずと残る。いずれにせよ、ハイデガーがその断続性ゆえに「脱自態」[24]と呼ぶすべての時間様態には開性という根本特徴がある。確かに人が時間的に在るのはそのつど特定の観点においてではあるが、しかしそれでもこれらの観点はすべて、存在の観点である。現存在が在るのは、ただ諸々の時間様態あるいは脱自態が共属していることにおいてのみである。現存在には、時間性の視点で分節されているような開性の統一的なものが遊動している。

この統一的なものが姿を現すのは、人が現存在をその全体において捉えようとする場合である——つまり、現存在の遂行の意味ではなく、そのつどの諸々の遂行の活動空間ならびに統一としての意味を捉えようとする場合である。現存在はただ、そのつどの生の契機や行為を、存在可能と事実的諸可能性との間にそれらが拡張されて在るのとは独立に、——しかもそれらが現存在の契機としていかにあるかではなく何であるかという点において、開示するような連関や枠組みでしかありえない。すなわち、現存在が意味地平でありうるのはただ、その意味地平が準現在化を通じてもたらされるようにしてのみである。

準現在化という視点のもとでは時間の分節化や断続性が色あせるために、準現在化はハイデガーの意味での時間性からもはや理解されえないとさえ言える。そうした準現在化から語られるのが、時間とは違う現前性《プレゼンツ》である。おそらく、ニーチェとハイデガーとが一致するのは、二人にとってそのような現前性《プレゼンツ》という考えがその語の肯定的な意味で問題提起的だったということである。しかし、ハイデガーの思索の連関では、現前性《プレゼンツ》は未解決なままのもの、問われなかったものという性格をもっており、時間に方向が定められたことによって周辺に追いやられている。その一方、ニーチェの哲学から見えてくるのは、彼が何度も繰り返しそのような現前性《プレゼンツ》の思想の周りを回り、それがいかにして到達され、いかに呈示されうるかを示そうと試みていることである——例えば、彼に「歴史学」と名づけられた生の解釈のなかでその試みが見られる。

（伊藤良司 訳）

神の忘却
ハイデガーの『哲学への寄与論稿』の中心について

1

今の時代にとって、ハイデガーの『哲学への寄与論稿』は読むのが難しく、馴染みにくいものである。このことは、極端に凝縮されていて、壮大であるとともに簡潔な力強さをもった語り口や、はっきりと表現になっているところもあれば、しばしばたんに提示されただけにとどまってもいる思想の難解さのみに帰することはできないし、またハイデガーがこのテクストに与えた開かれた形態、時にはたんに素描的で、省略を含んだ不完全な形態のみに帰することもできない。そこでは、他人に伝えるために仕上げられたというよりも、むしろ自己理解のためにメモ書きされたかのように、多くのことが完全には詳述されないままにとどまっている。しかし、とりわけて現在の私たちに馴染みにくく今の時代にそぐわないのは、その全体性の要求である。もっともこのような全体性の要求は、現在の哲学が、『寄与論稿』においても――しかも決定的な仕方で――語られている次のような確信によって特徴づけられている。つまり、「「体系」の時代」(1)は過ぎ去ったということ、そしてもはや形而上学的には哲学することができないということが、ここしばらくの間で帰着することとなった一般的な確信である。ハーバーマス、デリダ、フーコー、ヴァッティモあるいはローティといった名とともに提示されているような「ポスト形而上学的思考」(2)のさまざまな変種は、ということはつまり、科学の哲学は十分に哲学ではないと考える諸立場は、何らかの仕方でハイデガーに自らの由来をもっている。にもかかわらず、それらとハイデガーとの相違はほとんどこれ以上ないほどに大きいといえるかもしれない。こういった「ポスト形而上学的思考」では哲学的要求を撤回したり弱めたりすることが問題となっているのに対し、ハイデガーはまったく軽減することなく哲学的要求を維持しようとしているのだ。ハイデガーの意味での哲学的思索とは、後期アレクサンドリア学派の残響ではないし、社会的に媒介された立場、あるいは文学的立場、系譜学的立場、アイロニカルな立場、プラグマティックな立場といった諸々の立場への後退でもなく、「別の原初への移行」、「存在《あり》の真理の活動‐時‐空を根拠づけつつ明け開くこと」(3)なのである。だがひょっとすると、これよりもっと奇異の念を抱かせるのは、このような準備的で移行的な、明け開くということを行う思索の試みが、「最後の神」の「通り過ぎ」(4)という、ある神の顕現の可能性と結びついていることかもしれない。伝統的な神話や神秘化に対して一貫した形で別れを告げるかわりに、ハイデガーはここであらたな神秘化を動員しているように見える。このようなわけで、できることはせいぜい、書かれてからかなりの時間が経過した後に遺稿から出版されたこの本を、歴史的な仕方で読むことだけであるように思われる。『寄与論稿』がハイデガーの第二の主著であるにせよ、そうでないにせよ――『存在と時間』がすでに長らく哲学の古典に属しているのに対して、『寄与論稿』の方は重要であるにもかかわらず、ハイデガーの思索の道のある時期のドキュメント以上の何かには見えないのである。

もしそのように想定するならば、もちろん、ハイデガーの後期哲学の全体を歴史的に考察しなければならないことになるだろう。『寄与論稿』はハイデガーが三〇年代に哲学的に獲得したものを要約し凝縮したものであるだけではなく、後期哲学の先取りでもあって、そのように考察されるならば、実際に『存在と時間』以後のハイデガーの思索の中心でもある。(5) そしてさらにハイデガーの後期の思索にとって「最後の神」の思想がいかに中心的かということは、一九六六年に書き留められてはいたが、一九七六年に初めて公開された『シュピーゲル』誌によるハイデガーのインタビューによってはっきり示されている。すなわち、しばしば引用され、また当時驚きをもって取り上げられた命題「ただある神のようなものだけが私たちを救うことができる」(6) は、そのインタビューでのハイデガーによる説明からも明らかなように、直接に『寄与論稿』へと遡りそれを参照するように指示している。ハイデガーの後期の思索から神学を拭い去ろうとするならば、その思索から中心を奪ってしまうことになるだろう。

いやそれどころか、この神学や、さらには『寄与論稿』全体に対して懐疑的になることがハイデガーに打撃を与えることはなく、むしろこのような懐疑でもって、現在の思考が諸々の仕方で窮屈なものになっていることが際立ってくることすらありうる。つまり、現在の思考にとってはあらゆる宗教的なものと神学的なものが馴染みにくいものとなってしまっているのである。宗教的なものは周辺に追いやられ、または生活上の困難に対する助けや、社会倫理における一つの可能性へと希薄化され、それに応じて哲学的な問題としても、もはや何らの本質的な役割も果たしていない。こういったことに対しては他方で、人は現在の諸々の尺度や方向性を冷静に相対化しつつ、以下のように答え、強調することができるかもしれない。すなわち、これらの尺度や方向性は再びすでにその自明性を失ったのだ、と。かつてエルンスト・ユンガーが述べたように、啓蒙に支配されたここ二百年は「神々や悪魔たちが崇められていた諸時代と比べるならば、わずかな期間、おそらくはそれらの諸時代の中断」でしかないというわけである。それゆえ、「神々について（いまや、あるいはまたもや）語る」人というのは、「われわれの世紀――つまり二十世紀――の前半、あるいはヴォルテール以降のエリートたちにおいてそうであったほどには、まったく論外というわけではない」ということになる。ニーチェがアポロンとディオニュソスを相互に対照して検討したときすでに、それは「神話学的な象徴的表現」以上のものであり、「神話的実体」が考えられていたというのである。[7]

しかし、ハイデガーの「最後の神」の神学は――そしてそれとともに『寄与論稿』全体でなされる巨大な思索の試みは――、近代にとってますます特徴的となってきている宗教的なものが周辺に追いやられているという事態を冷静に受け取り、自らを人間の歴史における普通の状態、つまり宗教的な状態へと再び適合させるべきだという意見表明ではない。ハイデガーが「最後の神の最も大いなる近さ」を「拒絶」として規定していることに示されているように、この〔最後の神の〕神学にあっては、近代に固有の諸条件がたんに顧慮されているだけではなく、表だって承認され取り上げられているのである。[8] 最後の神は顕現しないし、明らかにされうるものにもならない。最後の神は退去する――ということは、最後の神は、ある形象のうちへの神話的な把握からも退去し、また哲学的概念による規定が全体におけるる存在者のある解釈、ある存在論から獲得されているかぎりで、そうした規定からも退去するということである。そういうわけで人はハイデガーの神学を、問われている現象に忠実であるための唯一の方策として、否定的な規定を用いる思考の方法という意味で、「否定主義的」だと呼ぶことができるかもしれない。(9) こういったからといって、ここで「何かあるもの」を別のものとの対照を通じて輪郭づけることができるということが考えられているわけではない。つまり、「何かあるもの」が何でないかを言うことで、少なくともその「何かあるもの」がいかにありうるかについての表象を与えることができるといったことが考えられているわけではない。「最後の神」の神学は、この神が人間の把握能力から退去したり、その本質において隠れているものであったりするがゆえに否定主義的なのだというわけではない。否定的な概念は確かにそういった考えを示唆しうるが、しかし、ここではそのような否定的な概念にあってまさしく「最後の神」の本質そのものを名指すことが問題となっているのである。この神は否定的な経験から考えられているが、その神についての経験自体は否定的な概念が何か肯定的なことを理解させることになるはずのものなのだ。

これは暫定的で未だ完遂されていない考察であり、したがっておそらくその筋道を追うことが難しいものである。それゆえ、いまやこの考察を展開することが重要である。このことはまたもや、そのうちでハイデガーの神学が『寄与論稿』の中心として理解可能となるような、モチーフと思想の接合構造を解明することを意味する。そこにおいては、「最後の神」の神学をたんに『寄与論稿』だけから開示しようとするのではなく、説明のために他の著作や論文をも引き合いに出すことが得策である。そこで明らかになるべきことは、すでに引用された「最後の神の近さ」は「拒絶」と同義であるとするハイデガーの規定によって予告されている。この拒絶を理解することが重要なのだが、そのためには最後の神の神学自体を考える前に、そこへと導いてくれるものをより詳細に観察し、それをそれがもつ連関のなかで規定しなければならない。すなわち、古い神々の逃走である。ハイデガーはこのモチーフを一九三四／三五年冬学期のヘルダーリン講義で初めて発展させ、その後一つの主導的なモチーフとして『寄与論稿』の内へと取り上げることになったのである。

2

『寄与論稿』の冒頭ですでにハイデガーは「神々の逃走が、その最も遥かな退去のうちで、その者たちには最も近いものにとどまっているような、そういう最も遠き者たちに属する」ことが重要であると述べている。この意味での最も遠き者とは、「遥かに離れており、外にいる」ということであって、それは「「存在者」とその解釈とのありきたりさの外」を意味するという。(10) 神々の逃走のモチーフはヘルダーリンを通じて初めてハイデガーにとって意義深いものとなったが、そのモチーフが書き込まれることとなった思考様式自体はハイデガーが哲学を遂行するにあたって新しいものではない。論文「根拠の本質について」（一九二九年）のなかで、人間は「遠さをその本質とする者」(11) として規定されている——人間は「諸可能性のうちに超出的に躍動しつつ」、自らに固有の存在と存在可能との活動空間としての世界を「企投する」者として規定されているのである。そのうちで人間が存在し生きることができる連関としての「世界」は、たんに前もって与えられているのではなく、ある根源的な解釈のうちで初めて特定の仕方で「形成される」。「遠さをその本質とする者」としての人間は、「世界形成的[12]」である。彼の世界はある根源的な解釈のうちでのみ存在するのであり、その解釈がふるまいや行為、存在者との交渉や自己理解をもはじめて解き放つ。かくして学問的な研究も研究者としての自己理解も、ある学問的な世界の形成に、すなわち、そのうちで存在者が研究可能なものとして開示されているような連関として世界が理解されることに、まさに依存しているのである。このような理解があらゆる研究の可能性の条件である。この理解は、直接的に与えられた存在者、つまりピュセイ・オンタ〔φύσει ὄντα〕（自然的存在者）の領域のなかでのあらゆる研究とその諸発見とを超えていくがゆえに、「形而上学」とも規定されることができる。形而上学とは「存在者としての存在者への問いの生起[13]」であり、そのうちで存在者が特定の仕方で発見されうるような活動空間をそのつど確立することであって、しかもこの確立というのは、ある世界のうちにある人間的な現存在が、存在者としての存在者を問うこととともに可能となった、その問いに対する答えから、自らの規定性をそのつど獲得するようなものである。

　ハイデガーが人間の本質のうちにある遠さをこのように理解しえたことによって、ハイデガーがそれをいまや神々の逃走の経験に結びつけたことはよりいっそう注目に値する事柄となる――いまや神々の逃走の経験こそがはじめて「「存在者」とその解釈とのありきたりさ」を超えて導くものとなるのである。神々の逃走の経験がいまや、ハイデガーが「根拠の本質について」で「世界企投」の新しい始まりに帰した自由、すなわち、よく知られ自明のものとなった世界に絡めとられることからの自由を保証するのである。確かに「根拠の本質について」というより早い時期の論文でも、この自由は「退去」なしには可能ではなかった。すなわち、ハイデガー自身がそこで詳論しているように、「可能性の企投」は、それが事実的な世界へと結ばれ組み込まれていることと対照をなすことによってのみ、その「拘束力」を受け取るからである。つまり、単純にすべての可能性が開かれているのではないことによって、「「現実に」摑まれうる」可能性ははじめてその重みを獲得するということである。[14] しかるに、いまや「神々の逃走」として理解される「退去」は、自由に対する、それに釣り合うような反対側の重りではなく、自由の発現そのものとなる。ハイデガーはその「退去」にのみ、事実的な世界に囚われてあることからの解き放ちの可能性を認めるのである。

ハイデガーがそのように考えた理由は、この事実的な世界についての彼の理解に基づいて、もう一歩踏み込んで説明することができる。それは技術的かつ学問的に特徴づけられた近代世界であり、それ自身はすでに企投されており、そのためにふるまいの特定の諸可能性だけをかろうじて許すものであるがゆえに、もはやどんな諸々の世界企投をも許容しない世界なのである。しかも、この世界が許容するふるまいの特定の可能性は、この世界企投そのものに特徴的だったように、それがそれ自身において、休みなく現実化すること、そして開かれたものや未決定なものを周辺化することを狙っているものであるかぎりで、自らを可能性としては取り消してしまうような可能性なのである。「計算」「組織」「スピード」がこの世界の根本動向であり、[15] その世界の企投によって人間は「一切の物と工作機構とが完全に問われなくなる」時代に歩み入ることになった。[16] 工作可能性と効率という観点のもとでは、広い意味で技術的であり技術的に解決可能だと見なされえないような問題は傾向的にはもはやまったく存在しない。しかし、このことは、真に問題的なもの、すなわち、人間的な行動の限界としてまだ受け入れられるかもしれないようなものは、もはや何も存在しないということを意味する。これについて『寄与論稿』が述べているところでは、「困窮」のなさは、自己確信が乗り越え不可能なものとなるところ、すべてが算出可能だと考えられるところ、そしてとりわけ、あらかじめ問うことなしに、私たちが誰であり何をなすべきかということが決定されているところで最も高まるのである」[17]。これはたんに学問的かつ技術的に特徴づけられた世界の傾向にすぎないにしても、この世界はもはや自らは世界として表だつことができない。というのも、そのなかにある何ものも、操縦と獲得と情報加工の手続きを超えて〔何かを〕指し示すことがないからである。この世界が世界として経験されうるためには、この世界に特徴的な思考とふるまいの仕方に対して、そしてこの世界そのものを別の角度から見るような経験が必要である。それが神々の逃走の経験であるはずである。

しかし、なぜこの経験なのだろうか。ヘルダーリンについて言及したり、またハイデガーがヘルダーリンを逃走した神々の詩人として読んだことを指摘したとしても[18]、そうしたことは何らの答えを与えるものではなく、たんにハイデガーの思索のなかでのヘルダーリンの位置価と意義とを示すにすぎない。確かにハイデガーはヘルダーリンを通じて神々の逃走のモチーフへ辿り着いたのかもしれないが、ヘルダーリンを近代の鍵となる人物として理解することへとハイデガーを動かしたのは、そのモチーフ自体が持っている事象的な意義である。さて事象に即して考えると、神々の逃走の経験は二つの点で近代世界にとって示唆に富んだものである。すなわち、それは一方では近代に属しつつ、他方で近代の枠内では理解することができない。その経験とともに、「自己確信」と工作可能性という外見によって特徴づけられた世界にはそぐわない何かが出現する。この世界が「世俗的」「此岸的」「脱魔術化された[19]」などと呼称されうるのは、その世界が、それに取って代わられた、したがってすでに過ぎ去った別の世界に関係づけられているかぎりにおいてである。そのかぎりで、神話と啓示という形式における聖なるものは近代世界の理解のための前提なのである。近代世界がそのものとして表だってくるのは、そのうちで過ぎ去ってしまったものに即することによってである。

だがこのことは、このように過ぎ去ったものが、近代の観点からする解釈、例えば、そのうちに人間が囚われていて、その結果として人間が自らに固有の自由と理性の使用を妨げられてしまうような表象の総体といった解釈とは、必然的に違った仕方で解釈されるだろうということをいまだ意味しない。逃走した神々は、啓蒙の視座から見れば、ついに正体を見抜かれた偶像、それが崩壊した後で人間の自己意識が妨げられることなく展開することができるような偶像としても現れるかもしれない。しかし、神々の逃走がこれとは違うものであるべきならば、つまり、「神性」の消滅と同義なのではなく、むしろ神性の支配への兆候、つまり神性が人間的生を「もはや満たされておらず、無為に衰退しつつあって暗いが、しかしやはり力強い[20]」力として規定することへの兆候であるべきならば、人間的現存在のなかで神々の逃走でもって、ある根本経験が解き放たれているのでなければならない。すなわちそれは、人間がそれを回避するならば完全な自己の暗愚化という対価を支払わなければならないという仕方で、人間的現存在に降りかかる経験である。

ハイデガーがそのように考えたということは、神々の逃走の経験が世界企投に変わるものとして登場し、そうして自由の根源的経験となったことを指摘した際に、すでに論じられたところである。「世界形成」からと同様、「神々の逃走」からも自由が現れている。というのも、「神々の逃走」は現存在の可能性性格を明らかにするからである。これについて『寄与論稿』が述べるところでは、「拒絶は最高の可能なものの可能なものとしての最高の現実性」であり、そうであることによって「最初の必然性」でもあるのだという。[21]「拒絶」のうちで、ある可能性、まさに迂回できないものであり、その意味で「必然的」なものである可能性、ということはつまり人間的現存在そのものに直接的に的中する可能性が、効力のあるものとして明らかになるのである。可能性が「現存在の最も根源的で最後の肯定的な存在論的規定性[22]」であるとする『存在と時間』の中心的命題を持ち出せば、この可能性は現存在自身の可能性であることが分かる。すなわち、特定の諸可能性がそのうちで初めて経験されることができ、またそのうちですべての出会ってくるものが自らをそのものとして初めて示しうるような根源的な開性であることが分かるのである。

『存在と時間』でもハイデガーはこの開性の経験を否定的な諸現象に結びつけていた。使用物、すなわち「道具」の連関における何らかのものが使用できなかったり、欠けていたり、邪魔となっていたりすることの経験がはじめて、日常的で自明な周囲世界を表だたせる。[23]また「完全な無意義性[24]」の経験としての不安こそがはじめて、世界を人間がその内でふるまうことができる意味連関として明らかにする。[25]神々の逃走はこれらと比較可能ではあるが、しかしまったく別様に構想された可能性の経験である。使用できなさの経験や不安と同様、「神々の逃走」の経験は人が自ら意志することによってなされるものではないし、現存在の可能性性格、つまりそのうちでのみふるまいや行為が存在しうる現存在の開性が明らかになり「うる」ためには、その経験はそのようなものであってはならない。すなわち、何かが起こり、ふるまいの連関のなかへと押し破り入るところでのみ、この連関は表だってくることができる。

ふるまいの根拠、ふるまいを包括し解放する開性へと到るには、何かが普通のふるまいとは違うものでなければならないのだ。この、人の意志によってはなされないということこそ、偶像崩壊の啓蒙的な神話が気づかないままにさせておくものであり、その神話が食い止め、経験としては抑圧しなければならないものである。すなわち、〔人の意志とは無関係に〕宗教的崇拝には裂け目が入り、信仰は突然力を失ったのであり、自然は「脱神化」され、「父なる神、キリスト、マリア」がいかに厳かに芸術において描かれていようとも、「それは何の助けにもならない、私たちはもはやひざまずくことはない」(26)。何らかの喪失が起こったのであり、いまやこの喪失が「合理化」されうるようになるのである。例えばこの合理化は、人がその喪失を何か望まれたもの、そしてまたおそらくはつねにすでに押し進められてきたものだとしてその責任を自身に負わせるという仕方でなされるのである。神々がすでに離れ去ってしまってはじめて、人間は神々を断念しようと意欲することができるのであり、神々なしの方が人間はより自由に、またよりよく生きるだろうと自らを説得することもできるのである。しかし、そのような合理化に陥りたくないならば、それに対してその合理化が慰めてくれる答えだったもの、すなわち、「周囲世界」におけるふるまいが意図されずに中断されたり、世界が、人がそれを意図することなく、突然に「完全な無意義性という性格(27)」をもったりするのと同様に、意図されずに生じた喪失を、許容する必要があるのだ。

しかし、神々の逃走は、周囲世界における障害や不安といった否定的な現象から、ある本質的な点で異なってもいる。神々の逃走とともに表だってくるのは、「決意性(28)」や「世界形成として表現」される、各々に固有の、あるいは世界全体を見やりつつ理解された存在可能ではなく、生起しつつあるものに対して開かれてあること、意のままにならず、到来し、呼び求めてくる可能性に対して可能であることなのである。しかも、それは不安が立ちのぼり、それに対して何らの根拠も見つからないといったときと同じように、何か把握できないもの、匿名のものが生起するということでもない。神々の逃走の生起にあって人はむしろ何かに結びつけられている。その何かは先立って呼び求めていたのだが、いまや沈黙へと引き下がっている。呼び求めと答えの不在のなかで、神々の逃走とは現存在が己の「他性」に関して経験することなのである。すなわち、開性としての現存在は、自分固有の視界のなかでつねにたんに自分固有のものとして開示される存在の内在をつねにすでに超えているのである。(29) 可能であることが神々の逃走のうちで経験されることによって、可能であることはむしろ、固有の諸可能性あるいは「世界形成」に対して「本来的に」自由になるというのとは違う意味でも理解可能な、可能であることとして明らかになるのである。

このことが意義深いのは、ハイデガーが神々の逃走を、ある世界の根本経験として理解したからである。つまり、自らをすでに形成し終え、自分自身の形成に、すなわちそれにとって本質的な操作と工作可能性の諸可能性に囚われたままになるという危険のうちにある世界の根本経験として理解したからである。神々の逃走がある退去の経験であるがゆえに、それは現存在の可能性性格を明らかにすると同時に、その可能性性格がある一つの世界を作り出すことで実現されつくされはしないということを明白にするのである。ある特定の仕方で世界を形成することと連関して、同時に何かその形成された世界にとって意のままにならないものが消滅してしまうということは、その開性のうちでこの消滅が生じる現存在そのものが意のままにならないことに通じうる。とすれば、その時にはヘルダーリンが神々の逃走について詩作することは、自らを確立しつつある近代に反対する言葉以上のものとなるであろうし、とりわけ失われた世界の意味への復古的な憧憬とは別のもの、かくしてすべてのロマン主義と同様に問題的なものとなるであろう。それはむしろ根本的な言葉、――すなわち、現存在の根拠へと、すなわち、ある開性、その開性に対する一切の特定のふるまいに先立っている現存在の開性へと通じる、詩人にふさわしい言葉となるだろう。

世界形成が現存在の開性に答えるふるまいである限りで、神々の逃走の経験は近代世界の根拠へと、つまり世界形成でもって担い抜かれる、現存在のうちなる根本関係へと通じているのである。この根本関係は、西洋的思考の伝統のうちでは、ハイデガーにとって「存在者の真理」への問いとして把握可能であり、[30] 近代世界も、この意味での存在者の真理、「隠れなさ」、あるいは特定の接近可能性として明らかになる。退去することと自らを拒絶し与えないこととの表だった経験としての神々の逃走でもって、いかに存在者としての存在者は理解されなければならないかという、はっきりと口に出されたわけではない問いに対する何らかの答えが与えられる際に、つねに退去してしまっていたものが明らかになる。すなわち、明らかになるのはまさに問うものと問われるべきものであり、それは現存在だけではなく、その他の存在者についても、それらが規定されるのに先行するものであって、ハイデガーの言葉でいえば「存在《ある》（das Sein）」であり、あるいは存在者のそのつど特定の存在と区別するならば、「存在《あり》（das Seyn）」でもある。神々の逃走は、そこにおいて存在《ある》そのもの――あるいはまさに存在《あり》――が、自らを拒絶し与えないという根本動向において引き立つかぎりで、存在の経験なのである。

かくして神々が退去していることは、ある「存在に立ち去られてあること」あるいは「存在忘却」に対応する。これはハイデガーが『寄与論稿』で「存在《あり》の最初の夜明け[31]」と呼んだものであり、さらに後には、それについて「否定的なものではなく、隠すこととしておそらくはある匿いである[32]」と言うことができたものである。忘却がそのように把握されるところでは、それは否定性によって汲み尽くされないという意味で「否定的なものではない」。それは否定主義的に把握された肯定的なものなのである。少なくとも忘却はたんなる怠慢ではないし、記憶から何かを消してしまうことでもない。少なくとも忘却の経験が現実に為されるときにはそうではないのである。人がそこで経験するのは、むしろ「もはや－知って－いないこと」を知ることなのである。すなわち、その輪郭を浮かび上がらせることはできるが、もはや規定できない何か――例えばある名前や出来事の正確な経過が、その無規定性において、取り違えようもなく、時には苦しみを催すほどの強烈さでもって差し迫ってくるのである。この意味での忘却は私たちの注意を要求するのであり、忘却のなかで意のままにならないものを、その意のままにならなさのうちで保ち守ることの一つの可能性である。それゆえ忘却は退去したものを「匿う」のであり、また人間がそれを捕らえることできないがゆえに、それを保存するのである。

このことが『寄与論稿』では神々の逃走の経験に認められているがゆえに、この経験は神々の再臨への期待に転化してはならない。自らの意のままにならない自由を真剣に受け取る現存在には、「神々を数えたりせず、神々を頼ったりもせず、個々の神が生じることを予想したりもしない[33]」ことがふさわしい。この種の結びつき、再び息を吹き込まれた信仰、新たに確立された崇拝といったものは、即座に「可能であること」の経験を覆い隠すだろうし、神々の逃走のなかで神性が「まさに統べている[34]」という前提のもとでは、神性の色あせへと通じるだろう。この逃走のうちでの神性の経験を救うためには、

「最後の神」が必要なのである。

3

「最後の神」についてハイデガーの思想が書かれているところはわずかで、凝縮されていて、『寄与論稿』のほかの多くの箇所よりもはっきりしない。それにもかかわらず、「最後の神」についての彼の諸々の思想を理解するための手がかりはある。それは、これらの思想とこれまで展開されたものとが緊密だということである。そしていわば理解の鍵となるのは、ハイデガーによる次のような暗示または応答である。すなわち彼が言うには、最後の神は自らの「本質的な現れ」を――つまり、同一化可能な現実性としてははっきりとは現れないような、その最後の神に特有な作用を――「合図のうちに、既在の神々の到来および逃走の、そしてこれら神々に隠された変容の、襲来と欠在のうちに[35]」もつのである。「合図」をここでは「理解させること」として読んでよい。一九三一／三二年冬学期講義では、合図は「理解されるべきもののうちへ、つまり、理解可能性の領域のうちへ導く」もの、あるいはハイデガーが説明しながら付言しているように、「その内部で理解がなされる次元」のうちへ、「ある意味のうちへ[36]」導くものである。理解させること、それはしたがって「暗示する」、「間接的に伝達する」ことではなく、文字どおりの意味であり、理解の活動空間のうちへ――「ある意味のうちへ」指示することと同義である。意味があるものとは、ある連関のうちにあるものである。たとえば、ボードゲームのうちにある指し手、対話のうちにある身振りや語である。しかし、そうしたゲームや対話が「意味がある」と呼ばれうるのは、ゲームや対話そのものが連関として、それ自体再びある連関のうちに立つときのみであろう。ハイデガーが言うには、「理解されるものはそれ自身決して意味ではない」。すなわち、「われわれはあるものを意味として理解するのではなく、つねにあるものを「〜の意味において」理解するだけである。意味とは決して理解の主題ではなく[37]」、意味とは理解の地平なのだと、補足して言えるかもしれない。この地平とは、そのうちであるものが「意味がある」ものとして理解されているような、開かれていると同時に制限されている連関である。

そうだとすると、理解「させる（を与える）」もの、理解の地平または活動空間を開き明けるものは、ますますもって理解の彼岸にある。それ自身は理解されえず、反対に、それ自身理解から退去するもののみが理解させるのである。理解させるものは退去するものであり、神的なものとして解釈されうるものである。すでに一九三四／三五年のヘルダーリン講義で、ハイデガーは「合図」を神々の「根源的な言い示し」として、ヘルダーリンとともに神々の「言葉[38]」としてとらえており、断片93として数えられているヘラクレイトスの〔以下のような〕箴言をこのことを示すための典拠とする。「その神託所がデルポイにある主人「アポロン神」は、言いもせず隠しもせず、合図する[39]」。最後の神はアポロンではないが、アポロン「のよう」であるので、アポロンについて言えたことは、最後の神についても言われうるのである。

このハイデガーからの引用箇所は、最後の神についての彼による最初の特徴づけを示すものであるが、これを基にして考えると、最後の神が理解させるものとは、理解空間または意味地平であるということが十分はっきりしている。最後の神の「合図」は「既在の神々の到来および逃走の、そしてこれら神々の隠された変容の、襲来と欠在」として、つまり、諸々の可能性を通じてのみ示されている開性として論究されていた。「襲来」と「欠在」――これら両者のあいだでは、まさに「到来」と「逃走」とのあいだと同様、わずかのことしか決定されていない。むしろ、両者は互いに交差しているがゆえに未決定の状態に陥っている。つまり、到来が襲来しては欠在し、逃走が襲来しては欠在し、そうして到来と逃走のどちらも生起としては確定されていない。そして逃走の襲来は退去性で、到来の襲来は現在性である、それと同様に、逃走の欠在は現在性で、到来の欠在は退去性であるというように、「襲来」と「欠在」が異なって割り当てられるや否やそれぞれ逆転するという具合である。そうやって理解させられるものが「開かれた時間」である、つまり、開かれたままの到来と開かれたままの退去性――何か確定可能なものが生起することのない、将来と既在である。

　最後の神の「合図」を通して開き明けられたこの時間のうちに、「既在の神々」の「隠された変容」が見られうるといってよいだろう。つまり、「既在し」逃げ去ったことによって「本質的に現れ」、現在的であり、またそれゆえに「既在する者たち」と呼ばれうる諸形態に基づいて、理解させられるものは、現存在と存在の時間的な開性、ある「時空[40]」、既在した者と将来する者とがそのうちで結合したある遠隔性となったのである。そしていまや神的なものとして経験されねばならないのは理解させるもの、すなわち最後の神である。

　このことでもって、最後の神自身は何なのかもいまや直接こう言うことができる。それはまさに開かれた時間を、そして現存在と存在の時空を理解させるものであると。最後の神から、この時間の統一、この時間の開性の統一的なものが経験され、まったく同様に、その統一はつねに諸々の時間次元の区分においてのみありうることが経験される。神はその理解‐させることのなかで統一と区分を結び合わせており、ヘルダーリン講義の表現で言えば、神は「抗争するものを、実は抗争である調和へ」、「調和を抗争へ[41]」と透視的にさせるのである。しかし調和と抗争のこうした統一は、神自身がこうした思考の遂行に取り込まれ、その神性を奪われることがなかったら、その思考のなかで遂行されたり、またはその筋道を追われたりはしなかっただろうし、したがって弁証法的に展開されはしなかっただろう。それだからこそ神はそのようなものとして、統一的な開性と時間的な区分とが緊密であることの不可解さを代表している。神が現存在の「時空」を理解させることによって、神自身は退去せねばならない。時空は「神の通り過ぎの静けさ[42]」であり、〔最後の〕神自体が「拒絶の最高の形態[43]」なのである。

それゆえに最後の神は、他の神々の、既在の神々の近くへと突き進み、その際立った唯一性を再び喪失するように見える。既在の神々がその時代を有し、そしてみずからを退去させたのと同じく、最後の神はいわば閃き、通り過ぎるのである[44]。しかし、ハイデガーはこの「通り過ぎ」を他の神々の出現や消滅とは異なった仕方で理解されることを望んでいる。最後の神は個々の形態で自らを明らかにしないので、何らかの崇拝あるいは信仰の中心になり、その結果長短はあれど間を経てから、みずからを退去させて既在の神々の輪の中へと加わりはしない。最後の神の拒絶は、顕現の後に続いて起こる拒絶なのではなく、「否定主義的」なものとして捉えられるべき拒絶であり、この拒絶は、それが拒絶の「最高の」形態と呼ばれうるゆえに最後の神と同じ意味となる。最後の神は、「神の本質の唯一性の本質的現れを最高のものへと高める[45]」限りで、いかなる他の神々でもなく、「最後の」神である。それゆえ最後の神をめぐり、神性についてかの――ハイデガーが考えるように、真の――経験も形成されるが、その経験には儀式や教義はなく、語の伝統的な意味での神学はないし、よって同一化可能な伝統もない。経験されるのはただ、自身の力のみを信用する生の自己上昇と彼岸的かつ抜きんでた力への転向とのあいだのいわば中央を占めている、時間的な開性としての現存在の「根拠づけ」である。こうした意味で根拠づけられた現存在は、自分自身へ囚われていないし、現存在に対抗する何か他のものへと束縛されてもいない。だから現存在は自由の――自己喪失のないかたちでのみ、自己喪失への不安のないかたちでのみ姿を現す自由の――体現である。自由な現存在は最後の神を通して生じ、最後の神はただ現存在の自由においてのみ経験されうる。そのためこの自由は「存在する」のでもなく、『哲学への寄与論稿』にその本来の題名を与えるかの「性起」において生起する。[46]つまり、神と人間は出会うことではじめてその本質へといたるがゆえに、ヘラクレイトスを思わせる言い方だと「抗争」とも呼ばれうるような神と人間の出会いのなかで、自由は生起するのである。[47]

4

ハイデガーの自己理解では、『寄与論稿』の思考過程は神と人間との抗争としての性起の準備というべきものである。こうした思考過程の遂行が「跳出」[48]である。つまり、哲学の伝統的諸形式を放棄することであり、近代世界の問いのなさにおいては中間休止すること――その本質に従えば、規定されることはありえず問い求められうるだけの退去するものを問うこととして――である。そうして問うことの「静寂の無さ」から、「最も問うに値するもの（性起）へ集め収めることとして、呼びかけの単純な親密さを待ち焦がれ、存在に立ち去られてあることとの究極の憤懣を持ち堪える」[49]ような静寂が育成すること となる。ハイデガーの言葉は変化したにもかかわらず、詳しく見ていくと、思索がここでどのように表明されているのかを知ることができる。問題となるのは、ハイデガーが『存在と時間』やそれ以前にすでに「解体」と名づけ、「根源的な動機の源泉への遡行」として述べていたことである[50]。その解体はいま、ギリシア的に特徴づけられた哲学的伝統をアリストテレスにおけるその根源へと、または『存在と時間』のように現存在における存在理解へと連れ戻し、そうして伝統の始まりを反復しながら取り戻すという意味をもはやもってはいない。いまや獲得されるべきものとは現存在の「別の原初」であり、すなわち、人間の意のままにならない、神的な「呼びかけ」の状況における原初である。ハイデガーが思索しながら模索しようとしているのは、神と人間が「相互に聴きあう」ことのできる「対話」の可能性である[51]。

ここで事実考えられているのは対話の「可能性」だけであって、対話を哲学的に指導することではない。この指導だと、現存在の開性について神的なものに関連した仕方で答えることという意味で理解され、『寄与論稿』のすぐ後に続くテクストである『省察』で「神の偶像化」としてハイデガーが名づけていること[52]、つまり何かあるもの——何らかの現象やカテゴリー——を神の規定性であるなどと称するのと同じ意味となってしまうだろう。それは「脱神化」と相補的であり、すなわち、人が「「結局のところ」説明不可能なもの」と見なし、そうして「神の御心にかなった」ものと解釈しようとするものの説明として神々自身を扱うことと相補的なのである[53]。神の偶像化と脱神化の両方とも、神的なものを「誤算しながら規定すること」であり、果ては「人格神論」のさまざまな変種になってしまう。ハイデガーからすれば、「人格神論」のさまざまな変種というものは、何かあるものを究明する際にそれが何かから由来するという観点をとるためにその究明の原型となるものへと固定されており、したがって方法的には原理探究のうちに固定されており、そうした点で形而上学の歴史に属している。(54) そのような諸々の「形而上学的」答えに対抗するのに必要なのは、神的なものの「不確実さ」を取り戻すこと、したがってまさに、問うことそのものが開き明け、そこに対応しながら人々が説明的にではなく「黙秘された調和」(55) のうちでふるまっていくような開けた領域を取り戻すことである。そしてこのふるまいは、それに根本的に先行する準備的な思索のふるまいではまだない。哲学的究明が「対話」を場所として規定し、「性起」を神と人間の出会いの瞬間として規定するところで、この出会いは根本的に切迫している。

しかし、いくつかのことが示唆しているように、ハイデガーはそのことで彼の哲学的神学の意義を汲み尽してはおらず、おそらくそれどころか十分に見積もってはいない。ハイデガーは、われわれがそれであるところの「対話」の可能性を思索的に模索し、対話の構造を諸々の概念のうちで輪郭づけることによって、ある切迫した可能性を模索するだけでなく、あるものを暴露している。つまり、彼はすべての宗教的経験の場所を根本的かつ新たな仕方で見えるようにしているのである。加えて彼は、この場所を同時に哲学的経験の根源と名付けることで――現存在を「存在《あり》」の開けた場と名づけることで――哲学と宗教的経験の共通の根を理解させるのである。このように彼が示すのは、宗教的経験が、みずからさまざまな不相応な対象化に巻き込まれないよう、そして神と人間のあいだの「対話」を元来彼岸的なものに此岸で示現するような形態に関連づけられてあることだと誤解されないよう、哲学的思索を必要とすることなのである。

したがって、これらの元来彼岸的なのに此岸で示現するような形態を哲学的に解釈する可能性について何らかのことが述べられている。これらの形態は「既在の者たち」あるいは「逃亡した者たち」として現れることしかできず、その結果いまや宗教的経験は、いかなる崇拝や信仰、伝承にももはや対応することのない、「通り過ぎ」のうちで退去する神の経験でしかありえないのだろうか。あるいは、ハイデガーが最後の神として思索的にとらえようとするものはむしろまさに、神話と啓示の諸形態をそのうちへと置き戻す必要のあるような神性――神話と啓示に、これらが発現する活動空間としてはじめてその意味を与えるような第一のものかつ根源的なもの――なのだろうか。

なぜこの種の考察が『哲学への寄与論稿』では詳細には論じられず、せいぜい添えられた程度と見なされるのかは容易に理解できる。すなわち、この本はあまりにも、歴史的思索の諸図式に刻印されている。つまり、現在の経験がそのうちではつねに回顧でしかありえず、将来する者を準備することでしかありえないような、そうした一時的なものにおける省察として特徴づけられているのである。ここでハイデガーはニーチェのツァラトゥストラによって表明された確信に、すなわち、人間は「橋であって目的ではなく」、「移行であり没落である」[56]という確信に従っている。そしてみずからを超え出るという人間の可能性を、超人のうちに見るのではなく、まさに人間と神のあいだの「対話」のうちに見ることによって、この確信に同時に別の方向性を与えている。[57]だが、ハイデガーは移行と没落の思想に方向づけられたままであるため、この対話は、つねにすでに実現されているがむろんつねにすでに取り逃されてもいる構造としては理解されえず、「性起」として、未だにやって来てはいないと捉えている。

そう考えるとハイデガーは、もしかすると彼にその初期の著作から現れていたかもしれず、また同時に初期構想の修正として理解されうるかもしれないある可能性を、最後の神について彼が展開した神学では捉えていなかったといえる。つまりその可能性とは、宗教的経験および神学的な概念形成のなかで効果的な「存在理解」を明示すること、また、それによって「まったくもって合理的に捉えることが可能な内容」が有効に働くのだと主張するのではなく、「存在理解」自体の宗教的次元に注意するよう促していくことである。[58] しかし根本的には、『寄与論稿』の哲学的神学をこのような意味で読むことには何の支障もない。人々が本の歴史的「状況」よりも本のなかで明示された諸構造に定位するなら、ハイデガーによる究明は神と人間の「あいだ」の解明として理解される。そうして、プラトンの『饗宴』以降、哲学がみずからを活気づけるダイモーンに応じて有している解釈学的課題、つまり神々と人間のあいだを媒介するという解釈学的課題へと寄与するものとして、ハイデガーの究明は理解されうるのである。[59]

（木元裕亮／魚谷雅広 訳）

哲学的な理解はいかにして可能か

ハイデガーにおける解釈学的なるものの概念について

1

この問題をめぐって、なおも明らかにされるべきものとはいったい何か。解釈学についてのハイデガーの理解、およびシュライエルマッハーやディルタイから引き継がれた概念にハイデガーが与えた独自の転換は、『真理と方法』におけるガダマーの叙述以来、いまやすっかり周知のものとなっている。ハイデガーのもとでは、シュライエルマッハーの意味での解釈の技術や、ディルタイが発展させようとしたような精神諸科学の方法論が問題なのではなく、理解およびその一部をなす解釈を、人間の存在様式一般の根本規定として示すことが問題であるということは、誰もが知っている。つまり解釈学は、ハイデガーにとって現存在の自己解釈なのである。

こうした思考からいかなる帰結がもたらされるかについても、たやすく合意が得られよう。すなわち、この思考が目指すのは現存在の規定であり、この規定はそれが究明しているものから対象のように分離されるものではなく、むしろ明らかにしながら分節化することとして、それが究明しているものに属している。ハイデガーがすでに一九二三年の夏学期講義で定式化したように、「解釈学においては、おのれ自身に対して理解的となり、また理解的であるという可能性が、現存在に対して形成されるのである[1]。」こうした意味で解釈学は、こう言ってよければ現存在の自己意識の発展と言えるだろう。もっとも自己意識と言えば、反省ぬきで、つまり自らへの振り返りや自己関係ぬきで考えられるものとされている。だがむしろ自己意識の発展とは、人が理解しつつみずからを明瞭さへともたらし、さらに理解のうちでこの明瞭さへといま一度端的に立ち戻るありさまのことである。現存在、理解――そして解釈も含めて――これらはいわば相互に作用しあっている諸規定である。つまり現存在とは、理解する者であり、そこで明瞭さへと至る存在なのであって、理解とはこうした明瞭性以外の何ものでもない。もしくはハイデガーが言うように、理解とは現存在としてのこの存在の透視性なのである。

さらに重要なのは、そうした透視性は、解釈学的には完璧ないし絶対的な洞察という意味では考えられないという点である。理解することと解釈することのうちでは、いずれの明瞭化も歴史的に制約されており、どれほど説得力があるにせよ明瞭化された状況に拘束されており、つねに明瞭化から逃れ去るものであり続けている。解釈可能なものも解釈を要するものも、解釈の際にはいつでも別様にその姿を現すのであって、解釈の可能性をすべて合計してみても、それ自身に即しているとは言えない。解釈可能なものや解釈を要するものは汲み尽くしえないものなのだが、それというのも、もちろんそれ自体が曖昧だからというわけではなく、解釈するたびごとにいつでも言語へもたらされるからであり、また解釈の合計を引き出そうとしたり、さらには解釈の可能性だけを結びつけようと試みるにせよ、いずれも再び新たな解釈可能性を生みだしてしまうだけだからである。解釈可能なものや解釈を要するものは、それらが言語へ至るという可能性、すなわちそのつどの現実化を担うと同時にそれを凌駕する可能性以外の何ものでもない。それゆえハイデガーは、「現実性よりも高いところに可能性が位置している」と言うことができる。[2] 解釈可能なものや解釈を要するものの可能性の性格——すなわち現存在の可能性の性格を顕わにすることが、何よりもまず、ハイデガーにとっては問題なのである。

こうしてようやく、哲学が何でありうるのかについても、おおむねその姿が描き出せる。それは現存在を解釈することなのである。その際、哲学とは解釈であって、そうした解釈としてその可能性から自らの生を得ているということが明らかとなる。ハイデガーの意味での哲学とは、テクストを通じて可能とされるものとして自らを知り、それゆえ自らをテクストへと引き戻すことができる解釈(Interpretation)に等しい。哲学は、テクストに関して、解釈という出来事(Auslegungsgeschehen)において自らを示すもの以上のことを何ら主張しようとするものではない。だから哲学は、解釈作業(Deutung)が事実いかなるものであるのかが自らにはわからないという、解釈作業自体にひそむ問題含みの性格を暴露することもできるのである。哲学、すなわちこうした意味の解釈学が生を得ているのは次のような洞察である。すなわち、哲学は現存在から「発現」するものであり[3]、したがって現存在の遂行たらねばならないという洞察である。哲学は、現存在と現存在による理解のあいだの循環を考慮しつつ現存在の構造を明らかにするのであって、したがってその際現存在の根本構造をその解釈可能性と解釈の必要性として発展させるのである。哲学は、自らのすべての営みが解釈として理解されねばならないという前提を踏まえ、異質な概念を用いることによって生じる自己欺瞞を顕わにしようと試みる。もっとも、たとえこうした異質な概念によって人間の存在を究明してみても、それ固有の解釈の性格については何一つわからないままであるし、またたとえこうした異質な概念によって現存在とは異なるものが扱われていながら、それにもかかわらず自らは現存在およびその存在理解の解釈であると言い立てているという事態が考慮されないとすれば、いずれにせよそれはやはり自己欺瞞なのである。

以上述べてきたことはすべて根本的には明白なものであって、少なくとも意見の一致を得るのはそう難しくはないだろう。とはいえ、ここでまとめられた内容が十分考え抜かれているとは確かに言い難い。この考察は素描の域を出ておらず、この素描に応じた仕上げがそもそもありうるのかどうかについては不明確だからである。ハイデガーによって展開された哲学、より正確に言えば、『存在と時間』という書物をとおして提示されたハイデガー流の哲学は、そもそもこうして素描された意味の解釈学なのだろうか。それとも私たちはこれまでの周知の規定のもとで、『存在と時間』の連関に実際は属していないもの、つまり『存在と時間』以前の概念の残響、もしくは『存在と時間』以後の概念の予響にかかわっているのだろうか。いずれにせよ、ハイデガーは『存在と時間』以後「解釈学」の概念を放置し、後に、かなり後になってようやくこの概念へと戻ってくる。『存在と時間』では、解釈学としての哲学の着想——あるいは別の言い方をすれば解釈学的哲学の着想は、奇妙にもぼんやりとしたままである。おそらくこのことは、『存在と時間』の枠組みにおいて生じた齟齬の兆しである。しっかり目を凝らしてみれば、こうした推測を確証することができるし、そこからハイデガーの解釈学にまつわる問題が総じて言語にまつわる問題であるということもまた、見て取られるのである。

2

いかにして人は語り出すのか。人はいかにしておのれ自身を分節化し、そのうえで自らの内に留まるのか――とりわけて情動や気分の表現ではなく、自己自身を理解し、また理解しえるものとすることが問題となるときに。この点に関して、ハイデガーはすでに早くから宗教的な語りのうちにある決定的な事例を見出していた。ハイデガーが強調するように、パウロ書簡は教義の究明をしているわけでもなければ、教義を打ち立てているわけでもなく、「解明（Explikation）」を行っているのであり、発話することによって経験を展開しているのである。確かに、語られたことは論理的な考量であるとか、教義のように思われるかもしれない。とはいえ、実際のところ解明は「宗教的経験と共に」歩みを重ねて「この経験を駆り立て」るものであって、[4] 宗教的生を分節化することで強化する形式に他ならないのである。

これによって実際にある決定的な事例が名指されているなら、この事例は間違いなく一般化できることになろう。そこでまさにこの一般化を、ハイデガーは三年後に「事実性の解釈学」という標題のもとで果たすのである。この標題によってハイデガーが言おうとしているのは、「現存在そのもののいかに（*ein Wie*）」が「事実性の存在性格にそなわるできるかぎり際立ったいかに」を意味するということである。解釈学と事実性の連関は、使徒への書簡とキリスト教的信仰の連関と同じく、対象の把握と把握された対象の連関ではなく、むしろ「解釈は事実的な生そのものの存在をそなえた存在者である」[5]。これは、すでに触れておいたような、現存在における反省ぬきの自己意識の構造を指している。

解釈されたものは客体という意味での対象のようなものでもないという理由からして、こうした着想には納得がゆく。何がしかのテクストを解釈しようとする者なら、テクストの連関へと入り込んでいなければならず、またそのテクストのうちで動き回らねばならない。仮にあるテクストをそれが語っている内容に関して完全な外部から規定しようとするなら、その結果は記録の形をとった報告の類い、つまり解釈者が自らの語る一切の内容からも距離をとった、それどころか自らの語りの意味からも距離をとったような、四角四面の引用となるに違いないであろう。言語へと至るものは、話者自身とはまったく異なるものであるに違いなく、それゆえに話者は言語へ至るものそのものをいまだに一度も言語へはもたらしえていないはずなのである。

それにもかかわらず、ハイデガーが名指したような、対象化か、それとも現存在の遂行のうちにすっかり組み込まれた解明かという二者択一は、論じ尽くされているとは言えない。そのうえこの二者択一は、極端に形式化されているために、誤解を招きやすい。解釈が客体に対する連関ではないからといって、距離を取らなくていいということにはならない。解釈（Interpretation）は、理解を押し広げること（Auslegung eines Verstehens）であるのだから、距離を取らずしては不可能ですらあろう。それはちょうど、解釈が他方で解釈されたものの連関への拘束を前提としていることと同じである。誰かが端的かつ直接的に語り出す場合、つまり言語へと至るところのものとそれを言語へともたらすこととの間にいかなる差異もない場合には、解釈は生じない。それはちょうど自分自身とは何も関わりのないものが規定される場合と同じである。

特殊であるとはいえ、これは事実性の解釈学にも当てはまるはずである。各々の解釈者が解釈されたテクストからたとえ区別されうるにしても、やはりいずれの現存在の解釈も現存在の遂行に変わりはない。しかしこう言ったからといって、解釈する場合に、どの点からみても現存在が解釈されてある場合と同一であるというわけではない。解釈が生じるところでは、裂け目（Riß）が開かれていたのであり、この裂け目によっていまや解釈可能なものや解釈を要するものは、その可能的な解釈から分離される。つまり裂け目は、隔たりと他性を、またそれとともにともかくもまずもって解釈の活動空間を際立たせる。親密なものや、自分だけの固有なものは、解釈を必要としない。そうしたものはつねにすでに目立たなさへと退いてしまっていて、ハイデガーが一九二四年夏学期のアリストテレス講義で述べているように、「本来そこにはない」のであって、隔たりを通じてのみ「現在」しうるものなのである。(6)

こうした洞察についてハイデガーは、その名が知られるようになったのも当然のある分析のなかで検証を行った――もちろん、後に見るとおり、この分析自体の身分に関して生じる責任を負ってはいないのだが。つまり『存在と時間』で問題となっている世界‐分析のことである。この世界‐分析は、周知のとおり「周囲世界において出会われる存在者の存在」(7)への問いをもって始まり、結論としてこの存在者の存在は「手許性」として、より正確には「適所性」として把握されるに至る。周囲世界的に出会われる道具は、それ自身から注目を逸らすことによってのみ、それであるところのものとなる。「まさに本来的に道具的であるために、自らをいわば退かせること」が道具に特有なことなのである。(8)道具――およそ人が書きもののために座る椅子や、書くために光を提供するランプなど――は対象的なものではまったくない。つまり道具は本来「そこにはない」ものなのである。

こうした事態は、道具が「目を引き」、「押しつけがましく」、さらには「言うことをきかない」ものとなるとき、つまり道具がそのつどの連関において使用できなくなるとき、また調子が悪く、まったく使い勝手の悪いものとして邪魔になるとき、はじめて変わってくる。こうした場合が起こるやいなや、ハイデガーが述べているように、「手許的なるもののもとで客体的存在性の性格が前面に」現れてくる――しかもその際、この客体的存在性はなおも「道具の手許性のうちに」[9]結びつけられている。こうして道具は際立つのだが、それによって近さにずれが生じてくる。道具はいまや目の前にあるだけになるのである。しかしこのことは、なお配慮のうちに埋め込まれた日常的なふるまいの観点からも、何かあるものが目を引き、もはや以前とは同じではないという驚きと苛立ちをもって経験される――その際、以前の存在は自明ながら望ましい存在として現れるのである。

しかしながら、こうした連関の哲学的分析という観点からすれば、事情は異なる。この分析において手許的なものは、すっかり眼前的なものとして、つまり先ほど言われていたアリストテレス講義の意味での「そこ」、しかも相も変わらず「そこ」に存在する何かとして示される。とはいえだからといって、もはやその手許性を理解できないとか、ハイデガーがかつて述べたように、手許的なるものが「たんなる事物へと」覆い隠されざるをえない、とは言えない[10]。こうして事態は再び、あまりにも単純なために誤解を招きやすい二者択一へと立ち戻る。この分析にとってみれば、手許的なものはその客体的存在性においては、やはりまさしく手許的なるものとして姿を現す。手許的なものの構造は、人がその馴染んだ連関から歩み出るところではじめて、表立ったものとなるのである。

以上のように素描された分析が「現存在の分析論」一般にとって範例的であることが許されるならば、

それはまさしく、『存在と時間』の観点が客体的存在性の観点であり、またそうあらざるをえないということを意味しており、その際このように素描された分析においては、探求の対象とされた現存在の観点が、こうした特徴とあわせて現れうることが意図されている。純然たる眼前的なものの存在についての問いへと限定されなければ、現存在の分析論は、「基礎存在論」たるかぎりのおのれの身分を凌駕し、かつその可能性において示すとされるかの哲学から根本的に区別されえない。別の言い方をすれば、事実性の解釈学は理論であり、事実性の解釈学たりうるために、それは理論たらねばならない。そのようにしてのみ、事実性の解釈学は現存在の解釈のための距離と活動空間を獲得するのである。

　こうした帰結はおそらく驚くべきものであるが、やはりハイデガーの自己理解からそう遠くないものである。周知の通り、ハイデガーは『存在と時間』を現象学的考察として特徴づけ、さらには現象学を「諸現象の学」として性格づけていた(11)。そして、現象学の学問性ということで意図されるものを説明するために、ハイデガーは明らかにすることという根本的特徴に、つまりアリストテレスがアポファイネスタイ（ἀποφαίνεσται）として説明したかの「機能」に従うことによって、「ロゴスの概念」を検討する(12)。現象学とは、ロゴス・アポファンティコス〔言明によって明らかにするロゴス〕（λόγος ἀποφαντικός）という様態における語りである。すなわち、現象学とは哲学的な語りなのであって、しかもハイデガーの確信によれば、アリストテレスはこうした語りをロゴスの「解釈学」において規定したのである。このロゴスの解釈学によってプラトンの弁証法を不必要なものとした「存在問題の根本的な把握の可能性」が生じた、とハイデガーは述べている(13)。少なくともその言語形式に関して言えば、『存在と時間』の考察は、プラトンに比べて「より根本的」で、アリストテレスによって準備された地盤の上に成り立っている。

いっそう正確に言えば、ハイデガーが存在と時間の探究からこの地盤を全力を賭して取り去らない限りで、この探究は成立するということである。言明による語りは、現象学の学問性を説明しえるものであろうが、これは「解釈が由来とする様態」が探求され続けてゆくにつれて解明されてゆくのであって、その際解釈はもっぱら世界へと係留された日常的態度の根本的特徴としてしか考えられていない。このような探求の継続作業に対応するのがすでに『存在と時間』の序論において素描されていた「存在論の歴史の解体」というプログラムであり、このプログラムをもって哲学的伝統は、現存在の存在理解およびその世界性において、忘却された自らの伝統の根源へと関連づけられるとされる。ハイデガーが伝統に即して批判しているように、この伝統のなかで世界の現象は飛び越えられてしまっているのであるから、なるほど現存在の分析論を咎めるわけにはいかない。とはいうものの、『存在と時間』の探究が理論的な態度である限り、分析が済んで、解体が終わってから形作られた世界のうちには、この理論的な態度の収まるべき場所はない。そんな余地が少しでも残っているとすれば、「存在論の歴史の解体」は自己解体となってしまうであろう。

ここで素描された問題は、『存在と時間』で仕上げられた哲学のプログラムについてのハイデガーによる初期の構想にまで遡る。『ナトルプ報告』[14]として知られるようになった、一九二二年成立のハイデガーによるプログラムの草案の中では、『形而上学』第一巻の冒頭で行われているような、アリストテレスの哲学の規定に対する簡潔かつ鮮烈な分析が見出される。ハイデガーによれば、哲学的な知は、アリストテレスにとって日常的なものとは反対に「より多く見やること」(ein „Mehr an Hinsehen“)によって特徴づけられるものである。ここでは、生の内に埋め込まれた製作（Herstellen）および活動（Handeln）と比して、本来的な理解が問題とされる。[15] しかし、こうした傾向をアリストテレスは実際に遂行できたわけではなかった。アリストテレスにあっては、「純粋に見やる交渉」とは、「それが目ざすところ（das Worauf）のうちに、そのなかに交渉が存在するところのまさに生そのものをもはや共に見ることのない、そうした交渉として」示される。[16] 生の遂行性格は、哲学の場合、「純粋に見やること」のうちに現在している諸構造の背後へと退いてしまう。それゆえハイデガーがこの純粋に見やることをアリストテレスの神学において説明したのは、偶然ではない。ハイデガーが述べているように、このアリストテレスの神学は「宗教的な根本経験において近づくことができるようになった対象的なるものの解明のうちで生じたものではない」[17]。理論としての哲学はパウロ書簡の遂行の意味をもたないため、哲学はこの遂行形式をもはや備えておらず、たんに自己忘却的な直視であるように思われるのである。

しかし生が哲学では宗教的な配慮とは異なるありさまで現れるからといって、もはや生が哲学的に何ものとも関わっていないというわけではない。日常的なものから距離を取ることも生の遂行、すなわち生の形式の創出であり、アリストテレスが心得ていたように、このような創出によって日常的なものを決定づける眼差しははじめて透視的なものとなることができ、またそれによって透視的となった日常的な生が自らを方向づける際のかの生の理解を発展させるのである。理論とは事実性の解釈学たりうるのである。

3

もちろん解釈学に固有の言語形式は、現存在の隠蔽、とりわけ現存在の遂行意味の隠蔽としてはもはや解されてはならず、むしろ現存在の真正な可能性として理解されねばならない。つまり露わにし、記述する分節化の可能性として理解されねばならないのであって、その際この分節化は距離を取ることによっても足場を失ったりはしない。言い方を変えれば、解釈されると同時に解釈する現存在は、存在という根本規定において一致しているのでなければならず、なおかつ現存在と存在の差異が失われてもならない。解釈されうることと解釈することができるということ、これらを構成するのは、双方がともに属している一なるものである。しかし一なるものは、異なるものが共に属し合うところでのみ存在するのである。

こうした意味で理解されるような熟慮のはたらきを、ハイデガーは『存在と時間』に関連する解釈学の概念をのちに究明する際、詳細に検討した。それによれば解釈学は「『存在と時間』においては、解釈の技術の教説でもなければ解釈することそのものでもなく、むしろ解釈の本質を何よりもまず解釈学的なるものから規定する試み」を意味している(18)。これは現存在の分析論への示唆として考えられうるし、ここで「解釈学的なるもの」と言われているものは、「事実性の解釈学」という初期の概念と同じ意味のものであろう。とはいえ、他方で考慮されねばならないのは、解釈学的なるものについてのこののちのテクストのなかで、解釈学的なものは「何よりもまず解釈すること (das Auslegen) ではなく、あらかじめすでに告知（Botschaft）および通知（Kunde）をもたらすこと」であると、はっきりと述べられている点である。[19] つまり解釈学的なものは、「現前するものの現前」についての語りによって名指されている「二重襞（Zwiefalt）」の「通知」、したがって「人間存在の二重襞への連関」なのである。解釈学的なるものとは「解釈学的な連関」であって、そうしたものとしての言語なのである。[20]

ここで控えめながらも精密な定式によって述べられている内容は、さしたる造作もなく初期ハイデガーの思想連関へと移し戻される——ただしそれは、思考されていたものが単純に同一であるということを主張するためではなく、むしろ互いから両者を明らかにするためである。言語が「現前するものの現前」の「告知」であるということは、ハイデガーが二〇年代にロゴスの言明的性格を指摘して説明していたところのものであった。言語とは露わにするものであり、また言語が露わにするものでありうるためには、言語において開性、および接近可能性が経験されているのでなければならない。これが本質的に話すことができるということなのであって、それゆえ言語を通じて規定された生は、「現前」の根本経験によって、つまり現在（Präsenz）の出来事の根本経験によって、つねにすでに根本的に規定されるのである。それゆえ一九二四年夏学期講義でハイデガーは、ロゴスが「人間の世界における人間の存在のあり方」[21] であると、いっそう簡潔には「ロゴスは現存在である」と言うことができたのである。

なぜこうした思想が『存在と時間』では失われているのか。この問いに対する単純明快な回答はない。存在理解を時間性から解釈しようとする試みはここで、ひとつの役割を果たさんとするものであったし、このことはまた現在（Präsenz）が言語のうちで力を発揮することと同じく、現在とは時間的に理解された現在（Gegenwart）に他ならず、したがって時間構造の狭隘化ないし一面化に他ならないという確信と結びつけられていたのである。さらにはこれがきっかけとなって、言語および言語の言明的性格を前言語的な世界開示性へと帰し、「解釈学的な〈として〉」という言い回しで世界連関を規定する際に、この前言語的な世界開示性のために解釈学的なるものの概念を要求するよう、ハイデガーは促されたのかもしれない。結局『存在と時間』における言語の再解釈にとっても、言語の両義性への洞察――人は話すことにおいてたんに発見したり、露わにしたりすることができるだけでなく、隠蔽したり欺いたりすることもできる――は意味があったのかもしれない。

しかしながらこれらはすべて、後にハイデガーによって修正されてしまった。すでに『存在と時間』の続編として構想された「現象学の根本問題」講義は、現在の概念を差異化している。非現在的なものもまた現在の地平に属し、現在は少なくともその始まりに関しては時間の理解のための根本概念となる、といった具合である。ハイデガーが一九三一年夏に行ったアリストテレスの『形而上学』第九巻についての講義では、世界開示性としてのロゴスという初期の理解が復活している。ここではロゴスとは、言語によって「ものごとを探知し精通し、そのようにして通じているという可能性」[22]であり、世界は活動空間としてそうした言語の可能性にも開かれているのであって、人は交渉において、つまり製作と配慮においてこの可能性を保証するのである。それゆえ根本的には、言語の隠蔽傾向もまたある包括的な連関のうちに見定められている。いまやこの隠蔽傾向は、言語の根本特性に背くものとみなされうるため、こうした言語の根本特性もつねに新たに獲得されねばならないのである。これはあらためて哲学の課題として理解されることになる。生の巻き込みの傾向から自らを自由にすること、生ないし現存在の本来の姿が経験されるような自由を隔たりのうちで獲得すること、しかもそれを一撃の洞察によって明らかになる一瞬の間だけでなく、言語へと来る思考を静謐に記述し、入念に手間をかけて行うこと――これこそが哲学であろう。こうした意味での哲学がどのように生起するかを、ハイデガーは十分すぎるほど提示してみせた。こうした哲学における解釈学的なるものを理解しようとするなら、当然ながらハイデガーによる解釈学の概念を、そして何より『存在と時間』を越えて進んでいかなければならない。解釈学的なるものは、言語の本質、および言語に属する隔たりや活動空間の可能性、そして自由な記述からはじめて明らかとなる。こうした意味で言語への途上にあることが、解釈学的哲学の道なのである。

（小平健太 訳）

存在の経験と翻訳

ハイデガーについての解釈学的考察

1

経験とは言えないのではないかと疑われるような経験がある。そうした経験について何か言えるとしても、ある種の宗教的野心や戦略的な意図のもとで、問われざる権威を湛えた謎めいた領域を確保しようとするなら、そんな経験をすることはできないのであって、ただ願うことができるだけだということになろう。そんな経験を持ちだすような輩は、概念を用い議論によって立証せよと要求されてもそれには沈黙し、記述や分析の代わりに、空虚な概念や中途半端な詩的暗号を振り回したり、声を荒げたり、手の込んだ呪文を唱えたりするだけなのである。

こうした推測や非難が久しく何度もハイデガーという名に結びつけられてきたため、そうした推測や非難にはもはやほとんど誰も疑いを差し挟もうともしないし、またそうした憶測や非難自体をも呪文めいたものとみなしてしまうだろう。とはいえ、これらを脇へ押しやるのも拙速だろう。ハイデガーの思索が証明しがたい経験をめぐっているというのは、ともかくも疑いえない。ハイデガーの思索がまずもって巡っているのは、人間の生ならびに人間の生が引き込まれている世界がその真価を発揮するありさまであって、そこでは個別的な局面や場面は重視されていない。生はある特定の観点からではなく、ただそのものとして経験されることになるのであり、世界も特定のふるまいの視野からではなく、本来それであるものとしてのみ経験されることになる。生と世界はその共属性において経験されるのであって、いっそう踏み込んでいえば、つまるところこの共属性において根本的な動向として示されるのは、現存在と要するに存在なのである。

これらを言葉にもたらすことの難しさについては、おそらくハイデガー自身が最もよくわかっていた。そうでなければハイデガーのテクストや講義での独特な手法はうまく説明されえないし、伝統的な術語を斥け、新たな造語や概念ならぬ概念が用いられていることもうまく説明されえないだろう。ハイデガーは何度も出発点を新たに設定し、主題は一貫しているにもかかわらず、言葉の上でものごとを確定するようなやり方に対しては戦いを挑み、問題に対する方向づけの枠組みや連関点を入れ替えようとしている。そこで展開されているのは、広範囲にわたる多様な哲学的分節化である。その範囲たるや、一九二〇年代の表現主義的傾向を帯びた現象学から、含蓄に富むためかえって扱いにくいこともある簡潔さをそなえた後期の講義や論文にまで及んでいる。そこでは実り豊かな落ち着かなさが働いているとはいえ、人間――付け加えるなら――この哲学する人間は、わけても「言語の限界へと突進する衝動(1)」をもつというヴィトゲンシュタインの指摘に比べれば、その真意がきちんと理解されてきたとはあまり言えない。

このヴィトゲンシュタインの定式は、言語が決定的なものを把握できないという経験と結びついたジレンマをじつにうまく捉えている。この経験は否応なく言語のうちへ閉じ込められているので、言語の可能性を拡張しようと試みる場合にはいつでも、出発点をどこに設定するのかという問題が再び浮上してくる。それにもかかわらず、ハイデガーが言語の限界へと新たに赴くときにはいつも、おそらくこうしたジレンマを分からないままでいたわけではない。むしろ言語の限界に接してこの限界を用いることで、あらゆるものが問題となるような経験が形づくられることが、期待されている。現存在と存在を記述する試みのうちへ現存在と存在の経験を組み込むことは実際にはできないのだが、そのありさまを際立たせることによって、現存在と存在の経験は告示されるように思われるのである。

いま言わんとしたことを、ハイデガーはすでに一九一九年に開始された、最初の体系的で重要な講義で展開していた(2)。世界の内で存在し、かつこの世界を意義の構造として経験するような経験ないし「体験」は、記述しようと試みるや色褪せてしまう。なぜなら、こうした記述の試みは、個々の諸対象や諸連関を際立たせるだけであり、経験全体から目を逸らしてしまうためである。しかしハイデガーが考えるところでは、現存在の「体験」は世界の内で覚醒されうる。個々のものや確定的記述に注目することをやめ、それらを不適切に塞ぎたてるものとして示すことができるときに、現存在の「体験」は明け開かれる。それによってわれわれは経験することの全体、経験することの直接性に対して自由になるのである。

ハイデガーはさらに後に、こうした意味において哲学の「根本課題」を規定した。プログラムとして重要な一九二九／三〇年冬学期の「形而上学の根本諸概念」講義でハイデガーは、「根本気分」を呼び覚ますことが問題だと述べている。その際気分ということで理解されているのは、現存在の特定のあり方のことであり、初期の術語で言えば、体験の特定のあり方のことである。ある気分において示されるのは、現存在という語で告示されているものである。それは体験ないし経験であって、「本当に生き生きと哲学する」際に問題となる覚醒の目的を告げ知らせる。いま一度前述の講義での定式によれば、哲学において重要なのは、「学問的意識にそなわる生の連関を呼び覚まし高めること」[3]である。それは「理論的説明の対象ではなく、範例となる前の前体験であって、実践的な規則づけの対象ではなく、根源的に動機づけられた人格的‐非人格的な存在の働き」[4]なのである。

ハイデガーの哲学を呪術めいていると疑うなら、たしかにこのような定式を引き合いに出すこともできよう。違和感を覚える言い回しが醸し出す印象のおかげでやすやすと忘れ去られてしまうかもしれないが、確かにここでは哲学の課題が伝統的に行われてきたのとは根本的に異なるやり方で規定されている。哲学は生の形式であり、哲学的に思考したり語ったりすることは生の形式を特徴づけるものなのである。ハイデガーは、覚醒というメタファーを含めて、ソクラテスの生と思索という範例を暗に示唆している。それは、すでにもとから存在しているものが哲学的にただ表立ったものになりうるという思想であり、意識が深まることで再認識がなされるという表立った経験の思想なのである。

とはいえ本質的な違いがある。プラトンによって描かれたソクラテスは、言語の偽らざるあり方を信頼しているうえ、思索の経験は言語へと正確に方向づけられているため、世界の事物にも同じく正確に妥当すると信じている。[5] しかしハイデガーの哲学することは、正反対の確信によって規定されている。ハイデガーの確信は、プラトンのうちに拠り所を見いだせないわけではない。『国家』では洞窟の寓話として述べられているような、哲学することが形作られてゆく物語が、ここではきわめて明白な拠り所となる。ハイデガーはこの寓話をそれにふさわしいやり方で集中的に解釈したのだが、『真理についてのプラトンの教説』に比べて、初期のいくつかの講義のほうが、プラトンとの近さを明快に見てとることができる。[6] もっとも、ソクラテス－プラトン的な思索も塞ぎたて隠蔽する言語の可能性への洞察によってはっきり特徴づけられているとはいえ、思索とは根本的に言語との闘争であり、思索は自らにとって本質的なものを言語からもぎ取らなければならないという確信はけっして抱かれてはいなかった。それゆえ本来的で本質的なものが気分として呼び覚まされ、覚醒されうるものであり、またそうでなければならないといった考え方も抱かれてはいなかった。ともかくも問題なのは、哲学的な経験を言語によって取り出すことなのである。

ソクラテスを手本とした哲学的言語についてのプラトンの考え方は、話すことが対話として理解されているため、とりわけ異質である。哲学は事象上の必然性からいって問答的ではあるものの、けっして問答的であるだけではない。というのも哲学は、以前から伝えられた教説を想起したり、哲学上の学派に対する興味を掻き立てたりする役割のほうをうまく果たす場合もあるからである。つまり哲学的に話すことは、何かに打ち当たって屈折を被らねばならないものであって、表明的な賛同、疑い、問い返し、反論のなかに映し出されねばならないのだが、それというのも、おのれ自身へ巻き込まれるという危険に抵抗するためである。言われたことが賭けに晒され、試される場合にのみ、すなわち言われたことこそれ自体にそのとおり直接的に確信を抱きえない場合にのみ、事象性への要求は果たされうるのである。じつに雑駁ではあるが、いま述べたことに合点がゆくとすれば、ハイデガーと対決するためのひとつの拠り所も見出せる。現存在と存在の経験を呪術めいたものとのみ捉える代わりに、いまや問われることになるのは、この経験が屈折を被りつつ話すなかで定式化されうるかどうか、言語と経験の硬直しがちな対立が解きほぐされるのかどうかであって、またそれによって、ハイデガーの哲学的プログラムが劇的ではないにせよ何がしか実現されうるかどうかである。こうしてハイデガーのプログラムの核心をなす経験は、平板化や縮小化されてその根本性において否定されることなく、これまでよりも納得のゆくものとなる。

これらの問いに対する肯定的な答えを、ハイデガーの哲学の外部から持ち込んではならない。そうした類の修正は、結局のところ説得力を欠く。哲学をこれまでとは違ったかたちで把握し、変容させようとするなら、それはこの哲学自身から展開されねばならない。それ以外に哲学がその根本思想の独自の布置と調和するやり方などあるだろうか。存在の経験と言語の関係を変容させることが問題であるなら、四〇年代初頭にハイデガーが展開した考察を引っ張り出すべきだろう。そこでは、言語上の分節化には収まりきらない経験にも応じることのできるような、屈折を被った言語という考え方の端緒が見出される。ハイデガー流の意味では、この屈折を被った言語の本質をなすのは翻訳なのである。

2

翻訳に関する考察は、一九四二／四三年冬学期講義『パルメニデス』のうちに見出される。[7] ただし、この講義ではほとんどエレア派の思想については言及されていないため、この題名は適切とは言い難い。むしろ全編にわたって問題とされているのはアレーテイアを問うことであり、ハイデガーはそれをまずパルメニデスおよびギリシアの思索一般の根本思想として際立たせている。そこでハイデガーが翻訳について述べている内容は、さしあたり、アレーテイアを「隠れなさ」と言い換えるみずからの判断を正当化するものとして考えられている。しかしこの言い換えは、文献学的な研究や反省といった意味で考えられているわけではない。ハイデガーの確信に従えば、ある特定の翻訳がいかにして正当化されうるかは、根本的に翻訳がどのようなものとして理解されているかに懸かっているのである。

翻訳の内実に関して、ハイデガーにとってさしあたり重要なのは、翻訳をたんに「ある言語を別の言語へと移し替えたり、外国語を母国語に移し替えたり、またその逆を行うこと」として、つまり通例理解されているような翻訳として把握すべきではない、という点である。むしろ「われわれはいつもすでにわれわれ自身の言語すなわち母国語を、母国語自身の語へと翻訳している」のである。[8] ハイデガーはこの説明に次のように続けている。

語ることと言うことはそれ自身一つの翻訳することであって、この翻訳の本質は、けっして、翻訳する語と翻訳される語とが異なる言語に属しているということに尽きるものではありえない。いかなる対話であれ独白であれ、そこには何らかの根源的な翻訳が働いている。そこでわれわれが考えているのは、われわれがある言い回しを、同じ言語の別の言い回しによって置き換え、「言い換え」を用いているという過程だけではない。語を選択する際の入れ替えからしてすでに、言われねばならないことが、ある別の真理や明瞭さへ、あるいはまた疑わしさへとわれわれを向こうへ移してしまった結果なのである。こうした向こうへ移すことは、言語上の表現が変わらずとも起こりうる。[9]

ここでの問題点を跡づけるのは、難しくはないだろう。翻訳することが言語をとおして表明されうるためには、表立たないままにとどまるかもしれない何ものかが、理解の領域で遂行されたり生起したりするのでなければならない。形あるものについての経験が、スケッチや絵画、写真のなかで行われるのではなく、反対に像の制作は形あるものについての経験に依拠しているのである。さまざまな像は、何らかのものが調和を保ちつつ、目を引く位置関係に立ちつつも、等しく現前していることなのだが、それらの像は端的に見てとられているからこそ、像として呈示されうるのである。ただしそれらの像は、根源的な印象の模写ではなく、そのつどの特殊な条件下で根源的な印象の分節化なのである。

これと同じように、翻訳する際に分節化されると同時に、その分節化に対して与えられる意味は、ハイデガーに従えば、一種の運動という意味で捉えることができる。それは、上述の引用文における「翻訳（向こうへ移すこと）」についての言及から理解できる。ここで考えるべきは、理解における変容である。ある語がいったんこれまでとは異なる意義を得たり、もしくはその意義がこれまでとは異なるやり方で強調されたりするだけでも、その語によって見えるようになる事柄はこれまでとは別な姿で現れてくる。こんなふうに理解が変容するなら、新しい観点が獲得されたことになり、それによって旧来の観点は放棄されねばならない。異なる意義の強調やそれによって得られる新たな視点は以前のものから分断されており、そこにはひとつの裂け目が横たわっているかのようである。両者の間には、移行もなければ暫定的な変化もなく、跳躍のみがある。まさしくハイデガーの表現を用いるなら、ひとつの川岸から向こうの川岸へ移るように、われわれは「向こうへ移され」ねばならないのである。

それにもかかわらず、われわれがこの空隙に横たわる不連続性にほとんど気づかないばかりか、まったく気づかない場合もある。この不連続性はきわめて小さいうえ、変化した新たな意義も馴染みの同じ言語圏にとどまっているからである。対話において自分の言うことを相手に理解してもらおうとして言葉を探すとき、人が「向こうへ移され」ざるをえないということは、あらかじめ意識されている。いままで語られてきたことが十分ではないことが示されたのであり、問題となっている事柄がおのずから前もって分節の可能性を与えてくれるわけでもないためである。そのときに新たな定式、すなわち新たに見出された定式は、その定式のとおりなのかどうかがいまだ確かめられていない、新たなひとつの冒険となる。この定式によって事柄がいっそう明瞭な像を結ぶかどうかは、これから示されねばならないのである。

人が新しい言語へ足を踏み入れるや否や、理解の領域に生じる裂け目は明瞭なものとなる。その新たな言語というのは、外国語でなくてもかまわない。自国語の文学や哲学の作品がそんなふうに経験される場合もままあるからである。そこで誰もがおそらく考えるように、こうした作品へ通じる道を探し出す特別な努力が必要になる。とはいえこんなふうに努力してみたとしても、不思議と失敗してしまうことのほうが多い。というのも、そうした努力とて、自分自身の立場からしか行われていないからである。こうした意味で、当たり前だと思い込んでいるものにこだわっているかぎりは、その作品を正当に評価するなどということもありえない。たとえば、当たり前だと思い込まれている表現の意味が変更されていてもそのことに気づかなければ、その特殊さは見過ごされてしまう。一般的にこう言えるとすれば、外国語の作品のもつ独自性の場合、つまり最も異他なるものの場合には、この特殊さはいっそう際立つことになる。そこには移行はなく、向こうへ移すことが行われねばならないのである。

とはいえ、この向こうへ移すことがどんなふうに生起するかを言い当てるのは、それほど簡単なことではない。誰一人として別人になることなどできないし、他言語や別の思索へと飛び込んで、すっかりそこに没入するなどということも不可能である。試みは、たいてい虚しい自己否認といった性格をもち、テクストの解釈をする場合でも、結局は不毛な再構成や面倒な言い換えに終わることが多い。それゆえ解決策はただ一つ、別の言語へと入ってゆく者は、自分自身をその可能性においてただ分節化できるというだけでなく、自由なあり方へと差し戻さねばならない。ハイデガーがアナクシマンドロスの箴言についての論文で定式化しているように、別の言語で言われたことは自国語のほうへと「こちらへ移されれ」なければならないのである。[10]

こう言ったからといって、あらためて異他なるものを自分のものにしたり完全に統合したりするといったことが考えられているわけではない。重要なのは、異他なるものをどうやって正当に評価できるか、またそれに応じて異他なるものが固有なものへと「こちらへ移されれ」る場合でも、やはり異他なるものとしてどうやって認識可能のままであらねばならないのか、さらにはそうした異他なるものがそのものとしてどうやったら本来の真価を発揮するようにならねばならないのか、という問いである。これらは、ハイデガーが「こちらへ移すこと」と名づけた作業によって、実際に行われている。ある作品の外国語がそれにふさわしいものとなるのは、異他なるものを自分自身のやり方で言う場合に他ならない。その際、異他なるテクストは解釈されたり、その異他なる言語が外国語である場合には、自国語へと移し替えられたりしている。解釈、すなわち翻訳は、固有なもののうちで異他なるものを現象させること、固有の表明であり、固有の言語で表明することである。そうした言語が理解されるのは、その言語がどこか他からやってきたものであって、それ自体としては理解されることを望んでいないことが分かっている場合だけである。

　こうして翻訳は、二重の動き方をすることになる。固有のものや馴染みのものから離れ去る動きと、そこへと戻ってくる動きである。もっともその際、あらかじめ固有なものや馴染みのものについて語ることは当然ながらもはやできない。というのは、固有で馴染みのものは、まさしく異他なるものによって別様なものになったからである。それはちょうど、異他なるものが、自分自身とは異なる他なるもののうちで姿を現すことによって別様なものになったのと同じである。こう言ってよければ、翻訳とは、それ自身において二重の他性によって特徴づけられている。この二重の他性は「向こうへ移すこと」と「こちらへ移すこと」として遂行されうる運動のうちで形作られるのであるが、そこで目を引くのは、異他なるものへの歩み越えはただそれを自らのものにすることにおいてのみ実現されるということ、そして自らのものにすることはただ異他化においてのみ実現されるということである。したがってここで重要なのは、他であることにおける自己認識でもなければ、自己の基準を他のものに委ねることでもない。ここで重要なのは両者の間の運動である。それはいわば捉えどころのない中心であって、この中心を経験する際には、固有なものも異他なるものもいずれも確固としたものとして維持できないため、二重の他性のうちで固有なものとともに異他なるものをも超えたところへと導かれることになる。

しかしここで素描された運動に関わる経験は、澱みなくすっかり分節化されるようなものではない。翻訳がそこで活動しているとはいえ、固有性や異他性といった特徴づけで告示されただけでは、その領域を確定したことにはならない。ここでは異他なるものは、固有なものと同じく、変容をとおして言葉にもたらされるのだが、両者はそれとして翻訳の運動という存在を共に構成しており、それゆえ存在しているもののうちの何がしかは、翻訳ないし解釈を遂行する際つねにそこから逃れ去ってしまう。このような翻訳ないし解釈の遂行は、それ自身で完結することはなく、つねに可能性にとどまる。この可能性は、汲み尽くしえないものの開かれのなかで生じ、その可能性が一つの可能性でしかない場面でその真価を発揮するのである。こうして翻訳という独特な経験は、そのつどの特定の出来事を越えて、あれやこれやの出来事のうちで人がいかに「ある」のかを開示する。それゆえ翻訳の存在や解釈の存在とは可能存在であって、それ自体、この可能存在の一つの分節化なのである。

3

しかしハイデガーは、存在をつねに可能的存在として思索しようとしてきた。ハイデガーが「現存在」と名づけ、周知のように人間の存在のあり方として理解しているものは、可能的なものという開性をもち、それゆえまた特定の行為や態度のうちにはけっして汲み尽くされないということによって性格づけられる。それゆえ「実存範疇としての可能性は［…］最も根源的かつ究極的に積極的な現存在の存在論的な規定性[11]」であるという命題は、『存在と時間』の思索の中心といえる。

けれどもハイデガーは同書で仕上げられたものを越えて、なおも同じことを指示している。というのもハイデガーは、『存在と時間』がただその準備を整えているはずの問い、すなわち「存在一般の意味への問い[12]」を仕上げるにあたって、存在を可能存在として理解することへと方向づけられたままだからである。このような連関において存在は、さまざまなやり方で把握されたり、あるいはハイデガーによれば「企投」されうるようなあらゆるものへと近づくことのできる開性のことである。「存在を理解すること」は、講義『真理の本質について』では「存在者の本質法則性と本質構造を前もって企投することを意味する[13]」とされている。存在を理解することは、根本的な類の可能性の経験であって、そのような可能性の経験が開かれると、普遍的な存在規定という考え方のうちで取り上げられ、仕上げられることになる。この存在規定がさらに、存在しているものを経験する際に特定の可能性の枠組みを分節化する。たとえば存在者が学問的な研究の対象となる場合、その存在者は「あらかじめ」究明可能なものとして理解されていなければならないのであって、ハイデガーの言い方を借りれば、企投されていなければならないのである。

このような思想をさらに追いかけてゆくなら、ハイデガーの著作で「存在の歴史」やさらには「形而上学」といった題名で予告されている文脈へと踏み込むことになるだろう[14]。だがここでは、根本的なモチーフを確認して、次の点を言い添えておけば十分である。すなわち、この根本的なモチーフによって、当初に明らかにしておいたハイデガーの確信にまたしても突き当たるのであって、その確信に従えば、存在の経験の分節化はつねに存在を隠蔽しもする、という点である。ハイデガーにとって形而上学は、哲学史の一時期ではなく、先に素描しておいたような、可能性の経験とそのつどのその仕上げの共属性であり、また問いとそのつどの答えとの共属性であった。その際形而上学的にとって本質的なのは、そこでの答えが、答えに先行する問いの経験を支配しているという点である。形而上学が「存在の忘却」であるというのは、形而上学がそのつどの特定の把握のために可能的なものを忘却しているということを意味しているのである。

このことから、ハイデガーの形而上学への態度を、少なくともその出発点で筋のとおったものにすることができる。ハイデガーが形而上学の「克服」や、時として「超克」について語るとき、それは「ポスト形而上学的な」思索といった意味で考えられているのではなく、形而上学的思索の核心をなす可能性の経験を明らかにする試みの告示として考えられているのである。形而上学の克服はそのための啓蒙活動であり、忘却されたものや抑圧されたものへも思いを巡らせることなのである。

そこにもハイデガーの根本思想は息づいている。すでにハイデガーの初期の哲学的プログラムからして、これに準えうるモチーフに規定されていた。「ナトルプ報告」として知られている一九二二年のプログラム案によれば、重要なのは、伝統的な哲学的着想を「その隠されたモチーフに従って、つまり表立たない傾向や解釈の道筋に従って」問うことであって、そうすることによって「根源的なモチーフの源泉へと」達することなのである。[15] このような意味での「解体」とは、特定の分節化がもともと帰属していて、その分節化が表面的には自立しているように装っている経験連関を露わにすることなのである。

ここからもう一歩進めば、哲学することにおいては、根源的なものを塞ぎたてず直接に経験することが本来の問題なのだという確信に達することができる。問題となっているのは、ハイデガーが覚醒や喚起といったレトリックを用いてひたすら繰り返し変奏していた彼の思索の局面である。もっとも、このような技巧的な身振りがもっぱら翻訳の本質から思考されている点を考えてみれば、この身振りがある種の二義性から帰結しうるものとして明らかになる。おそらくこのような二義性が、ハイデガーの思索全体にそなわる強靭さと薄弱さの根拠となっている。

ハイデガーが翻訳の本質について述べていることは、何の用意もなく行われるわけではまったくなく、彼自身の思索がこれまでいつでも読んで解釈する営みであった以上、むしろ自分自身の思索を規定しようと試みることなのである。このことは、哲学の根源的な経験を明らかにしようとする試みにも当てはまる。この試みは、すでに究明しておいたような意味での解釈や翻訳の性格をほぼ備えている。ハイデガーが「解体」と名づけているものも、ここから理解することができる。「隠されたモチーフ」、「表立たない傾向」、「解釈の道筋」などといったものがいっそうはっきりと際立たせられるのは、われわれが解釈する読み手としてテクストのうちへと入り込む場合だけである。ハイデガーがいわばそうした読みの名手であることを何度も披露してきた点は、もはや強調する必要もないだろう。

しかし他方解体は、その要求するところに従えば、たんなる解釈以上のものである。解体において挙示されることになるのは、テクスト自体が述べていないことであるばかりでなく、ハイデガーの確信に従えば、テクスト自体が根本的に言いえないことであって、埋め立てられその上にさらに建物が作られた古い建造物の土台のごとく、ようやく発掘されるはずのものである。こうした作業が解体的な読み方によって果たされるとすれば、その読み方自体に求められねばならないのは、根源的なものを塞ぎたてずに直接に経験することであろう。覚醒や根源性といったハイデガーのレトリックや、根本的に新たな始まりを求める彼のパトス、そして哲学的な革命家たらんとする彼の身振りは、こうした経験によって活気づけられているのである。

もちろんこう言ってしまうなら、存在だの存在の経験だのといったものも本当のところはありえないのではないかという疑念も活気づけられることになろう。こうした疑念がハイデガーのレトリックや身振りについてまわり、そしてまとわり続けているのだが、こうした疑念は事柄を決定的に捉え損なっている。これは、少なくとも一定の前提のもとであれば言えることである。すなわちそれは、ハイデガーがみずからの思索にとって根源への直接的な接近路として要求しているようなやり方が、彼の哲学にとって本質的なものではないという場合である。

事柄から考えるなら、問題はただニュアンスにすぎない。解釈されたテクストよりも解釈のほうがものを言えるし、また言えるはずだという事実はほとんど争いえないだろう。その際テクストが構想されるもとになった経験が解釈によって表現されうるという事実も、同じくほとんど争いえない。しかしこのような経験は解釈者に対して要求されうるだけでなく、経験がテクストにおいて、ないしはテクストによって何らかのあり方で真価を発揮するという事実も認められねばならない。さもないと、精神分析や社会学的な解釈がしばしば引き合いに出すような、他を排除し見下す態度へと人はすぐさま走ってしまう。根源や原初に関わるハイデガーの思索もしばしば引き合いに出しているのは、こうした態度だというわけである。

しかしながら、ハイデガーの哲学はその二義性においてみずからを捉え直す可能性に開かれてもいる。ハイデガーは、伝統的なテクストにそなわる塞ぎたての性格を強調する際、芝居がかった身振りをするが、奇妙にもこうした身振りとは対照的に、彼は自分自身にとって重要な経験を伝統的なテクストから読み取ろうとするのである。ソクラテス以前の思想家だけでなく、プラトンやアリストテレスも、じつに印象深いやり方で生や思索の根本経験を言葉にもたらすことによって、こうした意味での根本経験を現存在と存在の経験と名づける可能性を解釈者に与えることになったのである。

ここから、ハイデガーの解釈の二義性が必然的なわけではないということが分かるだろう。覚醒への傾向と呪術への傾向は、互いに出会うことのできるものなのであって、この出会いが上手くゆけばそれだけ、翻訳の変動そのものもいっそうはっきりと現れ出てくる。いかなる連関をも断ち切らず、いかなる相違をも個別化せず、あるものを別なものへと変化させるような分節化の多様性のうちで、それとしてはいつも脱去してしまう何らか共通のものが、真価を発揮するようになる。分節化が行われていなくても、分節化されたものはすっかりその姿を現している。ハイデガーはそれを「隠れなさ」と名づけたが、翻訳もまたそうなのである。

ここに繋がるのが、ハイデガー自身の解釈や翻訳が彼の翻訳についての考え方とどのような関係にあるのか、という問いである。ハイデガー自身の解釈や翻訳は、果たして翻訳という考え方に適っているのだろうか。また適っているとすれば、それはどの点で言えるのだろうか。それとも解釈や翻訳において考えられたものは、根源的なものを実体化することでふたたび隠されてしまうのだろうか。また隠されるとすれば、それはどの点で言えるのだろうか。ハイデガーが披露した考察や熟慮が正しいとすれば、答えはおそらく一義的なものにはならない。それにもかかわらず、翻訳の理解のうちに反映されたハイデガーの解釈的な哲学の営みは、ひとつの道を切り開いた。この道を、たんなる再構成という選択肢に準えるにせよ、もしくは事象をめぐっての労多くはあるが、伝統との関係では地盤のない哲学することという選択肢に準えるにせよ、いずれもまったく魅力のない道だというわけではないだろう。

（木村史人 訳）

形而上学の耐え抜き

ハイデガーと形而上学的思索

1

ハイデガーが現代哲学に与えた影響のなかでも最も華々しいのが、ポスト形而上学的思索である。哲学に関心のある人間にとって、リチャード・ローティ[1]、ジャック・デリダ[2]、ジャンニ・ヴァッティモ[3]といった名前を耳にすれば、その証拠として普通は十分だろう。ポスト形而上学という標語を広めたユルゲン・ハーバーマスにしても[4]、彼らに比べればずっと目立たないとはいえ、その主題設定からしてすでにハイデガーに負っている[5]。もっともこの点は、この標語を取り上げてそれぞれのやり方で論じているすべての者に当てはまる。

ポスト形而上学を目指す野心ということで言えば、たしかに現代哲学に対するハイデガーの影響だけを取り上げて代表とすることもできない。そこでは分析哲学の伝統に由来する動機も働いているからであり、その先鞭としては、形而上学的な語りとして解されたものへの「無意味性の疑惑」が挙げられる。(6)また近代が「形而上学的」な西洋的思索の最終的帰結と解され、それに応じて近代批判がこの思索の歴史全体に関わるとされるなら、ポスト形而上学という標語はしばしばホルクハイマーとアドルノの『啓蒙の弁証法』にも帰されるのである。

とはいうものの、ホルクハイマーやアドルノとハイデガーとに、ポスト形而上学的思索に対する先駆的業績としての重みを等しく認めることはできない。たしかに『啓蒙の弁証法』の著者は、西洋とその文明が成功したと思い込んできた歴史を、それと劣らぬほど印象深く頽落の歴史として語り出した。なるほど彼らは、西洋文明が権力志向的であり、自然――ハイデガーなら「存在者」と言うだろう――を問題含みのまま自らの権力の支配下に置いてきたし、いまもなおそうしているのだと、それと劣らず頑強に主張する。しかしホルクハイマーとアドルノは、この権力志向性を分析する際に思索の同一化的性格をじつに曖昧に示唆するだけに甘んじており、それぞれが執筆した後年の著作、すなわち『道具的理性批判』(英語版"The Eclipse of Reason" 一九四七年)や『否定弁証法』(一九六六年)や『美学理論』(遺稿、一九七〇年)においても、それ以上の有意義な成果を出したとは言えない。これに対してハイデガーは、形而上学的思索の原初的場面を露わにして、それを従来とは違ったやり方で記述しようと試みた。ハイデガーは西洋哲学の始まりで著されたテクストと実際に格闘し、従来とは異なる自然との関わりの可能性を指し示しているだけにとどまらない。ハイデガーは、同一化する諸規定の層の下に隠された根拠を、すなわちこれまでとは異なった、自由で開かれた経験の根拠を明らかにしようとしている。

しかもホルクハイマーやアドルノとは異なり、ハイデガーは十九世紀で最も重要な形而上学批判の先駆者と正面切って格闘したのであり、これによって形而上学的思索をめぐる前世紀の論争を初めて実際の軌道に乗せたのである。ニーチェをもってハイデガーを越えようとするデリダの試みは、根本的にはハイデガーに遡るのである。(7)

その場合に、デリダのハイデガーとの対決は、ハイデガーの思索が「すでに」ポスト形而上学的であるか、「なお」形而上学的であるかがもっぱら論じられている限り、ハイデガーのプログラムの枠内にとどまっている。この問いがいかに答えられようとも、その答えはハイデガーが敷いた軌道の内を動いている。なぜならその答えは、あまりにも無頓着に「形而上学の終焉」というハイデガーの語りに乗っているからである。だが、こうしたことこそがまさに避けられるべきである。ハイデガーの形而上学理解と形而上学の終焉においてもともと何が問題になっているのかを明確にせず、またハイデガーの形而上学批判の熟慮において何がもともと問題となっているのかをはっきりさせないまま、思索をめぐる今日の状況を解明しようと試みても、自明化した思索の様式と概念の霧のうちに身を置くばかりであって、そうしたことは断じて避けられねばならない。そうしたふるまいは、ハイデガーに従わざるふるまいとなるだろう。「解体」というハイデガーのプログラムを真剣に受け止めるというのは、彼の著作の内で生き生きと働く着想に照らして当の著作を問いにかけること、すなわち定式や概念を額面通りに受け取るのでなく事象を目指して努力することである。とはいえそれは、ハイデガー流の意味では、自認しようとしまいと、ハイデガー主義者として思索することではない。

ハイデガーの形而上学概念が問題となる場合、大抵の論者は、綱領的に形而上学を問うた一九二九年のフライブルク大学就任講義や、一九二九／三〇年の冬に行われた『形而上学の根本諸概念』に関する長大な講義、あるいは一九三五年夏に講じられた『形而上学入門』に依拠したりはしない。これらのテクストがいかに深く形而上学に関わる重要なものかを思えば、こうした事態は一面では驚くべきものである。だが他面、形而上学批判に向けた野心をもつ者なら誰でもこうした事態に理解を示すだろう。というのも、ハイデガーのあからさまな形而上学批判のモチーフが三〇年代後半になってようやく見出されるのに対し、それ以前のテクストは形而上学について明らかに肯定的な理解をいまだに展開しているからである。後期の著作が「ポスト形而上学的」な思索の基礎として捉えられたのだから、これを引き合いに出すことが望ましい。だがこうした後期著作においても、「ポスト形而上学的」思索のためにハイデガーを本当に引き合いに出せるのかどうか、ただちに疑念が沸いてくる。後期ハイデガーが形而上学を究明する際の中心的な諸思想を根本的水準で検討すればするほど、この疑いは強まる。ここで私が指摘したいのは、ハイデガーには形而上学を全体として批判するつもりもなければ、ましてや「ポスト形而上学的」思索といった意味で形而上学を置き去りにするつもりもまったくなかったという点である。とはいえ、「ポスト形而上学的」に思索する者がハイデガーを参照するとしても、それがまったく不当であるというわけではない。実際にハイデガーは、従来の形而上学の思索と語りとは異なる思索と語りの可能性を探り出している。とはいえそうした思索と語りが、形而上学的ではない思索として可能なのか、またそうした思索が求められているのかどうかは疑問である。

2

ハイデガーの形而上学概念を理解する上で、『存在の問いへ』という表題で公にされた論稿は、ひときわ有益である。この論稿は、エルンスト・ユンガーの六〇歳の誕生日にあたって捧げられた記念論集に収められている。この論稿には、形而上学に関わるさまざまなモチーフが集約されており、しばしばただならぬ含蓄を込めて表明されている。それは形而上学概念自体からして当てはまる。それによれば、形而上学とは「哲学の教説や専門分野」ではなく、「存在者へと還り来るところの超出（Überstieg）」、いっそう正確には「そうした超出が「在る（es gibt）」ということ」である。[8] そしてそのすぐ後に続けて、手短だが豊かな帰結をもった補足が加えられている。「存在者の存在が〈在ること（daß）〉、そして〈何らかの仕方で在ること（wie）〉こそが、先に特徴づけた意味での形而上学、すなわちピュシスの学を超越すること（Meta-Physik）なのだ」。[9]

ハイデガーがここで形而上学の「超出」と呼んでいるものは、三〇年代初めには、「存在企投（Seins-entwurf）」の概念で特徴づけられている。一九三一／三二年の講義『真理の本質について』によれば、「存在を理解する」とは、「存在者の本質法則性と本質構制を前もって企投するということを意味する」。[10] これに即せば、「存在者の存在」への「超出」は、存在者がその規定されたあり方において一般的にどのように理解されるのかについて答えることから導かれる。その答えは、存在者が規定される一つのあり方をあらかじめ示し、そのようにしてはじめて存在者のそのつどの規定を可能にする。存在者が学問的研究の対象となり、その枠内で規定されるためには、まずもって存在者は研究可能なものとして理解されねばならない。研究可能性は存在者の存在規定であり、存在者に対するそのような規定の枠組みを分節化する作業は形而上学的である。というのも、この分節化の作業は直接的に見出されるもの（フュセイ・オンタ〔おのずから存在するもの〕）を「超えて」（メタ）ゆくからである。すでにフライブルク大学就任講義で、ハイデガーは「形而上学」という名称を、単に図書館に陳列されるような固定化された概念としてではなく、存在者を超出する遂行における「［哲学的に：補足フィガール］問うことを表示するもの」[11]として理解している。さらに『哲学への寄与』（一九三六―一九三八年）以降、ハイデガーは、ここで素描された「形而上学」の意義が、プラトンのイデア、アリストテレスのエネルゲイア、主観性をめぐる近代的観念、ニーチェの力への意志、そして遂にはユンガーの『労働者』における形態《ゲシュタルト》などといった哲学的伝統といかなる関係をもつのかを繰り返しまとめあげている。これらはすべて、存在者への関わりに対して規定の枠組みを与える存在の諸規定なのである。

この場合にハイデガーが、哲学の存在諸規定が存在者の暴露可能性を初めて与えると考えたのかどうか、あるいは、ともかくもすでに表立たないまま機能している暴露可能性をたんに分節化することで地震計のように忠実な記述者の役割を果たしたり強調したりする記述も行えると考えたのかどうか、といった問いは開かれたままである。なぜなら、ハイデガーの形而上学理解にとってはそもそも存在諸規定が分節化されることが重要であって、この分節化が、存在者に先んじる規定の枠組みを分節化するものとして理解されうるという点はいっそう重要だからである。さもなければ、形而上学の超出可能性は崩壊してしまうのであって、それは「形而上学の終焉」と同じ意味をもつのである。

ハイデガーの診断によれば、形而上学の終焉はとうの昔から到来している。ハイデガーにとって、この終焉をはっきりと顕在化させたのは力への意志に関するニーチェの教説であり、さらに一貫したかたちで顕在化させたのは、ユンガーの「労働者」概念である。なぜならハイデガーにとって、技術に刻印された世界の「形態」として労働者が語られる場合には、存在規定の地位は「人間性（Menschentum）」[12]の規定によって占められているからである。そのためたとえ「ここでは、世俗化された世界において人間が存在者の存在の創造者として神に取って代わるなどと言ってみても」それは「あまりにも粗雑な説明」となるのだが[13]、それでもやはり存在者の存在は、いまやもっぱら人間とその事実的な労働性能から理解されているのである。超出の運動はそれが出発したところへ達する。つまり存在者である人間に、またその組織化能力や効率、そしてその利用要求の暴力性に達するのである。このようにして超越（Transzendenz）は「それに応じた底抜けの崩落（Reszendenz）」へと転換し、「その内で消滅」してしまう[14]。存在者の存在として理解されるべきものは、技術的・工業的な利用の事実からのみ引き出される。形而上学は、存在者を超えながらも存在者のうちに解消される冗長な身振りとなるのである。

もっとも、ユンガーの「労働者」概念に関するハイデガーの解釈が真に充分であったとは言えない部分もある。ユンガーは、労働者の概念によって、たんに「人間性」を記述しようとしたわけでは決してなく、ハイデガーが「総駆り立て体制（Ge-stell）」[15]の概念によって果たそうとしたのと同じく、技術的近代の一般原理を記述しようとしたのである。さらにユンガーにとって、ホルクハイマーやアドルノと同様、技術的近代は人間の産物でなく自然史的過程として現れている[16]。とはいえそれよりも重要なのは、ハイデガーにとって、形而上学ではなく、その終焉こそが問題含みのものとして示されたという点である。存在者と存在が区別されないところでは、人は、技術の在庫と化した存在者が形作る神話的な自己閉塞にも比すべき、事実的なものの重苦しい権威の虜になる。それはホルクハイマーやアドルノが啓蒙の弁証法の最終的帰結として診断した通りであって、それによれば「止まるところを知らない進歩の呪いとは、止まるところを知らない後退である」[17]。それに対し、超出という形而上学的運動のうちには、自由が存していた。それは、自らを直接に見出されるものから解き放つことによって、自らが定めた枠組みの企投にのみ基づいてつねに自らへと立ち返る自由である。この自由が形而上学の終焉とともに取り返しようもなく失われてしまうことを防ぐためには、それがこの上なく危険に晒されるさまを見定めて、「形而上学をその本質において救済する」ことが問題となる[18]。

これまでずっと『形而上学の超克』におけるようなハイデガーの語法に依拠してきた向きには[19]、こうした引用による定式はただ驚きを与えるばかりだろう。とはいえそれは、この定式の正確な意味を問うための良い前提条件ともなるであろう。というのも、これを先取りして言えば、確かにハイデガーは形而上学の創造的再興のようなものを目指していたわけではないのだが[20]、アドルノのように「形而上学の崩壊の瞬間における[21]」形而上学との連帯を問題としているわけでもないからである。重要なのは、形而上学をその本質において守蔵すること、すなわち脅威に直面した形而上学を「正しく本質的なもののうちへと置き戻して、そのうちに保つこと」なのである[22]。とはいえそれは形而上学の終焉から理解されるのでなければならず、たんに終焉へ差し向けられるだけであってはならない。つまりこの終焉は、形而上学に押しつけられた災厄などではなく、形而上学のうちに本質的に組み込まれているものなのである。

その意味を明らかにするためには、「一般に、人はどのようにして存在者をその規定性において理解しようとするか」という問いに対する答えとして形而上学は把握されるべきだという点を考慮すればよい。超出の運動のなかでそうした答えに達する際には、問いの経験がそれに先だっていなければならない。言い方を変えれば、存在者がその疑わしさにおいて、つまり存在者の存在が疑わしいものとして経験されねばならない。それ以上根拠づけることのできないこの経験が、形而上学の起源である。論稿『存在の問いへ』では、「かの超出は贈られている（es gibt）」[23]とハイデガーが述べている箇所で、形而上学の根源的生起が語り出されている。形而上学は生起として出来する。あるいは、ハイデガーが一九二九年のフライブルク就任講義で述べたように、形而上学とは「現存在における根本生起」[24]である。後年の考察でもこうした規定は何も変わらなかった。

形而上学の根本経験に関して言えば、疑わしさはたんに「存在」の解き明かしとしてだけでなく、反対に存在もまた疑わしさの解き明かしとして捉えられる。というのも、存在者が疑わしくなるところでは、存在者はもはやそれが規定されてあることにおいては示されず、それはただ単純に在る
のであり、その単純な存在において触発するのである。触発として経験されるこの単純な存在を、ハイデガーは「現前（Anwesen）」と呼ぶ。その際、この語は動詞として読まれねばならない。「現前（「存在」）は、現前として、そのつど人間の存在に対する現前であるが、それは現前がそのつど人間の存在を呼び起こす命令であるかぎりにおいてである」[25]。問いと答えの共属性のうちに横たわる形而上学の対話構造は、ここでひときわはっきりと表現されている。「呼びかけてくる」のは、存在者の疑わしさとして理解された存在であり、この存在に対して「応答」することが求められる。この対話は、そこで存在の理解と存在者の解釈とが出来事として立ち現れるかぎりで「解釈学的」である。人間の在り方、すなわち「人

間の存在」には、人間の存在の解釈可能性において存在者を経験することが属している。存在者の存在とは、解釈への存在として理解された可能存在なのである。

ここで、形而上学の本質における一つの筋道をもう一度きちんと考慮しておかねばならない。すでに述べた意味で存在に呼びかけられてあることは、それに対する答えがある規定の枠組みの企投のなかで形而上学的に与えられているというありさまで、その答えと組み合わされている。この答えが何がしか特定されつつも、そのつど異なるものになるということが、形而上学の本質には属している。それゆえハイデガーは、「かの超出は贈られている（es gibt）」と述べるだけでなく、[26]「存在者の存在が贈られていること（daß）、そしていかに（wie）贈られているか」というより精確な定式を示したのである。この「こと」と「いかに」のはざまで、形而上学の対話は遊動する。

その際、答えはたんに問いに応答するだけでなく、少なくとも傾向としてはその問いを征服しようとする傾向をつねに伴ってもいる。疑わしいものの開かれた緊張性は、企投によって規定されることで解消される。規定されることをめざすこの傾向は、あらゆる形而上学的な答えによって示される。これによって、またしても形而上学の終焉が指し示されている。規定性への傾向が形而上学の本質に属しているゆえにのみ、形而上学の終焉においては、規定性は後退し、事実的なものの重苦しい権威のうちでだけ示されることになる。こうした権威のうちで答えの形而上学的重力は目標に、そして同時に終焉にたどりつく。というのも、その場合に答えは答えにとって本質的な超出の性格を失うからである。答えがたんに事実的なものに屈するところで、形而上学の運動は身動きがつかなくなる。こうした可能性は、形而上学の対話性格それ自体のうちに潜んでいる。

形而上学の終焉について立ち入って考察すればするほど、形而上学を救済するということが何を意味するのかがよりよく理解できるようになる。それはすなわち、答えを再び問いの文脈に置き入れて、もともとの形而上学的経験を再び表立ったものとすることなのである。それをハイデガーは「形而上学の耐え抜き」と呼んだのだ。とはいえ耐え抜きの概念は、ここで考慮すべきさまざまな側面を告示している。

その最も重要な二つの意味の側面を、ハイデガーは一九四九年のブレーメン講演『転回』で区別している。形而上学の終焉における形而上学的な答え、つまり技術を視野に入れながら、ハイデガーは言う。問題は、技術が「人間的なやり方で超克される」ことではなく、むしろ「技術の本質がそのなお隠されている真理のうちへと耐え抜かれる」べきだという点である。そしてハイデガーはこう付け加える。「この耐え抜きは、人間の領域において痛みが耐え抜かれるときに生起するものに似ている」と。[27] さしあたりこうした説明に従うことで明らかになるのは、技術がそれを包摂する高次の現実へと止揚されることによって、技術を無力化したり、技術の彼方に超え出たりすることが問題なのではないという点である。痛みの耐え抜きは痛みを取り除いたりしない。ただ、痛みをもちこたえることができるようになるだけである。それが可能となるのは、痛みがそれだけで取り出され表に現れることで生を支配する場面ではなく、痛みが痛みとは異なる仕方で気分づけられた生の連関へと取り戻される場面である。そのとき痛みは、そうした生のうちに編み込まれたり撚り合わされたりして、その意味で「耐え抜か」れる。こうして終焉の状態にある形而上学をその「なお隠されている真理」のうちへと耐え抜くことが求められる。[28]

これが形而上学から身を引き離すこととはまったく関係ないのは明白である。とはいえ、形而上学が解明の主題とされ、解明の営みとは異なるものとして現れるなら、そうした印象が生じるかもしれない。事象が主題とされるなら、それはもはや直接的な関係とは言えないように思われる。解明の営みそのものは、事象から隔たってしまい、事象を少なくともいくばくかはみずからの背後に置き去りにしたように見える。こうした見かけをハイデガーは決然と退ける。ハイデガーが述べているように、「形而上学の本質を明らかにする」試みは、確かに「さしあたりは、もっぱら形而上学的な表象作用を後にするだけであって、それによって思索を形而上学の耐え抜かれた本質の外部へと導くような超克」として現れる。だがハイデガーはそれにこう付け加える。「耐え抜きのうちで、見かけ上追放された形而上学の隠れた真理が、いまや我がものとされたその本質化としてようやくはっきりと立ち戻ってくる」[29]。形而上学の真理は、それを解き明かす営みにとっても拘束力をもっている。ハイデガーにとっては「ポスト形而上学的」な思索など存在しないのである。

それにもかかわらず、ハイデガーの思索そのものを形而上学的と呼ぶのはいささか躊躇いを覚える。これに対しては、ハイデガーが問題とした形而上学の解明が、解明の主題から区別されねばならない。それはちょうど、テクストの解釈がテクスト自体から区別されるようなものである。ハイデガーの解明が、振り返りつつ眼差すという態度で思索され、記述されているのは間違いない。だが、そればかりではない。ハイデガーの思索の形而上学的性格に対する反証と言えるもう一つの点は、形而上学の終焉によって強いられた事情として、おそらく形而上学の根源的経験が断念されているということである。ハイデガーは、一度たりとも存在者の存在の問いに答えたと主張したことはない。だから現代を診断して

「総駆り立て体制」における利用可能性を追求する思索の支配に向かい合うや否や、彼はなぜ形而上学的な答えが不可能なのかも言うことができる。その答えは現代にとってすでに与えられているのである。形而上学的思索の運動が存在者に対する事実的支配の権威のうちで終わりを告げるところでは、ほとんど認識しえないまでに形而上学の答えが幅を利かしているために、問いの経験も生彩を失ってしまうのである。

だがさらに厳密に検討すれば、こうした考えも改められねばならない。形而上学の解明が、技術的理性の刻印を受けつつなお形而上学の答えを見つめるのであれば、答えを問いに関わらせることができなければならず、さらには自己自身も起源に関係づけられねばならない。形而上学の起源が閉ざされていないかぎりでのみ、形而上学の解明は可能である。そして形而上学の解明それ自身が形而上学的起源に自らの存立を負っているのであれば、形而上学の解明は少なくとも根本的にはもはや形而上学的思索から区別されない。こうしてハイデガーの思索はきわめて独特な形而上学の形式として、すなわち独特な破れかたをした形而上学の形式として示されることになる。

この形式をいっそう詳しく性格づけるための重要な手がかりとして、しばしば誤解されてきた思想をみてみよう。それは存在忘却の思想である。『存在の問いへ』によると、「形而上学の耐え抜き」は「存在忘却の耐え抜き」である。(30) 耐え抜きの概念について述べた内容の全体に照らせば、「形而上学の耐え抜き」が「存在忘却の耐え抜き」であるとはいえ、形而上学の解明が終焉すなわちハイデガーがここで「存在忘却」と呼ぶものの超克と同一視されるというわけではない。反対に、存在忘却がいまや形而上学の真理のうちに編み込まれることで、形而上学を耐え抜くことが可能となった、と言わねばならないだろう。だがその内実をより判明に言い表すためには、まず「存在忘却」がここで元来意味するものを理解しなければならない。

ハイデガーは『存在の問いへ』ではわずかな説明を与えるにとどめている。いわく、忘却は「なんら否定的なものでなく、隠れ（Ver-bergung）として、おそらくは、なお隠れを脱していないもの（Unent-borgenes）を守蔵（verwahrt）する匿い（Bergen）なのである」。これに対し、忘却は「通常の表象作用にとっては……たんなる見過ごしや欠如や困りごとといった見かけのうちへやすやすと」陥る。この点をあらためて説明するにあたって、ハイデガーはこう付け加えている。「習慣上われわれは、忘却や忘れやすさを、表象的意識をもつ人間の状態として人が頻繁に出くわすことのある不作為にすぎないものだと受け止めている」[31]。

たんなる見過ごしと忘却との区別は、忘却の事実ではなくその経験を考えれば、充分にあとづけられる。この経験は何かがたんに記憶から消失することでない。忘却の経験にとって本質的なのは、消失についての知である。忘却性とは、もはや知らないことについての知である。このもはや知らないことの知において、あれこれ書き換えられこそするがもはや規定はされない何かが、その無規定性において押し迫ってくる。例えば、誰かの名前を忘れる経験をしたとき、誰の名前をもはや思い出せないのかを人は知っている。そしてそのことを知っているからこそ、忘却によって強いられる匿名性がなおのこと押し迫ってくるのである。

存在忘却が語られるとき、それはまさにこうした意味で考えられている。形而上学の終焉——において、人はたんに事実的なものの権威と関わるだけであり、存在者はもはやその存在においては規定されない。――こうした形而上学の終焉においても、存在者の「現前（Anwesen）」は開かれ続ける。だが、その理由を考慮するなら、ハイデガーによる忘却の解明が一面的であることも見えてくる。すなわち「崩落（Reszedenz）」へと転倒した形而上学の運動が存在を取り逃がす限り、この運動は同時にその取り逃がしから微妙に身を引き離している。その際形而上学的運動は、存在者を規定しながらも存在を「見過ごし」している。形而上学の終焉において、存在は「何でもなくなった」のであり、「存在者の存在のようなものなどない」かのように見える。[32] 存在は非本質的になった。存在は思索から消失しており、この意味で事実的に忘却されている。[33]

これに対して、形而上学の終焉において存在の取り逃がしがあからさまになるかぎりでようやく、忘却は無規定的で開かれたままの存在の経験に立脚して出来する。こうして存在忘却は存在経験となるのだが、くわえてその際存在忘却は存在の根源的な疑わしさに応答することになる。形而上学的な規定を喪失することで生じる匿名性は、根源的な「現前」を映し出す。とはいえ、たんなる存在の見過ごしからあからさまな存在忘却へのこうした転換が可能となるのは、形而上学の終焉が理解され、たんなる事実的なものの権威への定位が、「崩落」という意味での過てる形而上学的運動として解釈される場合のみである。こうして存在忘却は、ハイデガーが別な箇所で「形而上学への追想」と呼んだものに依存しつづける。[34] 超越が形而上学的運動として考慮されるときにのみ、形而上学の終焉における取り逃がしがそのものとして姿を現しうるのである。

したがって、ハイデガーの解明は全体としては形而上学の「根本生起」のうちを動いているのであって、しかも彼の解明はこの生起と間断なく直接に関わることがない、ということになろう。ハイデガーの解明はむしろ、その錯誤した遂行形式からこの根本生起を露呈することを意味する。いいかえれば、技術時代の特徴をある形態の歪曲として、しかも歪曲そのものをはじめて認識させるような歪曲として解読することによって、技術時代の相貌を把握することが問題となるのである。

こうして、ハイデガーの思索がポスト形而上学的ではないということが新たに示される。ポスト形而上学的だと思われたものは、形而上学を忘却してその固有の本質を理解しなくなった思索にとってそう映るにすぎないのであって、それはその終焉に達した形而上学なのである。だがハイデガーの解明は、直接的な意味で形而上学であるわけでもない。なぜなら、その際の形而上学はすっかりその終焉によって規定されているからである。存在者の経験が利用可能なものとなるなら、存在の疑わしさはもはや存在者の「現前」としては経験不可能となるのであって、それゆえこの疑わしさに対して、答えることとしての存在の企投において応答がなされることはありえない。答えは現代に対して与えられているが、その答えは形而上学を終焉にもたらすものであった。そこでは答えが、事実的なものにそなわる避けえない威力を発揮するのである。

3

これらすべての事情にもかかわらず、ハイデガーの思索は形而上学の最終戦でも過てる発展をたんになぞろうとするものでもない。ハイデガーにとって問題となるのは、形而上学の起源への転換である。しかもその際、起源は実際に経験され、「現前」もそのものとしてはじめて考慮されうるのである。形而上学の終焉において存在への答えがその疑わしさに関しては欠如せざるをえないがゆえにこそ、ハイデガーが考えるとおり、この疑わしさは表立ったものとなりうる。存在の無規定性は、存在の本質に則した展開として前面に現れ、そして存在はいかなる形而上学的な答えのうちでも現れないことが判明する。

だがハイデガーにとって、そうした判明さが得られるのは、答えに向から形而上学の傾向から思索が自由になる場合のみである。そしてそれが可能となるためには、思索は、形而上学的な答えの運動に属するあらゆる言語的・思想的な形象を拒絶しなければならない。論稿『存在の問いへ』で唯一強調を施された一文が意図しているのは、その点である。その一文によれば、「形而上学的な表象作用が存在の本質的な現れへの問いを思索することを妨げるがゆえに、問いが形而上学の言語を放棄しない限りは」、「存在の本質的な現れへの問い」は死に絶える。(35)「形而上学の言語」は、哲学的な語りであるが、陳腐さのうちに沈み込んだ哲学的語りでもあって、そこでさまざまな形而上学的な答えが表明されてきた。形而上学の「表象作用」とは、そのうちで存在者の存在がある特定の答えの形式で現前にもたらされるあり方である。思索は、形而上学の終焉とその本質に等しく応答するためには、形而上学の言語と表象作用のいずれからもおのれを区別しなければならない。思索は批判的にならねばならないのである。とはいえ重要なのは、ここでは形而上学ではなく、形而上学に関する何かが批判されているのを理解することである。そうなると当然、その帰結はいかにも逆説的になる。すなわち、形而上学の言語が形而上学を取り逃がすがゆえにハイデガーはそこから離脱しようとするのであり、形而上学の経験のために非形而上学的な言語を探すことにすべてを賭けるのである。

ハイデガーが論稿『存在の問いへ』のなかで述べているように、彼はすでに『存在と時間』において、形而上学という意味での非形而上学的な語りというこの試みを企てていた。ハイデガーが言うように、そこで論じられた「解体」は、「常態化して空虚になった諸々の立て塞ぎを解体して、形而上学の根源的な存在経験を再び獲得するという以外の目的」をもたないのである。[36] だが、立て塞ぎによる分節化を見とおすことで、分節化されたものが新しくかつはじめて真に獲得されうるという思想は、さらに以前に遡ることができる。すでに一九一九年の講義が企てていたプログラムは、数年後に、古代的思索の影響史についての考察とともにハイデガーが「解体」と呼んだものに帰結するものであった。[37] それは哲学的な「根源学」のプログラムであり、「理論的なものの支配[38]」に対する抗議として意図され、「理論的なもの」が立て塞いだ経験の連関をあらためて獲得するはずのものであった。「理論的なもの」は、ハイデガーが形而上学に関してやがて批判することになるものの初期の現象形態である。

この初期のプログラムを丁寧に見てみれば、ハイデガーにとって非形而上学的な形而上学という逆説的な状況がいかにして生まれてきたのかを明らかにすることができる。初期講義でハイデガーは「理論的なもの」の起源をめぐる問いに印象的なやり方で解答して哲学の規定を展開することができたし、彼がその規定を手放すことも決してなかった。そこに非形而上学的形而上学というのちの形而上学理解の構成要素が、すでに認められる。それにもかかわらず、この立場は非形而上学的な形而上学的思索の逆説からはなお遠い。というのも、ハイデガーは「理論的なもの」に対する哲学の関係を異なるやり方で把握していたからである。

だが、まずは初期の概念の概要について説明しよう。ハイデガーは、理論的なものが根源的でなく、

『存在と時間』の言い方でいえば、「派生的（abkünftig）」ないし「派出的（derivativ）」であることを示すことで、理論的なものの支配に対抗しようとした。理論的なものの起源は世界、より正確に言えば、世界内の存在にとって特徴的な経験様式である。ハイデガーはこれをいかなる対象化も含まない経験活動と経験されたものの共属として、すなわち〈親しむことではじめてみずからの本質においてみずからを示し、規定的な把握によって所有しようとするとみずからを隠蔽する何ものか〉に親しむこと（Sich-Einlassen）として描き出している。ここですでに、ハイデガーが『存在と時間』で彫琢することになる世界分析の基本線が特徴づけられている。ハイデガーが世界を「意義すること」の連関として理解する際に、すでにこの分析の中心概念も現れている。つまり有意義（bedeutsam）であるのは、人がそれとどのように交渉すればよいか分かっているものであり、なおかつそれ自身からして特定の交渉形式を「意義的に指示する（bedeutet）」ものなのである。[39]

意義することのこうした「体験」に対して、理論的なものは「隔－生（Ent-lebnis）」という性格をもつ。それは「対象的なもの、認識されたものは、そうしたものとして隔－離（ent-fernt）されており、固有の体験から引き剝がして取り出されている」ということを意味する。[40] 理論化することは抽象の過程であり、世界的な仕方で全き充実において与えられているものから、特定の本質特徴と性質を抜き出し、所与をこれらの抽象的属性へと還元する。この還元過程をそのものとして認識し記述するための手がかりは、ただ一つしかない。それは、世界の根源的体験である。哲学が理論的なものの「派生的」性格を解明しようとするなら、こうした体験へと差し向けられることになる。

だがハイデガーは、理論的還元の哲学的分析それ自体がすでに世界への一切の直接性を失ってしまっているを重々承知している。哲学は、或るものの根源的所与性への問いに携わる場合、「或るもの一般」の思想を手にして、それを用いて「免れえない対象化」を遂行してしまう[41]。そのために哲学は、みずからが批判しようとするかの理論的なものとゆゆしきまでに接近することになる。とはいうものの、ハイデガーが考えさせてくれているように、「形式的に対象的なものは、さしあたり理論的過程との連関をまったく持っていない。つまり形式的に対象的なものの動機づけの起源は生に由来しているため、質的に言って本質的に根本から異なるものである、という可能性も成り立ちうるのである」[42]。

こうした推測を証明するために、ハイデガーは「或るもの一般」という考え方が理論的なものに特徴的な抽象過程にはまったく属していないことに注意を向ける。「或るもの一般」によっては、いかなる特定の本質特徴や性質も世界的体験の連関から引き剝がして取り出されたり、それだけで固定化されたりはしない。それゆえ哲学的対象化は、「隔‐生（Ent-lebnis）」の遂行には属さない。哲学的対象化にとって問題となるのは、「体験可能なもの一般」すなわち「生の最高の潜在的可能性」である。たしかに「或るもの一般」の意味はもはや世界の連関には関係しない。だがこれはまさに、生が「いまだに真に世界的な性格づけも刻みつけてはいない」ことを意味する。「それは「いまだ‐ない」、すなわち、いまだ真なる生のうちに突発していないものである。それは本質的に先世界的なもの（das Vorweltliche）である」[43]。哲学的対象化は世界の可能性を把握する。それは根源的なもの自体の根源性を把握するのであり、この意味において「根源学」である。根源学は生自身の中心から思索するものであり、それゆえハイデガーの表現によれば、体験と「共に歩む（mitgehen）」ことができる。それは「体験を理解する体験」すなわち「解釈学的直観」である[44]。

いまや、ハイデガーが彼の形而上学理解においてどれほどこの初期の構想に方向づけられているかがいっそう判明となる。「理論的なもの」は形而上学的な答えと自立化という本質的な特徴を共有している。「生の最高の潜在可能性」は哲学的「根源学」のうちで分節化されるが、このプログラムは、思索が存在の疑わしさを言語にもたらす限りで、思索のうちに自らの反響を見出す。とはいえ、こうした対応関係によって、それぞれの時期の考え方の違いはいっそう鋭く際立ってくる。後年の形而上学の解明において、世界についての思想は根拠づけの役割をすっかり失ってしまう。技術の時代にあって、諸学問と利用化をめざす思考は、初期の「理論的なもの」の構想のように世界体験の抽象化として考えられるのでなく、「存在企投」として「生の最高の潜在可能性」から直接に導出される。これに応じて、哲学的思索は世界を伴う体験との関係を失ってしまう。生の解釈学は、生が体験のうちで遂行され、またその際体験の高められた形式を存在するあり方を生に理解させるものであるが、もはや哲学はそうした生の解釈学ではなくなる。その代わりに、哲学的思索と「理論的なもの」はいまやその共通の根源性において一緒になって現れてくる。形而上学的であるのは、特定の形而上学的答えの「存在企投」と同じく、本来的に哲学的な起源の経験である。だからハイデガーにとって形而上学的な答えが問題含みとなればなるほど、彼はいよいよ決然として形而上学的な答えの「理論的なもの」に対して哲学を際立たせねばならなくなる。その際ハイデガーはもはや世界的体験の解釈学として哲学を理解しないために、哲学的思索が起源へと関わるあり方は純然たる「考古学」へと徹底化されることになる。この考古学は、起源を指し示す以上にはもはや何も積極的に分節化せず、ただ事後的に発生した堕落をわが身から振り払うだけの起源の思索である。初期の「理論的なもの」の考え方がすでにそうであったのと同じく、のちのハイデガーにとっても、事後的に発生したものはすべて真ならざるものである。それ自体起源ではないものは、起源を立て塞ぐことしかできないのである。

4

初期のプログラムに対する変容は、ハイデガーが一連の途上の歩みを経ながら、すなわち繰り返し新たに自己解釈に着手し、以前のものを塗り替えてゆく作業を経ながら企てられたものであるとはいえ、もちろん恣意的なものでは断じてない。後期ハイデガーの思索における世界概念の「頽落」や「後退」を批判的に診断する前に注意すべきは、[45] 彼にとって世界と世界体験をもはや哲学の相関者として理解しない十分な理由があったという点である。世界と世界体験は、技術的‐学問的な利用可能化の暴力によって、普遍的な機能主義によって脅かされ損なわれているのである。世界体験を引き続き自明視してそこに身を置く代わりに、哲学がこうした損失の本質を把握しようとするなら、そのとき後期ハイデガーの思索はこの現実に対応するのである。これと同じようにハイデガーが「理論的なもの」をもはやたんに否定的に世界とその「有意義性」に関係づけず、学問的思考に対して根源的な「存在企投」の性格を認めているのも合点がゆく。根源的な「存在企投」は、世界全体を改変する性格とともに、学問的思考の固有のあり方をいっそう適切なものとするのである。

他方、これらの変容において、初期の構想の根本思想はさらに先鋭化され、起源と事後的に発生したものは、真なるものと隠蔽するものという強い対立関係のもとで対峙することになる。ハイデガーにとって、事後的に発生したものの非真理は、初期よりも後期にいたって、根本では理解しがたい独特の排他性をはっきりと示すことになる。そこに働いているのは、真ならざるものを真なるものから切り離す厳格主義であり、思想上の文脈がまったく異なるとはいえ、アドルノの有名なアフォリズムと同じ精神のものである。いわく、「全体は真ならざるもの」なのである。(46)

もっともこうした文言にあまり囚われるべきではなく、その代わりに真理と非真理とが抗争しあう相互作用について次の点を確かにしておくべきだろう。すなわち、隠蔽するものとそこに潜む真ならざるものは、突破できないはずはなく、たしかにヴェールのように見通しを妨げているとはいえ、それでもともかくも見通しを与えうるものでもあるという点である。これは「表象作用」や「形而上学の言語」に劣らず、「理論的なもの」にも当てはまる。「意義すること」における直接的体験を抽象化することによって、おそらくこれまでとは異なるより強力な有意義性の形式が開放されうるが、諸学問がそれぞれにそうしたことをなしうるのかどうか、またどの程度までなしうるかという問いは、諸学問に突きつけられることとなるだろう。形而上学的な答えをとおして、存在の疑わしさが朧げに浮かび上がることもありえる。形而上学的な答えがそれだけで取り出されたり、「存在の歴史」の系列に並べられて観察されるのでなく、体系的な思考に固有なやり方で共時的に捉えられる場合には、存在の疑わしさは明瞭なものになる。そこで際立ってくるのは、いかなる答えであっても疑わしさを汲み尽くせないのであって、いかなる答えもそれが規定されているかぎり、疑わしさをひとつの視点のもとで切り詰めて呈示しているだけで、それ以上でもそれ以下でもないという点である。呈示とは、ある他のもののもとで「或るもの」が現象するということだが、他のものをとおしてその「或るもの」が曇らされることはあっても、完全に隠蔽されたりはしない。ハイデガーの思索の中心には、この呈示の哲学が欠けている。この呈示の哲学が、まさしく開性（Offenheit）と隠れていること（Verborgenheit）の共属という思想によって、つまりハイデガーが繰り返し変奏したアレーテイアの思想によって担われているとしても、やはりそうなのである。

もちろんこうした異論も、ハイデガーによる形而上学の解明から見れば矛盾を含まないわけではない。そこでこの異論をいくらか覆しておくために、あらためて形而上学の終焉に関するテーゼに目を向けておこう。それは、全体の非真理に関するアドルノの命題でも最終的に考えられていたような、事実的なものにまつわる鈍重な突破しにくさのことである。これは呈示の思想にも関わっている。この呈示の思想にのみ言及しようとして、差異の一切が事実的なものの権威の下で平板化され、ものごとの像が現実的なものとして現れていながら、その現実的なものが「末人」の無関心さのためにほとんど目を引かず、どうでもよい像となるほどであってみれば、呈示の関係性の破壊に手を貸しているのである。そう理解するなら、形而上学の対話における問いと答えの関係をハイデガーとは別のやり方で思索しようとする場合でも、人は「形而上学の終焉」のテーゼを引き受けることができる。

とはいえ他方で、技術時代の形而上学的解釈を「救済するもの」について語ることが意味をもつとするなら、呈示の関係性が全面的に破壊され尽くすことなどありえない。少なくとも哲学は、呈示する思索と呈示をめぐる思索への力を保持していたはずである。そうであるなら、「形而上学の終焉は形而上学からの一貫した帰結であるがゆえに、形而上学はもっぱらその終焉から理解されねばならない」というハイデガーの確信に従うことはもはやできない。問いと答えの形而上学的な関係においては、答えがなべて問いの呈示であるとはもはや理解されないかもしれない。そのため、事実的なものが鈍重な権威を獲得するというような状態へと導くことになるかもしれない。だが「形而上学への追想」をとおして、人はこのような眩惑から解放されうる。それによって、ハイデガーが物語るような頽落の歴史はその説得力のいくらかを失うことになる。とはいえそのときに重要となるのはやはり、形而上学の終焉に対抗して形而上学的に思索することなのである。

ここで展開した考察が納得のゆくものであるとすれば、じつはハイデガーにとっても根本的にはまったく同じことが問題であったのだと言える。だがハイデガーの考えによれば、この場合でも形而上学をただその終焉の前史としてのみ理解しなければならないとされる。この点でハイデガーに従わないなら、「形而上学の言語」とは別な言語への問いも問題とはならなくなる。(47) そうすると、表象作用における一面性や、問題含みの断定やら偏見やらを暴くということは、この形而上学の言語をふたたび生き生きとしたものにして、繰り返し新たに経験の真理のうちへと「耐え抜く」ことを意味する。それをもともと欲していたわけではないとはいえ、ハイデガーも繰り返しこうしたやり方で「形而上学の言語」の語り方を示してくれていたのである。

(景山洋平 訳)

モデルネの形而上学的性格

「線を越えて」と「「線」について」

エルンスト・ユンガーとマルティン・ハイデガーのモデルネ討議

1

エルンスト・ユンガーが自身の日記で報告しているところによれば、かつてユンガーとハイデガーの議論のことを「破天荒な事件」と呼んだ者がいたという[1]。「破天荒な事件」とは大仰な言葉であるが、あえてこう語ることで期待させるものがあるとしたら、冷静な検討を経てもなお、この大仰な言葉を使用するのにふさわしいと言いうるだけの当時の事情であろう。他方、一般的な理解からすれば、ものを書く人間同士の議論が破天荒となるはずはなく、冷静になって考え直せば、むしろそうした表現が誇張に思えてくるとしてもおかしくはない。破天荒と言えるのは、世界を根底から覆し、根本から変容させるかもしれないような事件だからである。

しかし、世界の変容が根底的であればあるほど、その変容を記憶のなかにとらえることが、つまりイメージやかたちのなかにとらえることが、ますます重要となる。世界はその本性からして人間の生の活動空間であるが、世界がそのようなものであり続けるのは、こうした生の条件や制約や可能性それ自体が理解されている場所に限られる。そこにおいてのみ、人間は生活環境に引き渡されるのみならず、生活環境のなかにあることを受け入れ、さらに生活環境に対して作用を及ぼす機会をはじめて持つようになる。思索することや詩作することによって分節化が試みられるような世界理解のなかで、世界はおのれ自身の意味をもつのである。

さて、モデルネの世界は、文字どおりインフレ気味に解釈され、注釈され、芸術として造形され、詩として言語へともたらされてきた。こうした世界の解釈は、この世界に内在する加速度原理に基づいて、息つく暇もなく受け入れられたり拒まれたりしてきた。しかし、エルンスト・ユンガーやマルティン・ハイデガーの生涯にわたる作品は、その無愛想な性格ゆえに、折々の流行に、つまりさまざまな好悪の念に、抗い続けるものである。両者の作品が無愛想なのは、それが抜本的な徹底性をそなえているからである。ユンガーほど、二〇世紀の大渦に巻き込まれ続けながら叙述や探求を行った人物もいないが、彼はその渦のなかで我を失ったりはしなかった。ハイデガーの思索の冒険は、この数世紀にわたるほかのすべての偉大な哲学的成果から区別されるものである。というのもハイデガーは、以前ヘーゲルだけが行ったように、夕べの国の思索の全体にあらためて入り込み、はるかに遡る歴史との関連のなかで自身の時代たるモデルネを把握しようと試みたからである。この両者による表現や解釈が緊張に満ちた出会いをするとき、モデルネの世界に適切なアプローチができるかどうかの可能性そのものがことさら問題となるがゆえに、このモデルネの世界は、並はずれて明るい光に照らし出されるようになる。こうして、この時代がユンガーやハイデガーの作品の織りなす星座的布置のなかで本質的に認識可能なものとなるとき、この布置関係は実際に、モデルネの自己理解の内部における破天荒な事件の一つとして数えられうるのである。

だが、すでに述べたように、「破天荒な事件」というのは大袈裟な言葉なので、まずはできるかぎり単純に、ここで問題になる一つ一つの出来事について尋ねておくことが必要であろう。そこで明らかになるのは、まず第一に、ハイデガーによるユンガー批判に比べると、ユンガーとハイデガーのあいだの対決はこれまであまり扱われてこなかったという事実である。ユンガーは、一九五〇年にハイデガーの七〇歳の誕生日を祝して刊行された記念論文集の一章に一篇の小論を寄せたが、これはニヒリズムの究明を狙いとしており、ハイデガーのいくつかの思索のモチーフをほのめかしつつ、それらにどこまでも賛意を示すものであった。のちの回顧によれば、その際に著者ユンガーが「格別の努力」なるものを捧げたのは、ハイデガーとその哲学を擁護しようと考えたためだけではなかった。この小論は、「自分自身の関心事」を検討しようとするものでもあり、ユンガー本人が述べているように、「二度の地震ののちにふたたび確かな脚で立とうとする、当事者による試論(2)」なのである。重要なのは、カタストロフの刻印を受けた二〇世紀なかばにおいて、このような方向づけをともなう試論が著されたことである。ハイデガーにとっては、五年後に出版されたユンガーの七〇歳記念論文集が、この小論「線を越えて」(*Über die Linie*)」に応答するための機会となる。書簡形式による応答は、もともと「「線」について

(Über „die Linie“)」と題されていたが、のちに短い序文を付されて『存在の問いへ』という題を与えられることになる。この論稿は、慇懃でありながらも決然とし、敬意を表しながらもときとして辛辣さを滲ませる仕上がりとなっている。

こうした仕上がりは、確かに記念論文集に寄せられたテクストの内容としては奇妙であるとはいえ、ハイデガーとその宛先人たるユンガーの場合に関しては、まったく納得のゆくものである。これは、哲学者の批評を受けてもなお書こうと欲する作家に向き合った、哲学者の決断と関係する。より的確にいえば、審美的態度に向き合った哲学的省察の辛辣さである。この辛辣さのもとでは、出来事や行為に参加するものは誰であれ、自分自身から距離をとると同時に、自分自身をより繊細で非人間的な第二の意識対象にしようと試みるのである。[3] これについて、ハイデガーは述べている。「書くことが、書くことそれ自体として行為に参加するとき、その感銘を通じて、特別な感銘を与えるものとなる」。ハイデガーが加えて言うには、書くことは「しかし、その感銘を通じて、並はずれた危険のなかに、つまり度を越した責任の前に」連れ出される。というのは「そのようなやり方で参加し続ける者にとっての責任は、考えうる限りの問題性（Fragwürdigkeit、問うに値すること）の内部にある不断の問いかけ（Fragen）に」起因する「応‐答（Ant-wort）のなかに集約されなければならない」ず、だからこそ「こうした問題性に対する対‐応（Ent-sprechung）として引き受けられ、実行されなければならない」からである。[4] わかりやすく言えば、この二十世紀の出来事や行為について書くということが実り豊かなものとなるのは、それが哲学的に果たされる場合だけなのである。書くことからおのれ自身の時代に対する自由な関係が誕生するとしたら、書くことは根底からの問いかけに導かれていなければならず、また書くという概念において濁りなく透明なものでなければならないはずである。

　ここでハイデガーは、古来のあるモチーフをそれとなく変奏している。それは、わけてもプラトンの『国家』における有名な哲学による詩作への批判である。しかしそれと同時に、ハイデガーとユンガーとの関係におけるさらなる一つの契機が登場してもいて、その際この哲学者の記した文章は、この作家の文業の問題含みの性格を当の作家自身の前で解明しようとして、じつにおかしな時期の取り違えを犯している。というのは、小論「線を越えて」の著者にしてみれば、「行為に参加する」ことなど、もうながらく経験していなかった事態だからである。三〇年代初頭にはユンガーの国民革命派としての活動期は終わっており、それにともないユンガーの時代判断のパースペクティヴも変容していた。ハイデガーのために書いた小論の本質は、初期の著作に対する自己批判的修正ですらある。この二十世紀という「奇怪な世界」にあっては、発展というだけでは充分ではないように思える、とユンガーは書いている――「むしろ、オウィディウスの意味での変身でなければならない。現代風の言い方をすれば、突然変異でなければならない(5)」。

　他方、ユンガーのパースペクティヴの何かが変化した点については、ハイデガーも基本的には争おうとしていない。ただ、ハイデガーは、その変化が変身や突然変異といった意味でなされたものではない、と評価している。ハイデガーにしてみれば、ユンガーの変化はむしろ、かつての明晰な記述の喪失であり、せいぜい過度的段階にすぎないように見える。ハイデガーが述べるところによれば、「書くことを導く視角と視野」は、「かつてのようにもはや適切に定められていないか、もしくはいまだ適切に定められていないかのいずれかである(6)」。ハイデガーはこのことを問題視している。ユンガーは、自分の初期のパースペクティヴをもはや受け入れようとはせず、かといって新たなパースペクティヴをいまだ取り入れてはいなかった。あるいは、取り入れること自体ができずにいるのかもしれない。このときハイデガーから見れば、ユンガーは過去のパースペクティヴの「見取図」に拘束され続けていることになる。(7) ユンガーの立場は確かに変化したかのように見えるかもしれないが、それでもハイデガーにしてみれば、ユンガーは「同じ言葉」(8) を話している。

ここから、両人の対決における複数の水準が浮上してくる。ハイデガーはユンガーに、自身の記述が一貫していることを悟らせようとしており、ユンガーをその初期の立場に固定しようとする。このことは、ユンガーの初期の立場と対決する機会を得るという意味で、ハイデガーにとっては、とりわけ重要になる。――見たところ、ハイデガーの優先的な関心事はそこにありさえするらしい。ユンガーもまた、自分自身の初期の立場に取り組もうとしている。だが、それを実際に果たすために、ユンガーは自らのパースペクティヴを変更せねばならなかったのであり、そうである以上、ハイデガーのユンガーへの応答は的外れということになる。加えて、ユンガーがハイデガーのパースペクティヴに接近し、さらに場合によってはユンガーがそれをより的確にとらえたり、その長所を相対化したりする可能性を切り開くような地点を、ハイデガーは逃してしまったのかもしれないのである。私が示したいのは、実際にそのような事態が起ったということである。ハイデガーは、三〇年代初期のユンガーを批判しようとこだわり続けるあまり、自らの思索がユンガーのもとで本質的に実現されるばかりでなく、緊張感溢れる補塡がなされるかもしれないというモチーフを、逃してしまうのである。

だが、以上のような事態を見てとれるようになる前に、ハイデガーとユンガー両者の立場とモチーフがより明確になっていなければならない。二〇年代後期と三〇年代初期を起点としてユンガーの立場に取り組もうというハイデガーの関心は、さらに仔細に観察してみれば、さほど驚くに値するものではない。わけても大部の試論『労働者』のなかで表現されているこの時期のユンガーの立場は、ハイデガーの思索においては画期的なものであった。とはいえその点は、一九五三年に行われた講演「技術への問い」が『労働者』の記述に負うところがあり、そこから後々まで残る援助[9]を受けているという、『存在の問いへ』での証言によって、せいぜい仄めかされているにすぎない。また「一九三九年から一九四〇年にかけての冬に［…］大学教員たちの小さなサークルで[10]」ユンガーの本を究明したというハイデガーの報告にしても、ユンガーの本がハイデガーの思索にどれほど根本的な影響を与えたかについては、ほとんど何も情報を与えていない。一九四七年の書簡における簡潔な表現では、技術や技術の規定に関連する問題は「私が一五年前からすでに思索を巡らせてきた事柄である[11]」と述べられており、こちらの方がむしろ適切な表現である。ユンガーの『労働者』は一九三二年に刊行されたもので、見たところハイデガーはこの本をとおしてはじめて技術および技術の刻印を受けた世界の根本的に新たな本質に対する問いを取り上げ、さらにその問いを核心的なものと考えるようになったらしい。ユンガーとの対話がなかったとしたら、ハイデガーが、三〇年代の後半に『哲学への寄与』で練り上げ、戦後に一連の小品で続行したような、現代についての時代診断に到達することは、おそらくなかったであろう[12]。

ハイデガーに対する『労働者』の影響については、うまく跡づけることができる。ユンガーのこの書物は――すっかり時代に染まった著作であるにもかかわらず、また綱領的な著作として完全に誤った評価を与えられたにもかかわらず――、モデルネにおける技術革命を理解しようとする、いまだに最も興味深い試みの一つである。というのも、技術の刻印を受けたモデルネに関して、ユンガーはいかなる素朴な進歩信仰にも陥らず、彼の時代に少なからず広まっていた文化ペシミズム的な評価にもとらわれずに振舞っているからである。[13] 技術的世界に対するこのような独特な態度は、しばしばハイデガーに帰される洞察の根底に置かれているものであり、技術は道具としては、また道具のように手仕事の手段に用いられるようなものとしては捉えることができない、という見立てである。[14] ユンガーにしてみれば、「根本的な錯誤」は、「人間を技術に対する直接的な関係のなかに置くこと」にある。技術に対して直接的な関係のうちに置かれたとき、人間は「自分の身の丈に合わない力を呼び起こす魔法使いの弟子、あるいは人工楽園をつくろうと急ぐあまり進歩を中絶させる創造者として」現れるからである。[15] 魔法使いの弟子も創造者も、技術にとっては不適切である。というのも、いずれの例においても技術は人間の行為へ還元されており、技術とともに人間の行為にとって根本的に新しい条件がはっきり現れてくるという事態が――ユンガーが労働者の概念によって示そうとするあの新たな世界現実という条件が――無視されているためである。そうした条件の獲得を促進するにせよ妨害するにせよ、また歓迎するにせよ慨嘆するにせよ、そのような試みはすでにしてこの条件に隷属している。それゆえ進歩信仰は単なるイデオロギーにすぎず、そこでは新たな現実が見通しを与えられないまま表現されているのである。あらゆる種類の保守主義が『労働者』の新たな世界に抗って伝統の存続に固執しようとしても、そのような伝統を救済して生き永らえさせることはできない。かくして、ユンガーが「英雄的リアリズム」と名づける態度によって技術革命を受け入れる可能性だけが残されることになる。

ユンガーへの書簡として著された『存在の問いへ』のなかで、ハイデガーは『労働者』の独特の成果を要約している。ここでハイデガーは、『労働者』において「第一次世界大戦後の局面におけるヨーロッパのニヒリズムについての記述」が与えられた、と述べている。さらにハイデガーはこう付け加えている。「この作品の影響力は、あらゆる現実的なもののもつ「全面的な労働的性格」を、労働者の形態から明らかにしていることにあった――そしてその役割を変容させながら、いまなお影響力を及ぼし続けている。こうして、当初ヨーロッパ的なものとだけとらえられていたニヒリズムが、惑星的な傾向として現れてくるのである(16)」。

2

『労働者』を出版した当時であれば、その著者はこのような解釈を断固として拒絶したかもしれない。それがヨーロッパ的なものなのか惑星的なものなのかはさておき、ユンガーがニヒリズムについて記述したという見方は、本人にしてみれば単に本質を外した誤解と感じられるにとどまらず、技術革命によって明確に浮上してくる「計算」というあの新たな現実を担いえないことの現れと映るに違いない。それどころか、この書物が示しているのは、ある新たな原理が、つまり新たな世界形態が力を発揮するのに伴い、たとえそこから目を逸らしたとしても、世界の変容がもっぱら破滅的なものとして経験されるという事態である。だが、そのように目を逸らそうとする者だけが、技術の刻印を受けた世界をニヒリズム的であると考えるのである。ニヒリズム的なのは、没落しつつある時代の尺度やそうした時代の存続になおも傾倒し続けることであり、古いものやかつて支配していたものの消滅以外には目を向けなくなることであり、ニーチェの表現を借りれば「至上の価値が無価値になる」[17]喪失経験に心奪われることである。こうした立場は、『労働者』の著者にとっては疎遠なものである。旧来の世界の消滅に傾倒することはユンガーの関心事ではない。新たな世界を目のあたりにしてなんら疑いを抱かないからこそ、新たな責務を問うこと、つまり新たな価値を問うことはユンガーにとってはつまらないものに見える。それゆえ『労働者』の著者の思索は、現代を進むべき方向を欠くものとみなし、新たな方向性を、すなわち新たな価値を告げる活動に参加しようと欲するようなニヒリズム的性格をもたない。ユンガーは現代の意味に疑念をもっていないが、それというのもこれからはじめて到来するものに希望を感じているためである。したがって、ニヒリズムを「あいだの時代」とみなす思考、つまり進む方向を失って「もはや-ない」と「いまだ-ない」のあいだに繋がれることは、ユンガーとは完全に無縁である。「価値の転換に取り組むことは、もはや無用になった——新たなものを凝視し、そこに参加すれば充分なのである」[18]。

とはいえ、ユンガーが抗議するにせよ、解釈が否定されたとまだ決まったわけではない——著者がはっきり認識していないとしても、やはり『労働者』はニヒリズムの記述であるかもしれないからである。しかも、この書物が刊行された二年後に、ハイデガーの解釈がユンガーによって裏づけられているのが実情でさえある。ユンガーは『労働者』の時代診断的な問題設定をさらに前進させたが、ニヒリズムに関する信条は、その際少なからぬ変貌を遂げることになった。ユンガーは一九三四年の小論「苦痛について」のなかで、次のような結論に達している。「私たちは、ニヒリズムの最終局面に、しかもきわめて奇怪な局面にいる。この局面を際立たせているのは、新たな秩序がはやくも遠くに追いやられてしまっているにもかかわらず、この秩序に代わる価値がいまだ目に見えるものとはなっていないという事態である」[19]。そこでユンガーが注釈として挙げているのは、「高次の組織的能力と価値に対する完全な色盲、また内容なき信仰と正統性なき規律が併存していること——手短にいえば、理念や組織や人物といったものすべてを代表する性格」[20]である。『労働者』の思想の核心は、技術革命とともに根底からして新たな現実が鮮明に現れるというものであり、この時点でのユンガーはもちろん、その核心を放棄していない。だが、ここでユンガーが発見しているのは、こうした新たな現実とともに、その現実に適合する新たな規範が形成されるわけでは必ずしもない、という事態である。新たなものが生じうるとしても、新たなものについぞ適合しようとしない思考様式や行動様式のもとでのことであったとすれば、そこに参加するだけではもはや不充分である。新たなものに参加することが新たなものにまったくふさわしからぬ社会的・政治的組織に参入することに繋がるとしたら、またことのほか「貧弱な凡庸さ」[21]を特徴とする名声や権力に人々が殺到するとしたら、その不充分さたるや言うまでもない。忘れてはならないのは、ユンガーがこれを一九三四年に書いており、したがって当時の体制の状態のことを、自身の歴史哲学的な見取図を実行するものとしては前々からほとんど評価できなくなってもいただろうという点である。『労働者』は国民社会主義の先駆となる綱領的な著作であると好んで言及されるが、そういった風評からはきっぱりと決別しなければならない。

しかしここで決定的に重要なのは、ユンガーも技術的現実のことをニヒリズム的であるととらえている可能性があることである。技術的現実は、欠如によって規定された現実であって、それゆえ理念や組織体制や人間が整わないかぎりニヒリズム的である。技術的世界は、いまだそれにふさわしい生活様式や責任能力が見出されていない、巨人族の実験場と同義である。このため、代用品による埋め合わせや実体なきものの実体化に依存する傾向や危険性が、技術的世界にはつきまとうことになる。ユンガーはここで、国家のなかに「礼拝に値する偉大さ」を認めようとしたり、技術とエトスを「奇怪にも」同一視したりする試みを例に挙げている(22)。技術による世界の脱魔術化によって誤った魔術へと陥るという事態は、ままあることである。製作可能なものは、その評価を可能にする文脈のなかに置かれていない場合には、それ自体として正統なものと見なされる。そうしたまがいものの神話と技術支配《テクノクラシー》は、ニヒリズム的な兆候として看破されることになる。

そうした考察によって、ユンガーはのちに小論「線を越えて」で採ることになる立場に、実際にはすでに到達していたのである。「ニヒリズムは拡張された秩序の体系とよく調和しうる」のであり(23)、亢進したニヒリズムの状態が大多数の者にとって常態となったという洞察は、「線を越えて」では露骨なまでにいっそう精緻に貫徹されている。もっとも、「線を越えて」が「苦痛について」にはいまだ無縁であった思考の周囲をめぐっていることも確かではある。「苦痛について」ではまだ――「個人が技術革命に没落への準備を見てとるにせよ、朽ち果てた十字架と崩れ落ちた宮殿の立つあの丘の上に新たな旗を立てるとき、それに先立って感じられるあの不穏を認めたと信ずるにせよ(24)」――技術革命の過程に参加することが、個人にとっての唯一の可能性と見られている。言い換えれば、初期の著作によれば技術的世界は個人にとって選択肢のない根底的なものとされているのである。他方、後期の文章において、ユンガーは「徹底的破壊を目の当たりにした人間がニヒリズムの吸引力のなかでいかにして存続しうるか(25)」について思考をめぐらせることになる。もちろんユンガーは、その後の歴史の経過のなかで、ニヒリズムを超克する可能性について問うことを断念しはしなかったし、その際には状況が決定的に一九三四年よりも好転していると評価してもいる。一九三四年からその当時までのあいだ、「ある種の絶頂に達したため、荒々しいニヒリズムの過程に参加する魅力は失われて[26]」しまった、というのである。とはいえ、伝統的なものを革命的に破壊することがもはや魅力的でなくなったとしても、伝統の存続はいまや、人目を引かないやり方で、ひょっとしたら革命よりもさらに効率的なやり方で排除されつつある。こうした考えの行き着く先として、常態化したニヒリズムに抵抗する可能性は、個人に委ねられることになる。個人の内面は「この世界の本来の法廷[27]」ですらあって、それゆえニヒリズムは内面において超克されうるのであり、また超克されねばならない。技術的モダニティの生活様式を個人に強いる世界にあって、それでもなお個人がいかにして自身の自由を守るか、また自由のなかに生きうるかが、ユンガーにとっての問題となってくる。

それが可能となるあり方こそ、この小論の表題となったあり方、つまり線を越えて歩を進める、という言い回しで表現されているものである――同じ意味で、零地点をまたぐ、ともユンガーは言っている。線を越えて歩むことは、ニヒリズムから抜け出ることである。だが、線をまたぎ終えた後では、満たされた現実の状態ではなく、同一の世界における別の経験に関わり合うことになる。「サラマンダーのごとく炎の世界をうごめく精神の前には、いかなるかたちが現れるのであろうか。そのような精神はここに、古いやり方でつくられた構造物を見出すはずである。かかる構造物は、たとえチベットにあったとしても、もちこたえることは不可能である。この地点において精神は、そのうえであらゆる価値が溶解し「苦痛」がそれにとって代わる線を見てとるのである。かくして精神は、徐々に姿を現す輪郭の数々をふたたび目のあたりにする」[28]。線を越えて歩むことは、世界についての理解を転換することと同義である。かつてであれば消滅や溶解と映ったものは、いまや新たな諸形式の合流として、言い換えれば新たな意味の形成として現れる。のちにユンガーはこのような考えを、モダンアートを検討するために効果的に活用しつつ、大部の論考『接近』のなかで変奏していた。そこでは、アウグスト・マッケの絵画について、色彩が「零地点をめぐって溶解し、しかるのちにふたたび結晶化した[29]」ように見える、と述べられている。

そのような経験の中心点に位置するのが苦痛である。苦痛とは、消滅と溶解の収斂点としての無を直接的に経験することである。だが、無を前にして耐え抜くことができるところでは、無の本質は、破壊しつくす作用から無限定の充溢へと方向を変える。この無限定の充溢は、自らのなかから、限定されたものを生み出していく。人は、消滅や喪失の経験において消えたものや失ったものに拘束されるかわりに、いまや新たなる「存在への向き直り」という自由のなかに置かれるようになる。それとともに、「線を越えて」の言葉を借りれば、「現実的なものが輝きはじめる[30]」。つまり、現実的なものが原初的なものの輝きを獲得するのである。かつて衰退の兆しと思われたものは、いまや新たな世界の形成作用とすら理解されうる。かくして、ある世界との関係のなかに絡めとられ続けることのない場所はどこか、また、存在するものに対して自由な関係を勝ち取ることができる場所はどこかという問いだけが、思索の対象となりうることになる。

ユンガーの思想からうかがえるのは、技術的世界の形式への信頼に根差した素朴な進歩についての楽観主義では断じてなく、技術という条件の下であっても、人間の生全般の遊技場として一つの世界のごとき何かが存在しうる、という信頼である。これは、破滅と没落が形成と勃興に姿を変えるという観点からすれば、存在の汲めども尽きぬ充溢に対する信頼といえる。それはまた、自己自身から繰り返し新たな諸形式を生み出すことによって、時間のなかで消滅と生成として現れるものに作用を及ぼす、あらゆる現実的なものの無尽蔵の根拠への信頼でもある。それは、ひいては、時間をただみずからが現象するための遊技場とするような、何らかの存在を信頼することである。かくして、ユンガーが断片集『ズグラッフィート』中の最後の文章で述べているように、死もまた単に「私たちの現象のうちの一つ、言い換えれば凝集状態の一つ」であるにすぎないことになる。ごく稀なものをめぐる現象の戯れを貫く経験はすべて、個人に「一回の生のみならず、永遠の生によって報いられることを期待」させるからである[31]。ユンガーは、時間的なものや移ろいゆくものを永続的な存在の現象として理解することによって、形而上学的に思考する。ユンガーの関心事は、形而上学によるニヒリズムの超克である。言い換えれば、ニヒリズムを耐え抜くことに端を発する形而上学的経験なのである。

3

ハイデガーのユンガーへの応答をごく表面的に読んだとしても、両者の対決の焦点がここにあることは、すでにして疑いえない。ユンガーの著作についてハイデガーは「形而上学に根差したままにとどまっている[32]」と述べているが、この言い方に即して、「存在の問いへ」のなかで最も目を引く一文をユンガーの思想と関連づけてみなければならない。ユンガーの思想によれば、線を越えて歩むことが、新たなる「存在への向き直り」をもたらすとされる。それに対して、ハイデガーはこう考える。「形而上学的表象は存在の本質への問いを思索することを妨げるがゆえに、形而上学の言語を放棄しないのであれば、存在の本質への問いだけが死に絶えてしまう」[33]。つまるところ、「形而上学の言語と形而上学そのもの」が「線を越えてゆくこと、つまりニヒリズムを超克することを妨げる」[34]障壁となるのではないか、というハイデガーの問いを、テーゼとして理解すればよいのである。とすれば、結局のところ、ハイデガーはユンガーに対して個別の疑義を差し挟んでいるのではなく、「線を越えて」という著作の骨子そのものを根底から拒絶しているということが明らかになる。こうして、直後の箇所でハイデガーが論じているように、「線ヲ越ユル（trans lineam）ことの可能性」は消失し[35]、ハイデガーのテクストのそもそもの表題が示すごとく、ニヒリズムの現象が把握される文脈を獲得するため、線というユンガーの思想の形象を問題とすることだけが残されることになる。

もっともその際、ハイデガーはユンガーの思想の中心全般に立ち入っているわけではない。消滅と喪失の経験に向き合うとき自由を獲得することが可能かどうか、また可能となるとしたらそれはいかにしてか、という問いは、ユンガーとの関連で検討されることはない。ユンガーの著作の形而上学的性格についてのハイデガーのコメントは、一貫して『労働者』にのみ向けられている。この書物が実際に「第一次世界大戦後の局面におけるヨーロッパのニヒリズムについての記述」[36]を与えているという前提の下では、ニヒリズムの超克ではなく、ニヒリズムそのものが形而上学的なものとされる。この事実は、形而上学について両者のもっている異なった構想がここで介在しているのではないか、という疑念を引き起こす。

このような疑念については、少なくとも一目見たかぎりでは、ユンガーの構想の方がわかりやすい。「地上には、「形而上学」という言葉からしてすでに異端として迫害される土地」がある[37]、とユンガーが述べるときにはっきりと現れているのは、表面上の機能や唯物論への還元には飽き足りない思索のもつ、転覆的な性格である。これに対し、ハイデガーのテーゼは、機能主義や唯物論それ自体を形而上学的と名づけようとする過大な要求と結びついている。この二つの形而上学構想のうちのいずれが、現時点で妥当かと問うとしたら、両者の関係は、解明されるよりもむしろ隠蔽されてしまうこととなろう。形而上学の構造としてハイデガーがごく簡潔に強調しているものは、ユンガーの考察にも当てはまるからである——ただ、ユンガーはこの構造にまったく異なったやり方で向き合っているのであるが。ハイデガーによる別の——もっともまったく別というわけでもない——形而上学理解を問うことによってのみ、この論争全体の核に到達することができる。

ハイデガーが理解するような形而上学とは、「哲学の学説でも分野でもなく[38]」、存在者とは何かという問いに哲学が向かっている限りでの、哲学そのものの本質にほかならない。このことは、その領域の対象を把握したり記述したりするという、経験的な学問研究における問いとは関係がない。経験的な学問研究のようなものが実行されうるところでは、存在者とは何かという問いは、むしろすでに回答を与えられてしまっているからである。研究されうる何かとして理解されるものが、存在者なのである。ハイデガーが「存在者の存在[39]」について語るとき、そのような理解が関わりあう相手先のことが考えられている。「存在者の存在」とは、存在者が理解に対して根底的に現前するときの様式である。そうした現前の結果、存在者はそれぞれ個別に解釈されるようになる。つまり、存在者は個々のものとして認識され、研究され、記述され、処理されるようになる。だが、存在者の存在は、存在者に身を置くことによっては経験することができない。存在者とは何かという問いが浮上し、さらにある種の理解のなかで応答されるところでは、存在者はむしろ「乗り越えられ」ていなければならないからである。こうした超出こそ、形而上学である。超出としての形而上学は、実際には哲学上の学説ではなく、哲学そのものの生起なのである。

存在者とは何かという問いが始まるところでは、哲学の生起たる形而上学は、それまで有効であった身の置き所を喪失することと同義となる。存在者とは何かについてはいまだ知られることがないまま、むしろ疑わしさのなかで存在者が差し迫ってくるありさまだけが経験される。ハイデガーはこの状態を存在者の「現‐前（An-wesen）」[40]と名づけている。現‐前とは、特定のやり方で存在者をその存在において理解することで応答せよ、と人間が呼び求められるような生起のことである。

しかし、ハイデガーにしてみれば、このような応答のあり方のなかに、その応答を自明化しようとする傾向がつねに内在している。特定のやり方で存在者をその存在において理解することに依存すると、はじめてその応答を生ぜしめることができた生起のことは忘却されるからである。存在者とは何かという応答が自明化してしまった場合には、問いのみならず、問いのもつ応答としての性格も覆い隠されることになる。

このような考察を経ることで、ハイデガーのニヒリズム理解を展開するための前提がもたらされる。「完成されたニヒリズムの段階」についてハイデガーが述べるとき、その段階では、「あたかも存在者の存在のごときものはないかのごとく、存在と関係のあるものはないがごとく」に見える。[41]ハイデガーにとって、これはユンガーが『労働者』で記述したとおりの状況である。労働過程における利用可能性の見地からは、存在者はまずもってエネルギーの源泉の可能性として解釈され、また労働過程での能率を問うことが人間にとって自明なものとなる。その際には、ユンガーの記述した状況が、形而上学の生起する現実となることは確かである。そのすべてから、特定のやり方で存在者をその存在において理解するよう訴えかけられているからである。だが、労働過程それ自体が本質的なものとして現れることによって、こうした生起は隠蔽されることになる。そこでなおも関心事とされるのは、存在者を労働過程のなかで意のままに使用することができるように、存在者を操作したり確保したりすることだけである。ここではニヒリズムは、例えば世界が均一化したりすることによって、伝統的に身を寄せてきた可能性が失われること——これは単に症候であるにすぎない——とは、必ずしも同義ではない。ニヒリズムはむしろ、そのなかではじめて存在者の特定の解釈という現実が形成されえた、あの開性（Offenheit）を永久に喪失することとなのである。ニヒリズムの内部では、現実的なものの拘束性が最後まで残ることはない。

こうした考察によって、ニヒリズムが形而上学といかなる関係をもつのかについて明らかになろうと思われる。形而上学においては、存在者とは何かという問いに対する応答は、問いの生起や問いの経験から抜け落ちているため、現実的なものは途中で消えてしまう。これはニヒリズムに近接する状態である。にもかかわらず、形而上学の応答の自明化は、それ自体ただちにニヒリズム的ということにはならない。というのも、そこではいまだ存在者とその存在が区別されているからである。存在者とは本来的に何か、というように問われるわけである。ところが存在者は、ニヒリズムにあっては「用象（Bestand）」という意味で現前するものは自己充足している、とでもいうかのような見かけ」を呈してしまう。[42] ここでは、形而上学的な生起につきまとう自明化の作用が徹底して貫かれている一方で、形而上学的な応答としては無化されている。ハイデガーにとってニヒリズムは、このような二重の意味で形而上学の終末である——つまり、形而上学の完成にして滅亡なのである。

ところが、形而上学の滅亡としてのニヒリズムはふたたび、形而上学的な応答によって遮断された、あの開性の経験にもなりうる。存在者をわが物にしようとする無制限の意志ゆえに、存在者が意のままに使用され、そうした意のままの使用以外に何ひとつとして機能しなくなるところでも、存在というものが消滅することはない。ハイデガーが言うには、そこで存在は「比類なき不気味さ（Unheimlichkeit）のなかで突如として姿を現す[43]」。この事態は、ニヒリズムのなかで現実的なものが閉ざされるというハイデガー本人の思考に対して、何よりまず不可解な緊張関係に立っている。存在が「自分自身を覆い隠す隠れていること（Verborgenheit）のなかに[44]」あると言われるところで、最終的に示されているのは、もはや見通しえないほどの眩暈を誘う、ハイデガーの思考内部の相互関係である。とはいえ、ここで緊張関係に立つ二つの思考を、それでもなお統合することができる。「比類なき不気味さのなかで」突如として姿を現す存在を示唆するときに念頭に置かれているのは、形而上学の根底的生起からいまだに生じている、あるいはふたたび生じることになる経験である。他方、機能としての現実的なものがそれ自体で充分であるかのような見かけは、ニヒリズムに内在する経験であると理解される。機能主義と唯物論が生み出す空虚さは、形而上学の根源的経験から発生している。つまり、存在者を乗り越え、また存在者に身を寄せることを可能にする応答が除去されるところでは、存在者は不気味なものとなるのである。

一方では、このような不気味さの経験をニヒリズムに本来的なものであると理解し、さらにユンガーの構想における苦痛と照らし合わせるとしても、確かに間違いではない。他方ハイデガーは、ニヒリズムを超克する可能性に抵抗し、そのかわりニヒリズム自体のなかに存在の新たな経験が宿っていると見なすことで、辛辣にもユンガーの構想からふたたび身を引き離す。「ニヒリズムを超克しようと欲する」のではなく、「私たちは何よりもまずニヒリズムの本質を訪れようと試みる」とハイデガーは言っている。だが、それは「私たちがニヒリズムを置き去りにするための第一歩」[45]であるとハイデガーがつけ加えるとき、線をまたぐというユンガーの思想とハイデガーとのコントラストはさして激しいものではないことが明らかになる。ユンガーにおいても、消滅や退行の経験を際立たせ、耐え抜くことが問題となっていた。それによってのみ、従来的なものの溶解が、新たなものの初めての結晶へと転化しうるはずである。

線をまたぐというユンガー的な思考形態にハイデガーがどれほど接近しているのかについては、ニヒリズムの「本質」を訪れるという言い回しで考えられているものを見てみれば、いっそう判然とする。この訪問は、その存在における存在者の疑わしさに参入することと同義である。この疑わしさは、ニヒリズム以前の形而上学の記憶によって、さらにニヒリズム以前の形而上学はもはや反復しえないという記憶によって、もたらされる。このような形而上学的な応答においては、そうした疑わしさは阻止されえないものであり、その限りにおいて疑わしさは耐え抜かねばならないものであり続ける。つまり、疑わしさは開かれたもの、無限定なものであり続け、そのなかから存在者が姿を現すという新たな可能性が期待できる。存在の開性や無限定性は、ハイデガーによれば、「いまだ覆いを剥がされぬもの(Unentborgenes)」を保管する。開性や無限定性は「埋もれたままの宝を保護し、正しく探し出されることだけを待つ発掘品を約束するものである」[46]。このような経験がなされうるところでは、自明化された存在者の不気味な開性は、理解したり理解を分解したりする新たな可能性を約束する、別の開性へと転化する。これらの可能性に気づくこと、それも自明化された応答という膠着状態においてではなくそうした可能性に気づくこと、それこそ、これらの可能性を美的に、また詩作的にとらえることを意味しうるのである。

にもかかわらず、ハイデガーのユンガーに対する接近を指摘する試みは、両者の構想を調和させようとする目論見と混同されてはならない。ハイデガーにとっても、最終的にはニヒリズムのある種の超克が、したがってまた存在への向き直りが問題となっているのは間違いない。さらに、両者の近さを指摘することによって、哲学者が作家に対してこれまで繰り返してきた教師気取りの批判に光が当てられ、問い直すに値するものとされることも間違いない。しかし、ハイデガーにとっては、開性とは現在の眩暈のなかからのみ現れるものであるため、夕べの国の伝統という意味では、開性の経験はもはや摑みどころがないはずである。他方、現実性の汲めども尽きぬ根底というユンガーの思考は、この夕べの国の伝統に根差したものである。この違いは、ハイデガーが根源からというよりむしろその帰結から形而上学を理解していることから生まれている。技術的モデルネ自体が、夕べの国の伝統の究極の帰結であるがゆえに、そこで受け継がれた思索のなかには、技術的モデルネと自由な関係を結ぶ拠り所となるものは何ひとつとして存在しない。

ここでハイデガーに反駁することは困難であろう。近代の技術は実際に、紀元前五世紀のギリシア世界に起源を有する学知と学問という、あの文化から生じたものだからである。近代の技術は、その存在における存在者の疑わしさから、またあらゆる規定性および特定の世界理解の背後へ遡ろうとする経験から生じている。だが、他方でこの文化は、その起源においてすでに、支配を形成して物事を意に従わせるような思索に対する批判を形成してもいて、そうした批判がハイデガーにおいてもユンガーにおいても働いている。この批判がこうして成り立ったのは、それがすでに存在者についての特定の解釈には固執せず、現実的なものの背後に回って現実的なものの根底を問い直すものであったためである。ユンガーは、その零地点の魔術において、また溶解と結晶の戯れを注視するなかで、この問い直しの作業を美的に繰り返してゆく。その際ユンガーは、生の荒廃と水平化に立ち向かうため、形而上学の伝統という思考形態に屈託なく手をのばす。それによってユンガーは、当惑を覚えることもせず、愚劣な多幸感に身をゆだねたりすることもせずにこの文化産業の砂漠をやり過ごそうとするならば、私たちがこの伝統以外に何も持ち合わせがないことを明らかにするのである。伝統的な思考形態が新しく生き生きとした方法でなお分節化されるありさまを、ユンガーは後期作品のなかで披瀝している。これに対してハイデガーが強調するのは、形而上学的思索に備わる、支配を形成して物事を意に従わせる側面である。このように、ハイデガーとユンガーの織りなす星座的布置は、形而上学的伝統の両義性を示唆している。現代の概念という航海手段を用いてポスト形而上学的思索に習熟する代わりに、その両義性において伝統に参入する用意を整えるところでのみ、モデルネの自己理解は達せられうる。ハイデガーおよびユンガーという星座的布置において浮かび上がるのは、そのような事態に他ならないのである。

（長谷川晴生 訳）

おわりに

トートナウベルクのハイデガーの山荘

以前は多くの者がこの山荘について思い違いをしていた。ビュレーテンの家々の傍らを通り過ぎ、それらの家々の建つ傾斜地を登ってゆくと、鳩時計を思わせる小屋が姿を現す――もっともその小屋には時計の針も文字盤もついていないのだが。小奇麗に設えられた小屋は、この傾斜地にまさしく華を添えている。そのためしばしば撮影の的となり、ハイデガーの山荘として、世界中でアルバムに貼られたり、机上や書棚に飾られたりしている。

ところが、この山荘は傾斜地の中腹に位置している。谷間へ向かって山荘を遮るように立つ木々が葉を茂らせているため、谷底のほうから山荘はほとんど見えない。「ラートシェルト」と名づけられた高台から山荘へと通じる野の道を歩いても、山荘にたどり着く。山荘が見えなくても、森を抜け高台のラッヒェンヴァーゼンを超えると、もう一つの谷間へ通じており、お望みならさらにステューベンヴァーゼンやフェルトベルクまで行くことができる。山荘にたどり着くには、この道からすぐさま右手に外れてさらに下らねばならない。木々と鬱蒼とした草叢の間をぬって狭い小道が続き、そこから開けた場所に出るとすぐに大きく伸びた屋根が見える。屋根は発射台のように傾斜地の草叢に接している。山荘は身をかがめるように傾斜地に食い込んでいて、地下道か鉱山の入り口のようである。

少なくとも草叢から歩み出るころには、水音が聞こえてくる。山荘の左手で湧き出て井戸へと繋がる泉から、水音は響いている。中をくり抜かれた木の幹の井戸桶があり、その後ろには木製の樋のついた木製の水栓柱が設えられていて、水はそこから井戸桶へと流れている。水栓柱の頭部には星型の彫刻が飾られているが、これは、パウル・ツェランの詩「トートナウベルク」にも登場している。

山荘への入り口は谷間へ向いており、木製の外階段を二段登ると扉がある。扉を開くと、風除けの間を通って部屋へと入ることができる。左手の隅には机のついたベンチがあり、さらにほぼ天井から隅にかけて書籍と食器を収めるための棚板が設えられ、そして暖炉と竈がまっすぐ天井へ向かって伸びている。これが台所である。台所は、暖を要する病弱の子ども用の狭い寝台で区切られている。

さらにもう二部屋、寝台つきの子ども用ないしは客人用の部屋と、寝室兼仕事部屋がある。いずれも狭く足の長い寝台が二つ、部屋の隅に壁伝いに設えられている。部屋の扉は寝台の足元の側の壁にある。扉の左手には「工芸品」と呼べる暖をとれる座席があり、その後ろにもう一つ寝台がある。部屋の一方の窓側の壁には、隅に押し込まれ壁に密着した作業机が置かれており、作業机の左側、もう一方の壁には四つの棚板が取り付けられている。窓の上にももう一枚棚板が設えられている。机上には円筒形のランプが一台置かれ、もう一台のランプは一番上の棚板に置かれており、そこから仕事場に補助光が提供されている。壁はいずれも木製の質素な板張りである。書き物机の向こうの窓からは、星型の飾りのついた泉が覗いている。

山荘の空間は狭く、万事抜かりなく心配りがなされてはいるものの、この上なく質素である。飾りつけも装飾品もない。中型の図書室も作業場には不釣り合いなほど大きいものであっただろう。棚もわずかな書物と草稿を収めるためには十分なほどである。この山荘では資料を要する研究など目論まれていない――研究のための参考文献も、全集も、一連の注釈書や論集もない。著作や講義に関する仕事の間は、たしかにしばしば机上に筆記用紙と並んで書物が一冊だけ置かれることもあった。それは持ち込まれたわずかな書物のうちの一冊であった。長い間この山荘までの道は厄介なものであり、通常の移動手段はリュックサックであったため、荷物も限られざるをえなかったのだった。

山荘を訪れた者はただちに、そうした制約が意図されたものであったことを悟る。何もかもが自然のままであるべきだとされているようなのである。ここで求められたのは、自然に密着した生活と当時のアンチ・ブルジョア風のスポーツであった。一九二二年にこの山荘を設計し、建築費用を調達し、建築作業を整えたエルフリーデ・ハイデガーにとって、ひとつの手本があった。ヒンターツァルテン近くのジルバーベルクにあるフライブルク女子学生団体のクラブハウスである。

だが、この地にはハイカーやスキーヤーのための宿もなかった。狭い空間で二人の幼子を抱えての山荘での生活は、労働量からみれば、おそらく稀にみるほど過酷であると言えよう。いずれにせよ『存在と時間』はこの山荘ではなく、山荘の下手に位置するビュールホーフで成立した。短距離ではあるものの険しい草原を下るのは仕事のためであり、またその草原を登るのは、近隣のグレッケルホーフの鐘の音が知らせる昼休みをとるためであった。そして夕方になるまで、彼はふたたび借り上げた仕事部屋へと下っていったのである。

著者の名前ときわめて密接に結びつけられたこの書物が、彼の著した他の多くの書物と同じくこの山荘で成立したわけではないとしても、やはりこの山荘は、彼の思考の場所であった。こうした彼の思考そのものが、この山荘によって具体的な形と場をえたのである。この山荘と同じく、何十年にわたり用いられた仕事場は、彼の仕事そのものについても多くを語ってくれる。この山荘で重要となっていたのは、やはり制約である。哲学的思考の始まりへと立ち帰って、哲学的思考が生まれてくる泉を発見することが重要だったのである。そのために必要とされたのは、静けさのなかへと歩み入ることであった。山荘の住人であるとともに思考に精通したこの人物が念頭に置いているのは、思考が発する多くの声であるが、そうした声が次第にかすかなものとなり、最終的には鳴りやむこともあるような、そうした場所が必要とされていたのである。

静けさのなかでしか生まれえないものがある。静けさとともに、机上の書物の文章から何ものかが立ち現れてくる。あたかもさまざまな命題の織物が深みから輝き始めるかのようにして、この何ものかは存在するようになる。さまざまな命題をとおして輝くことで、それは突然はっきりと姿を現すのである。それは命題のうちで語られたり考えられたりしたことではなく、むしろその意味である。こうした意味は、語られたり考えられたりしたことに注意が向けられるときには決まって、隠されたままになる。いかに言葉を尽くしても、この意味を十全に捉えることはできない。語られたもののうちで意味がその動機として姿を現したり、また意味そのものとして姿を現したりするにせよ、やはり意味は語りのうちで変容されるか、すっかり損なわれざるをえない。思考のなかで動機が姿を現すことはないのであって、むしろそうした動機は「思考の事柄」である――それ自体は特別な思想でなくとも、思考の事柄は思考のなかで扱われるものなのである。

思考の事柄は、必ずしも思考されざるままにとどまるわけではない。思考の事柄が言葉となるために、思考は思考の事柄に対して比類なき要求を掲げる。思考はあらゆる思想の背後へ回り込み、あらゆる思想をその深みまで突き詰めようとするが、それはあらゆる思想を思考の出来事としてその動機から把握するためである。この点で思考は制約されている。こうした制約のなかで、思考は事柄に即した公平さと厳密さを見出すのである。

思考の事柄についての思考は、それ単独で現れることはない。そうした思考が可能となるためには事柄が姿を現していなければならない。このおのれを現すものが見てとられるためには、経験と習熟が必要である。この山荘は、こうした経験のための作業場をあらかじめ提供していたというだけに尽きない。傾斜地のわずかな農家の集落からも外れに建っていたので、この山荘は思考において生じる出来事をそのものとして経験するという機会をもたっぷり提供した。その出来事とは、開かれ（Offenbarkeit）の出来事、すなわち無からのごとくに出来したり現れたりするという出来事である。この出来事は、現れざるものや現れざるままに隠れているものに逆らって際立たせられることによってのみ与えられるような現れである。それは現象するものの出来事であって、あらゆる個別の諸現象をそれとして成り立たせ、それとして生じさせるのである。

山荘は谷間を眺め渡すように建っている。山荘の前に立つと広大な眺望が開ける。あるがままの素朴な姿で、山荘は「自然」と呼ばれるものから身を守ってはいるが、そこから分かたれてもいない。屋内にも光が差し込み、風が流れ込んでいる。山荘は何も遮らず、何も山荘からは排除されていない。ひっそりと佇んでいるからこそ、山荘は光の去来や大地の繁閑に開かれた場所、ひいては去来の運動や、現出と滞留の運動にも開かれた場所なのである。昼夜の交代、風のそよぎ、すべてを白く包み隠し降り積もる雪——そのいずれにおいても、自己開示と閉鎖の出来事が、簡素であるがゆえにとりわけ印象ぶかいありさまで胸を打つ。このようにして山荘は、現象するものの根本経験を与えた。山荘は、いかなる哲学の言葉にも先んじるもの、それゆえいかなる哲学の言葉をも徹底的に気分づけているものについて省察するための、飾らぬ場所だったのである。

もはや山荘を見失うことはない。「マルティン・ハイデガー遊歩道」は、六キロほどの長さの平坦に伸びた散歩道だが、それを進めば間違いなく山荘に辿りつく。運が良ければ、ハイデガーの息子や孫たち、また彼ら家族の私生活を垣間見ることもできる場所もある。遊歩道には、ハイデガーの学説を掲示した案内板が立っており、逸話を伝えてくれている。この案内板は、散歩道を進む多くの人々にとって、最初の手引きとして役立つ。けれども一哲学者の数奇に満ちた人生は、案内板で伝えられている風変わりな日常生活や親しみやすさの影に隠れてしまっている。

この案内板には山荘についてはほとんど何も書かれていない。山荘はほぼ昔と変わらぬまま、今も一族所有の週末休暇用の別荘としてそっと佇んでいる。山荘は博物館としてはあまりにも収益が少ないので、こうした利用方法にも納得がいく。想いを込めて蒐集した書籍もなければ、絵画もコレクションもなく、生涯にわたって馴染んだ家具があるわけでもない。そうしたものがあれば、この山荘もそれらを収容する建物になり、やがては居住者が帰郷した際の逗留所になったかもしれない。だが、そのままの素朴な姿では、山荘はそうした建物にはなりえなかった。とはいえこの山荘は、思考の熟練の場ではあった——ほかのどこにも馴染まぬような思考が馴染む場所であったのである。そんな場所として、この山荘が突如生き生きとし始めることがある——まるで当初は覇気のない表面的だったものが、暖かな光に包まれ、いまや輝きと深みを得るかのように。この山荘がそれにふさわしい思考のなかから現れるなら、そうした姿をみせてくれる。そのときこの山荘は、おそらくひとえにこうした思考の瞬間のために、こうした思考の力のために、私たちの胸を熱く満たしてくれるのである。

（齋藤元紀 訳）

監訳者あとがき

本書は、Günter Figal, *Zu Heidegger. Antworten und Fragen* (Heidegger Forum Bd. 1), Vittorio Klostermann, 2009 の全訳である。

本書の訳出にあたっては、東京のハイデガー研究会の若手メンバーが訳者となり、中堅以上のメンバーが監訳者を務めた。本書は、フィガール氏も編者を務めるヴィットリオ・クロスターマン社刊行の「ハイデガー・フォーラム」シリーズの第一巻にあたり、二〇一七年一一月現在で全一四巻が刊行されている。なお、本シリーズは日本のハイデガー研究の全国団体「ハイデガー・フォーラム」とは直接の関係があるわけではないが、フィガール氏は後述のとおり、後者の二〇一六年大会でも講演を行っており、期せずしてハイデガーをめぐる両「広場」(Forum)」が重なる機会があったことを付言しておく。

著者のギュンター・フィガール氏は、一九四九年生まれ、ハイデルベルク大学で哲学・独文学を学び、ハンス＝ゲオルク・ガダマー、ミヒャエル・トイニッセン、ディーター・ヘンリッヒ、エルンスト・トゥーゲントハットらの指導を受けた。一九七六年にトイニッセンとヘンリッヒのもと、『テオドール・W・アドルノ――思弁的な思想形態としての自然美』(*Theodor W. Adorno. Das Naturschöne als spekulative*

Gedankenfigur, Bouvier, Bonn 1977）で博士の学位を取得、一九八七年に『マルティン・ハイデガー――自由の現象学』（*Martin Heidegger. Phänomenologie der Freiheit*, Beltz, Frankfurt am Main 1988; Neuauflage: Mohr Siebeck, Tübingen 2013）で教授資格を得た。一九八九年にはディーター・イェーニヒの後を継いでテュービンゲン大学教授となり、二〇〇一年からはフライブルク大学教授として、エドムンド・フッサールおよびハイデガーの講座を担当している。

フィガール氏は現象学・解釈学を主たる研究領域としながらも、古代から近・現代哲学に至るまでその守備範囲は広く、近年では芸術や空間をめぐって独自の現象学・解釈学的立場を打ち出した著作を陸続と公にしている。以下、フィガール氏の主要著作を挙げておく。

Das Untier und die Liebe. Sieben platonische Essays, Metzler, Stuttgart 1991.

Martin Heidegger zur Einführung, Junius, Hamburg 1992（伊藤徹訳『ハイデガー入門』世界思想社、二〇〇三年）.

Für eine Philosophie von Freiheit und Streit: Politik – Ästhetik – Metaphysik, Metzler, Stuttgart/Weimar 1994.

Sokrates, Beck, München 1995.

Der Sinn des Verstehens. Beiträge zur hermeneutischen Philosophie, Reclam, Stuttgart 1996.

Nietzsche. Eine philosophische Einführung, Reclam, Stuttgart 1999.

Lebensverstricktheit und Abstandnahme. „Verhalten zu sich“ im Anschluß an Heidegger, Kierkegaard und

Hegel, Attempto, Tübingen 2001.
Gegenständlichkeit. Das Hermeneutische und die Philosophie, Mohr Siebeck, Tübingen 2006.
Verstehensfragen. Studien zur phänomenologisch-hermeneutischen Philosophie, Mohr Siebeck, Tübingen 2009.
Erscheinungsdinge. Ästhetik als Phänomenologie, Mohr Siebeck, Tübingen 2010.
Kunst, Mohr Siebeck, Tübingen 2012.
Einfachheit. Über eine Schale von Young-Jae Lee, Modo, Freiburg 2014.
Unscheinbarkeit. Der Raum der Phänomenologie, Mohr Siebeck, Tübingen 2015.
Unwillkürlichkeit: Essays über Kunst und Leben, Modo, Freiburg 2016.
Ando: Raum, Architektur, Moderne, Modo, Freiburg 2017.
Freiräume: Phänomenologie und Hermeneutik, Mohr Siebeck, Tübingen 2017.

またフィガール氏は、一九九七年以降は『哲学研究』（Philosophische Untersuchungen）の編者を、二〇〇二年以降は『解釈学国際年報』（Internationales Jahrbuch für Hermeneutik）の編者を務め、さらに二〇〇三年から二〇一五年まではハイデガー協会（Heidegger Gesellschaft）の会長を務めるなど、ハイデガー研究をはじめとして、現象学・解釈学の泰斗として活躍中である。ニーチェ、エルンスト・ユンガー、ガダマーなどを扱った編著も数多く刊行しており、二〇一三年以降はドイツ語版『ハイデガー事典』の編纂にも携わり、二〇一八年刊行予定とのことである。そのほかフィガール氏は、フンボルト大学、ローマ・ラ・サピエンツァ大学、オーフス大学などでも客員教授を務めるなど、国際的にも幅広く活躍の場を広げている。

フィガール氏は、関西学院大学にも客員教授として二度来日しているが、近年の来日の折に行われた講演のいくつかは、氏の芸術をめぐる問題関心の高さを窺わせるものであった。例えば、二〇一三年三月一四日・一五日にわたり東京ドイツ文化センターで開催されたシンポジウム「危機や災害に直面しての芸術の可能性」には、東京のハイデガー研究会も全面的に協力させていただいたが、そこでの氏の講演は「技術の普遍性と物の独自性」と題されたものであった。この講演は、本書の監訳者の一人でもある陶久明日香氏の訳により、雑誌『理想』（第六九二号、理想社、二〇一四年、一三六―一五三頁）に収録されている。また前述のとおり、二〇一六年九月一〇日・一一日に名古屋大学で開催された「ハイデガー・フォーラム」第一一回大会で行われた講演は「「建築作品は、ギリシアの神殿は、何も模写しない」建築についての考察――ハイデガーとの関連で」と題されたものであり、貫井隆・酒詰悠太氏による訳がオンライン・ジャーナル『ハイデガー・フォーラム』第一一号に収録されている（http://heideggerforum.main.jp）。近年のフィガール氏の哲学的問題関心を学びたい方は、ぜひご一読いただければと思う。

＊

フィガール氏の著作は、前述のとおり、伊藤徹氏の訳による『ハイデガー入門』が本邦初であったが、本書では、それに続く一九九五年以降、約十年にわたって執筆された一五の論文が収録されている。フィガール氏は本書で、その間に刊行されたドイツ語版ハイデガー全集をもふんだんに参照しながら、初期から『存在と時間』、そして中後期にまでおよぶハイデガーの思考の歩みをさまざまな角度から浮かび上がらせると同時に、その緻密かつ体系的な読解を試みている。

もっとも、その読解はたんなるハイデガーの思想の解説にとどまるものではなく、「前文」（渡辺和典訳）に示されているとおり、ハイデガーに寄り添いながらも、現象学的・解釈学的思考をハイデガー以上に徹底化させることで、その思想を本質的な核心部分からきわめて批判的に読み解く「対決」を繰り広げていると言ってよい。「はじめに」（陶久明日香訳）にも述べられているとおり、「存在の問い」を掲げ、先人の哲学者たちに対して大胆な解釈を挑むハイデガーの思想はそれ自体一つの「答え」ではあるが、本書はそうした「答え」に全面的に傾倒することを諫め、むしろそこから距離をとり、そこにさらに自らの「問い」を突きつけることにより、事象そのものへと迫ることを求める。「問いと答え」の狭間へと躍入し、ハイデガーと対決しつつ、ハイデガーをも乗り越えて新たな思考を展開すること、それこそが本書のめざすところなのである。本書のそうした意図を汲んで、邦題名については、原著の主題と副題を入れ替えるとともに、副題の二つの言葉も置き換えてある。その点、読者諸氏のご理解を賜れば幸いである。

本書に収められた各論文は、それぞれ独立に執筆されたものであり、直近の論文から古い論文へと、ほぼ発表順を遡るかたちで並べられている。とはいえ、各論文は全体としてゆるやかな統一性をもって、ハイデガーへの「問いと答え」という主題を展開している。そこできわめて大まかではあるが、本書の各論文の内容を紹介しておこう。

本書の幕開けにあたる「肖像」に収められた二つのエッセイ「オットー・ディクス、マルティン・ハイデガーを素描する」、「仮面　ハンス・ヴィンマー、マルティン・ハイデガーを素描する」（いずれも関口浩訳）では、ハイデガーのスケッチと仮面が取り上げられる。ここでは、これら二つの肖像をとおして、もはやこの世界を去り、不在となったハイデガーその人が、奇妙な静けさのなかで自らの思考を語りかけてくるさまに焦点があてられる。それに続く「フッサールとハイデガー」（田村未希訳）では、フッサールとの緊張関係のなか、ハイデガーの哲学的思考が育まれ、展開されていった道筋が示されるとともに、両者に共通の事柄の所在が仄めかされる。

これを受けて、「ハイデガーと現象学」（金成祐人訳）では、ハイデガーによる現象学の「匿名化」と「普遍化」の運動の徹底化と撤回、そして「明るみ」をめぐる解釈への変貌の軌跡が描き出される。続く「アリストテレス主義者としてのハイデガー」（串田純一訳）では、ハイデガー独自の「ヤヌス的なアリストテレス」解釈の変遷が、初期から『存在と時間』を経て三〇年代に至るまで、整合的かつ批判的に考察されていく。「自己についての気遣い、存在、現象性」（神谷健／峰尾公也訳）では、『存在と時間』においてハイデガーが合流させようとした「現象学、存在論、倫理学」の意義と問題点とが浮き彫りにされる。「ロゴスを伴う能力」（丸山文隆訳）は、アリストテレスとの対決をとおして、言語、表現、論理学、解釈学といった諸概念をめぐるハイデガーの考察の重心の移動を論じる。これに対して、アリストテレスに重心を置くハイデガーが展開した独特なプラトン解釈を究明するのが「対話術を前にしての畏れ」（瀧将之訳）である。本論の考察をとおして、ハイデガーの大部の『ソピステス』講義の要点を知ることもできるはずである。

現象学からアリストテレスやプラトンといった古代ギリシア解釈に焦点をあてた以上の各論文に対して、以下の各論文では、ハイデガーをめぐるさらに広範かつ多様な主題へと目が向けられていく。「宗教的経験の現象学」（上田圭委子訳）では、経験の「仮面」的性格を指摘しつつ、初期の宗教的経験の現象学の試みから『哲学への寄与論稿』における「最後の神」へと至る歩みが描きだされる。「歴史をめぐるハイデガーとニーチェ」（伊藤良司訳）では、しばしば見落とされがちな『存在と時間』におけるニーチェの歴史学の三形式に注目し、その巧みな読解が行われるとともに、ハイデガーとニーチェの相違点と一致点とが考察される。「神の忘却」（木元裕亮／魚谷雅広訳）では、『哲学への寄与論稿』における「最後の神」をハイデガーの後期思想の中心に据え、その独自の神学の内実のみならず、そこから生まれる新たな解釈可能性が究明される。「哲学的な理解はいかにして可能か」（小平健太訳）は、『存在と時間』における「解釈学」の役割を究明するとともに、その後「解釈学」が十分に展開されざるままにとどまった理由と、それ本来の意義が明らかにされる。「存在の経験と翻訳」（木村史人訳）では、ハイデガーの独特な造語や概念にも目配りをしながら、一九四二／四三年の『パルメニデス』講義での「翻訳」論を参照しつつ、存在の経験をめぐる彼の思考に横たわる「翻訳」の思想の可能性が解明される。

以上の各論文が伝統との対決の諸局面に注目したものであるとすれば、本書末尾に置かれた二つの論文は、「形而上学」という伝統の全体に対するハイデガーの批判に焦点を当てたものと言えよう。現代思想におけるいわゆる「ポスト形而上学」の思想家に対して、ハイデガーの企てた形而上学批判の狙いとその課題を究明しているのが、「形而上学の耐え抜き」（景山洋平訳）である。また「モデルネの形而上学的性格」（長谷川晴生訳）では、ハイデガーのユンガーへの接近と離反のうちに、形而上学の伝統自体の二重性が際立たせられている。

「おわりに」（齋藤元紀訳）は、トートナウベルクのハイデガーの山荘を論じたエッセイであるが、そこでは「肖像」のエッセイと呼応しつつ、ハイデガー独自の哲学的思考が生まれ落ちた山荘の「静けさ」に再び目が向けられる。本書の表紙には、訳者の一人である長谷川晴生氏の撮影による近年の山荘の写真を掲げておいた。本書を読了したさいには、一見何の変哲もない素朴なこの山荘とそれを囲む景観をあらためてしばし眺めていただき、そこに静かに響き渡る思考の声に耳を傾けてもらえればと思う。

本書は、アリストテレスをはじめとして、プラトン、ニーチェ、ユンガーとの思想的対決など、ハイデガーの思想の歩みのなかでも最重要と思われる主題をきわめて的確かつ精密な考察をつうじて究明しており、一般の読者はもちろん、研究者にとっても十分読みごたえのある内容となっている。もっとも、本書もまたフィガール氏によるハイデガーに対する一つの「答え」である以上、本書はまた私たち読者にとって新たな「問い」として読まれうるし、また読まねばならないものでもある。読者自身がハイデガー哲学の核心に迫り、新たな哲学的思考を紡ぎだすための一助として本書が読まれうるとすれば、訳者一同、喜ばしいかぎりである。

本書収録の各論文の初出は以下のとおりである。とくに記載のないものは書下ろしである。

「仮面《ペルソナ》　ハンス・ヴィンマー、マルティン・ハイデガーを素描する」
Persona, in: Günter Figal und Thomas Scheuffelen（Hrsg.）, *Hans Wimmer zeichnet Martin Heidegger, Martin-Heidegger-Museum, Schloß Meßkirch*, Gmeiner, Meßkirch 2003, S. 10–16.

「ハイデガーと現象学」
Heidegger und die Phänomenologie, in: Damir Barbaric（Hrsg.）, *Das Spätwerk Heideggers. Ereignis* –

Sage – Geviert, Würzburg 2007, S. 9–18.
「アリストテレス主義者としてのハイデガー」
Heidegger als Aristoteliker, in: Alfred Denker, Günter Figal, Franco Volpi und Holger Zaborowski（Hrsg.）, *Heidegger und Aristoteles*（Heidegger-Jahrbuch 3）, Freiburg/München 2007, S. 53–76.
「ロゴスを伴う能力　アリストテレス的な文脈におけるハイデガーの言語哲学」
ΔΥΝΑΜΙΣ ΜΕΤΑ ΛΟΓΟΥ. Heideggers Sprachphilosophie im aristotelischen Kontext.（Englisch tr.）Heidegger's Philosophy of Language in an Aristotelian Context: Dynamis meta logou, in: Drew A. Hyland and John Panteleimon Manoussakis（Ed.）, *Heidegger and the Greeks. Interpretive Essays*, Bloomington/Indianapolis 2006, pp. 83–92.
「対話術を前にしての畏れ　『ソピステス』講義（一九二四／二五年冬学期）におけるハイデガーのプラトン解釈について」
Scheu vor der Dialektik. *Zu Heideggers Platoninterpretation in der Vorlesung über den Sophistes*（Winter 1924/25）, in: H.-C. Günther und A. Rengakos（Hrsg.）, *Heidegger und die Antike*（Zetemata, Heft 126）, München 2006. S. 219–235.
「宗教的経験の現象学」
Phänomenologie der religiösen Erfahrung, in: Markus Enders und Holger Zaborowski（Hrsg.）, *Phänomenologie der Religion. Zugänge und Grundfragen*, Karl Alber, Freiburg im Breisgau und München 2004, S. 175–180.

「歴史をめぐるハイデガーとニーチェ　ある未決着の対立に向けて」
Heidegger und Nietzsche über Geschichte. Zu einer unausgetragenen Kontroverse, in: A. Großmann und C. Jamme (Hrsg.), *Metaphysik der praktischen Welt. Perspektiven im Anschluß an Hegel und Heidegger. Festgabe für O. Pöggeler*, Amsterdam/Atlanta 2000, S. 121–129.

「神の忘却　ハイデガーの『哲学への寄与論稿』の中心について」
Gottesvergessenheit. Über das Zentrum von Heideggers „Beiträgen zur Philosophie“, in: *Internationale Zeitschrift für Philosophie*, 2000 (2), S. 176–189.

「哲学的な理解はいかにして可能か　ハイデガーにおける解釈学的なるものの概念について」
Wie philosophisch zu verstehen ist. Zur Konzeption des Hermeneutischen bei Heidegger, in: Helmuth Vetter (Hrsg.), *Siebzig Jahre Sein und Zeit. Wiener Tagungen zur Phänomenologie* (= Reihe der Österreichischen Gesellschaft für Phänomenologie, Bd. 3) Peter Lang, Frankfurt a. M. 1999, S. 135–143.

「存在の経験と翻訳　ハイデガーについての解釈学的考察」
Seinserfahrung und Übersetzung. Hermeneutische Überlegungen zu Heidegger, in: *Interpretation und Wahrheit* (= studia philosophica 57), Paul Haupt, Bern/Stuttgart/Wien 1998, S. 177–188.

「形而上学の耐え抜き　ハイデガーと形而上学的思索」
Verwindung der Metaphysik. Heidegger und das metaphysische Denken, in: Christoph Jamme (Hrsg.), *Grundlinien der Vernunftkritik*, Suhrkamp, Frankfurt am Main 1997, S. 450–470.

「モデルネの形而上学的性格　「線を越えて」と「「線」について」　エルンスト・ユンガーとマルティン・ハイデガーのモデルネ討議」

Der metaphysische Charakter der Moderne. Ernst Jüngers Schrift *Über die Linie* (1950) und Martin Heideggers Kritik *Über „Die Linie“* (1955), in: Hans-Harald Müller und Harro Segeberg (Hrsg.), *Ernst Jünger im 20. Jahrhundert*, Fink. München 1995, S. 181–197.

なお、「哲学的な理解はいかにして可能か」および「存在の経験と翻訳」については、すでに下記の翻訳があり、今回の訳出にあたっても参考とさせていただいた。この場を借りて御礼申し上げる。

浅野貴彦・飯塚智訳「理解はいかにしてなされるべきか　ハイデッガーにおける解釈学的なものの構想について」『関西学院哲学研究年報』第三四号、二〇〇〇年、七七—九〇頁。

佐々木正寿訳「存在の経験と翻訳　ハイデガーについての解釈学的考察」大阪大学大学院文学研究科哲学講座『メタフュシカ』第三〇号、一九九九年、一—一三頁。

＊

本書の翻訳の企画は、二〇一三年四月のハイデガー研究会例会で運営委員会を中心に提案され、開始された。研究会は月一回都内の大学で開催されているが、ハイデガーのテクストの訳読や研究発表の合間を縫って、研究会の若手メンバーによる各論文の翻訳の発表が順次行われた。ところが、時期をほぼ同じくして、二〇一三年三月、ハイデガーの反ユダヤ主義的文言の記載されたいわゆる「黒ノート」（ドイツ語版全集第九四巻、第九五巻、第九七巻）が公刊されるにともない、フィガール氏がハイデガー協会会長を辞任、さらにはフライブルク大学のフッサール＝ハイデガー講座の存置までもが危ぶまれるという事態が生じた。その後フィガール氏の教授職の継続は承認され、ひとまずフッサール＝ハイデガー講座は存置されることになったものの、フィガール氏退職後の同ポストの位置づけは、なお流動的な状況にある模様である。こうしたなかで、ハイデガー研究会も二〇一四年四月から「黒ノート」を輪読テクストに取り上げる一方、同年一二月一三日・一四日にわたりゲーテ・インスティトゥート東京で「ハイデッガーの『黒ノート』――ハイデッガー像は、どう変わるのか？」と題して開催された「日独哲学会議」の対応に追われるなど、慌ただしい状況となった（この会議および関連講演の内容は、ペーター・トラヴニー＋中田光雄＋齋藤元紀編『ハイデガー哲学は反ユダヤ主義か――「黒ノート」をめぐる討議』水声社、二〇一五年に収録されている）が、この間も着々と翻訳の作業は進められた。しかし、全一五論文、訳者総勢一五名の共同作業は、訳語や文体の統一をはじめ、フィガール氏のときに高度に思弁的な内容を読み解く難しさも手伝い、予想外に難航し、当初想定していた刊行予定から大きく遅れることになった。これはひとえに監訳者の怠惰に帰する問題ではあるが、多忙を極める監訳者にも無理を押して時間と作業の調整を行い、どうにかこうして一冊のかたちに仕上げられたことを、心より嬉しく思う。監訳者としては、若手精鋭の潑剌とした訳文により仕上げられた本書によって、読者の思考も鼓舞されることを心から願っている。

本書は、ゲーテ・インスティトゥートの翻訳支援プログラムによる助成を受けて刊行される。ゲーテ・インスティトゥート前東京所長ライムント・ヴェルデマン氏、同前図書館長バーバラ・リヒター氏、同前図書館員吉次基宣氏には、ゲーテ・インスティトゥート・ミュンヘン本部への翻訳支援プログラムの助成申請にあたり、多大なるご尽力をいただいた。心より御礼申し上げる。とりわけヴェルデマン氏には、「日独哲学会議」をはじめとするハイデガー研究会の活動にもさまざまご理解をいただいたこともあり、本書をぜひお手元に届けたいと考えていたものの、二〇一六年一一月、五二歳の若さで急逝され、それも叶わぬことになってしまった。いつも穏やかな微笑みを絶やさなかったヴェルデマン氏の想い出に、本書を捧げる。

そして法政大学出版局の郷間雅俊編集長には、上記翻訳支援の助成申請の煩瑣な手続きに始まり、訳文の校正や事項索引の作成に至るまで、監訳者の力不足を補うきわめて丁寧かつ迅速なお仕事により、最後の最後まで辛抱強く支えていただいた。心より御礼申し上げる。

二〇一七年一一月

監訳者・訳者を代表して

齋藤　元紀

人名索引

ア 行

アーレント　Arendt, Hannah　94
アドルノ　Adorno, Theodor W.　95, 104, 246–47, 251–52, 267–68, (28), (29)
アナクシマンドロス　Anaximander　236
アリストテレス　Aristoteles　6, 46, 49–50, 52, 54, 61–66, 69–78, 81–85, 87–92, 97, 101, 104–05, 108–09, 112–20, 122–23, 125, 128–29, 132, 135–36, 139–40, 143–47, 152–54, 159, 173, 207, 217–21, 224, 243, 250, (14), (15), (19)
インガルデン　Ingarden, Roman　34
ヴァッティモ　Vattimo, Gianni　188, 245, (27)
ヴィトゲンシュタイン　Wittgenstein, Ludwig　229, (26)
ヴィンマー　Wimmer, Hans　21, 30

カ 行

ガダマー　Gadamer, Hans-Georg　74, 94, 112, 211, (14), (29)
カルナップ　Carnap, Rudolf　(27)
カント　Kant, Immanuel　65, 98–99, 173–74
キルケゴール　Kierkegaard, Seren　72, 100, 128, (23)
ゲーテ　Goethe, Johann Wolfgang von　47, 56, 58–59, (12)

サ 行

サルトル　Sartre, Jean-Paul　41
ジンメル　Simmel, Georg　128
ソクラテス　Sokrates　100–01, 132–33, 135, 230–31, 243, (10)

タ 行

ディクス　Dix, Otto　15
ディルタイ　Dilthey, Wilhelm　63, 128, 211
デリダ　Derrida, Jacques　41, 188, 245, 247, (27)
トイニッセン　Theunissen, Michael　(23)
トゥーゲントハット　Tugendhat. Ernst　(29)

ナ 行

ナトルプ　Natorp, Paul　63, 101, 220, 240
ニーチェ　Nietzsche, Friedrich　87, 128, 173–83, 185, 190, 209, 247, 250–51, 280, (11), (21), (22), (25)

ハ 行

ハーバーマス　Habermas, Jürgen　188, 245, (27)
パウロ　Paulus　68, 72, 111–12, 166, 168, 215, 221
パルメニデス　Parmenides　33, 54, 57, 133, 153, 233, (17)

フィンク　Fink, Eugen　(25)
フーコー　Foucault, Michel　188
フッサール　Husserl, Edmund　6, 31–41, 46, 49–51, 53, 63, 67–68, 74, 85, 90, 94–96, 99, 105–06, 159, (9), (10), (11), (13), (15), (16), (18), (21)
プフェンダー　Pfänder, Alexander　33
プラトン　Platon　33, 64, 74–75, 97, 100–01, 127, 129–44, 146–47, 149, 150–51, 153, 156, 158–59, 173, 210, 219, 230–31, 243, 250, 275, (15)
ブルーメンベルク　Blumenberg, Hans　35, (10)
ブレンターノ　Brentano, Franz　62, (12)
フンボルト　Humboldt, Wilhelm von　26
ヘーゲル　Hegel, Georg Wilhelm Friedrich　173, 272, (24)
ペツェット　Petzet, Heinrich Wiegand　35, (10)
ヘラクレイトス　Heraklit　46, 120, 203, 206, (25)
ヘルダーリン　Hölderlin, Friedrich　87, 166, 169, 171, 175, 192, 195, 199, 203, 205, (17)
ホルクハイマー　Horkheimer, Max　246–47, 251–52, (28)

マ 行

マリオン　Marion, Jean-Luc　41, (11)
メルロ゠ポンティ　Merleau-Ponty, Maurice　41, 94

ヤ 行

ユンガー　Jünger, Ernst　190, 249–51, 271–87, 289–93, (28), (29), (30)

ラ 行

リクール　Ricœur, Paul　73, (14)
リッカート　Rickert, Heinrich　62–63
ルター　Luther, Martin　72
レヴィナス　Levinas, Emmanuel　41, 94–95, 105, (24)
ローティ　Rorty, Richard　188, 245, (27)

事項索引

あ 行

合図　Wink　170, 202–04
明るみ　Lichtung　55–60
現れ／現し／現れること　Erscheinen, Erscheinung　36, 38, 50–53, 59, 84, 90, 98, 123, 301
現れるもの　Erscheinendes　36, 38, 40, 50–51, 53, 67, 73, 84, 100
意識　Bewußtsein　37–38, 67–68, 99, 230, 274
意識作用　Bewußtseinsakt　46, 49
異他なるもの　Fremde　236–38
痛み／苦痛　Schmerz　16, 255, 280, 282–84, 291
意味　Sinn　34, 73, 84, 131–32, 157, 184, 202–03, 207, 240, 252, 260, 272, 280, 300
隠蔽／被覆性／覆い隠し　Verdeckung　30, 39, 73, 88, 118, 222
運動／動き　Bewegung　27–30, 84, 89, 135–37, 149, 154, 183, 234, 237–38, 251–54, 257, 259, 261, 302
影響史　Wirkungsgeschichte　91, 93, 128, 129, 175, 262

か 行

懐疑　Skepsis　37–38, 189
開示性　Erschlossenheit　55, 124
解釈／解釈すること　Auslegung, Interpretation　4–8, 33, 58, 63–65, 68–70, 73–74, 88, 113–15, 120–21, 123, 143–44, 149, 151–53, 155–56, 158, 167–69, 175–76, 182, 185, 191–93, 196, 211–17, 219–20, 222, 224, 236–38, 240–43, 251, 253–54, 256, 266, 268, 272, 279–80, 289, 293
解釈学　Hermeneutik　63–64, 73, 99, 104, 111–14, 124, 127, 147–52, 159, 211–17, 219, 221, 264
解釈学的直観　Intuition, hermeneutische　117, 124, 148, 264
解釈学的な〈として〉　Als, hermeneutisches　115, 224
解体　Destruktion　72, 74, 88, 174, 207, 220, 240, 241, 247, 262
解明　Explikation　72, 111, 215–16, 221
匿い　Bergen　201, 258
学問／学／科学　Wissenschaft　32–34, 38–40, 134, 139–40, 188, 219
隠れ／隠れていること　Verborgenheit　39, 51, 86, 131, 268, 290
隠れなさ　Unverborgenheit　39, 46–47, 50, 56, 86, 90, 151, 200, 233, 243
隠れること／隠すこと／隠れ　Verbergen, Verbergung　55–56, 201, 258
隠れを脱すること　Entbergung　46, 54–56, 90
過去　Vergangenheit　46, 179, 181–83
語ること／語り／話すこと／発話すること　Sprechen　27–29, 64, 118, 124, 125, 134–38, 145–46, 148, 150–51, 215, 224, 231, 233, 248, 261–62

活動空間　Spielraum　7, 123, 125, 179, 184, 192–93, 202–03, 209, 217, 219, 224, 272, 284
可能存在／可能としての存在／可能であること　Möglichsein　158, 177, 183, 199, 201, 238–39, 254
可能性　Möglichkeit　5, 32, 37–41, 45–46, 55, 57–58, 69–71, 77, 98–99, 101, 110, 112–16, 119, 121, 123–25, 128, 169, 175, 177–80, 182–84, 190, 192–94, 197, 199, 207–10, 212–13, 219, 222, 224–25, 238–43, 264, 272, 286, 291
可能性の経験　Möglichkeitserfahrung　197, 239–40
神　Gott　161, 169–71, 188–92, 202–10
感情移入　Einfühlung　168–69
危機　Krise, Gefährdung　34, 39–40
既在性／既在　Gewesenheit　167–69, 182,–83, 204
技術　Technik　84, 194–95, 251–52, 255, 265, 277–78, 292
基礎存在論　Fundamentalontologie　77–78, 116, 174, 219
気遣い　Sorge　79, 85, 93, 100–01, 104–07
企投　Entwurf　52, 82, 86, 192–94, 196, 239, 249, 252, 254, 260, 265–66
気分　Stimmung　215, 230–31
詭弁　Sophistik　130–33, 152
客体的存在性　Vorhandenheit　104, 116, 218–19
驚嘆／驚き　Erstaunen　59, 218
虚偽　Täuschung　131
挙示的な〈として〉　Als, apophantisches　115, 120
拒絶　Verweigerung　137, 190, 192, 197, 205
キリスト教的信仰　Glaube, christlicher　72, 166, 215
キリスト教的生／キリスト教的に生きること　Leben, christliches　68, 111, 167, 168
近代／現代／モデルネ　Moderne　39, 40, 65, 159, 190, 194–96, 200, 206, 246, 251, 272–73, 277–78, 292
空間　Raum　59, 99, 120
空談　Gerede　135, 138
啓示　Offenbarung　111, 167, 196, 209
形式的告示　Anzeige, formale　167
形而上学　Metaphysik　6, 56, 107, 193, 239–40, 246–69, 285–93
形而上学の言語　Sprache der Metaphysik　251, 267, 269, 286
芸術　Kunst　37, 65, 198, 272
芸術作品　Kunstwerk, Werk der Kunst　55–56
決意性　Entschlossenheit　198
原現象　Urphänomen　47, 56, 58–59
原事象　Ursache　56
現象　Phänomen　46–48, 50–55, 58–59, 67, 80, 97–99, 102, 150, 161–62, 170, 176, 182, 191, 197, 207, 219
現象学　Phänomenologie　6, 31–41, 45–60, 67–72, 76, 80, 91–92, 94–98, 100–06, 161–68, 219–20, 224, 228
現象学的差異　Differenz, phänomenologische　67, 71, 73, 85
現象学的態度　Einstellung, phänomenologische　37, 67, 105
現象性　Phänomenalität　9, 40, 51, 59, 80–81, 84, 88, 171
現前／現前化／現前性／現前するもの／現前する　Anwesenheit, anwesend, Anwesen, das Anwesende, Anwesung, gegenwärtig, präsent, Präsenz　11, 30, 23, 46, 56, 103, 122–23, 145, 157–58, 166, 169–70, 185, 223–24, 234, 259–61, 287, 289
言表　Aussage　64, 71, 99, 110–12, 114–15, 117–18, 120–21, 123

語／言葉　Wort　39, 50, 52, 67, 155, 200, 233–34, 302
行為　Handeln　70, 87, 108, 117, 147, 178, 180–81, 183–84, 193, 197, 239, 274, 278
抗争　Streit　55, 205
抗争　Widerstreit　205–06
構造　Struktur　59, 68–69, 96, 101, 103, 105–06, 114–15, 120, 132, 163, 168, 177, 191, 208–10, 287
構想力　Einbildungskraft　174
克服／耐え抜き　Verwindung　240, 245, 255–57
国民社会主義　Nationalsozialismus 281
古代／古代の／古代的　Antike, antik 37, 64, 66–67, 111–12, 159, 262
言葉／言語　Sprache, Terminus 12, 18, 25–30, 41, 42, 47, 59, 64–65, 77, 109–15, 117–20, 124–25, 135–37, 145–48, 163, 169–70, 176, 200, 203, 213, 215–16, 219, 222–25, 228–38, 243, 265, 276, 301
根拠／理由　Grund　11, 31, 33, 56, 198–200, 285
根源　Ursprung　55, 159, 207–08, 220, 242, 292
根源学　Urwissenschaft　75, 262, 264–65
痕跡　Spur　17, 28–29
根本気分　Grundstimmung　230

さ 行

差異　Differenz　25, 87, 216, 222, 268
最後の神　Gott, letzter　166, 170–71, 188–92, 202–06, 209–10
裂け目　Riß　198, 217, 235
死　Tod　96, 102, 285
時間性　Zeitlichkeit　79, 167–68, 177, 183–84, 223
時空　Zeitraum　204–05
自己　Selbst　100, 237
自己世界　Selbstwelt　68–69, 73
詩作　Dichtung,　Dichten　39, 87, 169–71, 200, 272, 275
思索されざるもの　Ungedachte, das 47, 49
事実性　Faktizität　76, 81, 104, 107, 111–13, 124, 127, 148–49, 151–52, 159, 215, 217, 219, 221, 222
事象／事柄　Sache　9–10, 18, 28, 32–33, 40, 45–47, 49, 56, 74, 95, 97–98, 100, 102, 113–14, 117–18, 124, 134–38, 141, 145–46, 150–51, 161–66, 169–70, 175, 235, 242, 247, 256, 277, 300–01
事象性　Sachlichkeit　53, 134, 232
静けさ　Stille　17, 25, 29–30, 56, 205, 300
自然　Natur　88–89, 198, 246, 301
自然ノ光　lumen naturale　55
実在性　Realität　36–37
実践的真理　Wahrheit, praktische　76
実践理性　Vernunft, praktische　69–73, 101, 107
実体／基体　Substanz　145, 190
支配　Walten, das　53, 83–84, 86, 196
自由　Freiheit　37, 134, 138, 171, 181, 193–94, 196, 199, 201, 206, 224, 229, 246, 252, 283–84, 286
周囲世界　Umwelt　84, 197–98, 217
宗教　Religion　68, 165–171
宗教性　Religiosität　68, 69, 167–69
宗教的経験　Erfahrung, religiöse　161, 164–67, 169–70, 208–10, 215
集中／集めること／収集／集め収めること　Sammlung　28–29, 119, 122, 206
準現在化　Vergegenwärtigung　180–81, 185
性起　Ereignis　18, 206, 208–09
状況　Situation　6, 24, 69, 133, 146,

168, 207, 210, 247, 289
情動　Affekt, Regung　38, 66, 215
将来　Zukunft　45–46, 169, 179, 182–83, 204
所与性　Gegebenheit　41, 53, 67, 69, 113, 165, 264
神学　Theologie　62, 128, 189–92, 206, 208, 210, 221
信仰　Glaube　167–68, 209, 281
神的なもの　Göttliche, das　161, 203–04, 207
人物　Person　10, 20
真理　Wahrheit　19, 39, 69–73, 76, 86, 88, 114, 200, 267
心理学　Psychologie　34
心理学主義　Psychologismus　37
神話　Mythos　57, 188, 196, 198, 282
図式　Schema　62, 209
生　Leben　37–38, 67–72, 76, 79, 100–01, 102, 105, 127–32, 134, 174, 176, 221, 223–24, 228, 255, 264–65
生活世界　Lebenswelt　40, 67, 73
生起／出来事　Geschehen　17, 54, 56, 82, 84, 86–87, 90, 131–33, 180, 183, 193, 199, 204, 213, 223, 253, 259, 288–290
制作　Herstellung　84–85, 121–22, 234
省察　Besinnung　120, 207, 209
静寂／静止　Ruhe　18, 25, 27–30, 84, 89, 154–55, 207
精神科学　Geisteswissenschaft　211
世界形成　Weltbildung　52, 82, 85–86, 193, 196, 198–200
善　Gute, das　70, 106
相互共存在　Miteinandersein　64, 158
素材／質料　Material　23, 121–22
ソフィスト　Sophisten　129–33, 136–37
存在可能　Seinkönnen　177, 183–84, 192, 198
存在者としての存在者／存在者そのもの　Seiendes als solche　52, 75, 155, 193, 200
存在者の真理　Wahrheit des Seienden　200
存在の真理　Wahrheit des Seins　18
存在の歴史　Seinsgeschichte　239, 267
存在忘却　Seinsvergessenheit　200, 257–59
存在理解　Seinsverständnis　77, 84, 99–100, 104–05, 116, 207, 210, 214, 220, 223
存在論　Ontologie　50, 52, 67, 75–77, 80–82, 91–92, 95–97, 100, 104, 106–08, 111–12, 116, 130, 191, 220

た 行

退去／退去していること／退去性　Entzogenheit　51, 200, 204
体系　System　27, 188, 282
対決　Auseinandersetzung　1, 8, 10, 61–65, 94, 101, 109–10, 113, 120, 125, 159, 173, 176, 232, 247, 273, 276, 285
体験　Erlebnis　67–68, 111, 167, 229–30, 263–67
大地　Erde　55, 302
態度変更　Einstellungswechsel　37, 67–68, 71, 108
対話　Gespräch　3–4, 31, 253–54, 169, 202–03, 207–09, 231–35, 253–54, 268
対話術／対話　Dialektik　75, 127, 129, 136–42, 144, 146, 149–53, 155–56, 158–59
他性　Alterität　199, 237
近さ　Nähe　23, 192
地平　Horizont　180–82, 203, 224
宙吊り／揺れ動き　Schwebe　106, 170
超越論哲学　Transzendentalphilosophie　65
超克　Überwindung　240, 252, 256–57, 283, 285–86, 291–92

超出，乗り越え　Überstieg　249–54, 288
直観　Anschauung　9, 98
沈黙　Schweigen　23, 199
適所性　Bewandtnis　217
哲学　Philosophie　31–40, 45–49, 52, 56–58, 74–76, 95–96, 109–13, 129–30, 132–49, 188, 213–14, 224–25, 230–32
手許性　Zuhandenheit　217–18
伝統　Tradition　6, 34, 36, 40–42, 48, 57, 61, 62, 66–68, 71–75, 111–12, 115, 174, 179, 200, 206–07, 220, 244, 250, 278, 283, 292–93
統一／統一性　Einheit　36, 74, 79, 84, 86, 113, 116–22, 149, 162, 184, 204–05
道具　Zeug　22, 152, 217–18

な 行

内在　Immanenz　68, 95, 165, 199
日常性／日常的な／日常の　Alltäglichkeit, alltäglich　37, 64, 117, 129, 197, 218, 220–21, 302
ニヒリズム　Nihilismus　273, 279–83, 285, 286, 288–92
人間　Mensch　21, 26, 37–38, 86–87, 192–94, 206–10, 228, 251, 281–82, 284, 288–89
人間学　Anthropologie　34, 38, 94, 105
認識　Erkenntnis　32–33, 51, 96
認取　Vernehmen　55, 88, 117–18, 123, 145–48, 150
能力　Vermögen　26, 122–23, 156–57

は 行

始まり／原初　Anfang　39, 46–47, 52, 55, 57–58, 71–72, 74, 88–90, 188, 207, 242, 246
場所　Ort　10–11, 22, 56, 114, 123, 208, 300, 302–03
発見すること　Entdecken　50, 52, 71, 115, 123, 131–32
パルーシア／再臨　Parousie, Widerkunft　69, 111, 167–69, 201
反省　Reflexion　8–9, 51, 110, 165, 233
反復，取り戻すこと　Wiederholung, wiederholen　57, 111, 177–179, 182, 207, 291
非－存在者　Nicht-Seiendes　131, 133
批判　Kritik　49, 62, 77, 85, 112, 116, 247, 275, 292–93
表現／呈示　Darstellung　22, 163, 166, 234, 267–69
開かれ　Offenbarkeit　82, 301
開け／開性　Offenheit　3–5, 38–41, 45, 55, 59, 70, 85, 90, 105, 107, 111, 139, 147, 164, 178, 183–84, 197–200, 204–07, 223, 238–39, 268, 289–92
不安　Angst　58, 96, 102, 197–99, 206
不気味さ　Unheimlichkeit　290
不在／不在のもの　Abwesenheit, Abwesendes, Abwesen, Ausbleib, Ausbleiben　51, 56, 169–70, 199
普遍化　Universalisierung　47–49, 58
隔たり／距離　Abstand　8, 56, 162, 217, 219, 224–25, 256, 274
ペルソナ　Persona　21, 24, 30
弁論術／レトリック　Rhetorik　64, 149, 241–42
忘却／忘却性　Vergessen, Vergessenheit　201, 258–59
方法　Methode　32, 46–47, 49, 80, 97, 102, 136, 211
ポスト形而上学的思考／思索　Denken, nachmetaphysisches　188, 240, 245–46, 248, 256, 293
本質的な現れ　Wesen, Wesung　88, 90, 96, 170, 202, 261
翻訳　Übersetzung　24, 89, 150, 176, 233, 235–44

ま 行

見かけ／輝くこと／輝き　Scheinen　19, 29
見ること　Sehen　21, 138, 145, 150–52
無　Nichts　41, 259, 284

や 行

有意義性　Bedeutsamkeit　51, 110, 159, 266
遊動／戯れ／ゲーム　Spiel　56, 59, 138, 202–03, 285

ら 行

理解　Verstehen　81–82, 148, 151, 167–68, 175, 193, 202–03, 211–12, 220–21, 234–235, 253, 287
リズム　Rhythmus　25, 28–30
理念／イデア　Idee　145, 152–60, 250, 281
良心　Gewissen　96, 102
理論　Theorie　33, 71, 112, 219, 221
理論的なもの　Theoretische, das　67–68, 108, 110, 262–67
倫理学／倫理　Ethik　41, 95, 96, 99, 101–03, 106–08
歴史　Geschichte　57, 67–68, 71, 96, 111, 173–185, 208, 220, 272
歴史学　Historie　174, 176–82, 185
歴史主義　Historismus　175
歴史性　Geschichtlichkeit　174–77, 183
ロマン主義　Romantik　200
論理学　Logik　113–15

文献一覧

Adorno, Theodor Wiesengrund, Minima Moralia. Reflexionen aus dem beschädigten Leben, 29, Schriften, hrsg. von Rolf Tiedemann, Band 4, Frankfurt am Main 1980.（三光長治訳『ミニマ・モラリア——傷ついた生活裡の省察』法政大学出版局，2009 年）

Adorno, Theodor Wiesengrund, Negative Dialektik, in: Negative Dialektik. Jargon der Eigentlichkeit, Schriften, hrsg. von Rolf Tiedemann, Band 6, Frankfurt am Main 1973, 7–412, hier 400.（木田元・徳永恂・渡辺祐邦・三島憲一・須田朗・宮武昭訳『否定弁証法』作品社，1996 年）

Aristoteles, De anima, zitiert nach Aristotelis De anima, hrsg. W. D. Ross, Oxford 1956.（中畑正志・坂下浩司・木原志乃訳『魂について　自然学小論集』内山勝利・神崎繁・中畑正志編，アリストテレス全集第 7 巻，岩波書店，2014 年）

Aristoteles, Ethica Nicomachea, zitiert nach Aristotelis Ethica Nicomachea, hrsg. von I. Bywater, Oxford 1894.（神崎繁訳『ニコマコス倫理学』内山勝利・神崎繁・中畑正志編，アリストテレス全集第 15 巻，岩波書店，2014 年）

Aristoteles, Metaphysica, zitiert nach: Aristotle's Metaphysics, hrsg. von W. D. Ross, zwei Bände, Oxford 1924.（出隆訳『形而上学』出隆監修・山本光雄編，アリストテレス全集第 12 巻，岩波書店，1968 年）

Blumenberg, Hans, Beschreibung des Menschen, aus dem Nachlaß hrsg. von Manfred Sommer, Frankfurt am Main 2006.

Brentano, Franz, Von der mannigfachen Bedeutung des Seienden nach Aristoteles, Freiburg 1862.（岩崎勉訳『アリストテレスの存在論——アリストテレスに於ける存在者の諸意味』理想社，1933 年）

Carnap, Rudolf, Überwindung der Metaphysik durch logische Analyse der Sprache, in: Erkenntnis 1 (1931), 219–241.（永井成男・内田種臣編，内井惣七ほか共訳『カルナップ哲学論集』紀伊国屋書店，1977 年）

Derrida, Jacques, De la grammatologie, Paris 1967.（足立和浩訳『根源の彼方に——グラマトロジーについて』上・下，現代思潮社，1972 年）

Derrida, Jacques, La voix et le phénomène. Introduction au problème du signe

dans la phénoménologie de Husserl, Paris 1967.（林好雄訳『声と現象』ちくま学芸文庫，2005 年）
Diels, Hermann/Kranz, Walther, Die Fragmente der Vorsokratiker, siebte Auflage, Berlin 1954, Band 1–3.（内山勝利編『ソクラテス以前哲学者断片集』第 1 分冊・第 2 分冊・第 3 分冊・第 4 分冊・第 5 分冊・別冊，岩波書店，1996–1998 年）
Figal, Günter, Ästhetische Individualität. Erörterungen im Hinblick auf Ernst Jünger, in: Gottfried Boehm/Enno Rudoph (Hrsg.): Individuum. Probleme der Individualität in Kunst, Philosophie und Wissenschaft, Stuttgart 1994, 151–171.
Figal, Günter, For a Philosophy of Freedom and Strife. Politics, Aesthetics, Metaphysics, Albany, NY 1998.
Figal, Günter, Für eine Philosophie von Freiheit und Streit. Politik – Ästhetik – Metaphysik, Stuttgart/Weimar 1994.
Figal, Günter, Gegenständlichkeit. Das Hermeneutische und die Philosophie, Tübingen 2006.
Figal, Günter, Machen, was noch nicht da ist. Herstellung als Modell gegen und für die Metaphysik, in: Margarethe Drewsen/Mario Fischer (Hrsg.), Die Gegenwart des Gegenwärtigen. Festschrift für P. Gerd Haeffner SJ zum 65. Geburtstag, Freiburg/München 2006, 128–137.
Figal, Günter, Martin Heidegger zur Einführung, vierte, verbesserte Auflage, Hamburg 2003.（伊藤徹訳『ハイデガー入門』世界思想社，2003 年）
Figal, Günter, Martin Heidegger. Phänomenologie der Freiheit, dritte Auflage, Weinheim 2000.
Figal, Günter, Nietzsche. Eine philosophische Einführung, Stuttgart 1999.
Figal, Günter, Nochmals über die Linie, in: Günter Figal/Heimo Schwilk (Hrsg.), Magie der Heiterkeit. Ernst Jünger zum Hundertsten, Stuttgart 1995, 25–40.
Gadamer, Hans-Georg, Die Idee des Guten zwischen Platon und Aristoteles, in: Griechische Philosophie III. Plato im Dialog, Gesammelte Werke, Band 7. Tübingen 1991, 128–227.
Gadamer, Hans-Georg, Die Sprache der Metaphysik, in: Hegel, Husserl, Heidegger, Gesammelte Werke, Band 3, Tübingen 1987, 229–237.
Gaiser, Konrad, Platons ungeschriebene Lehre. Studien zur systematischen und geschichtlichen Begründung der Wissenschaften in der Platonischen Schule, Stuttgart 1963.

Gander, Hans-Helmuth, Phänomenologie im Übergang. Zu Heideggers Auseinandersetzung mit Husserl, in: Heidegger-Jahrbuch 1（2004）, 294–306.

Goethe, Johann Wolfgang von, Maximen und Reflexionen, in: Wilhelm Meisters Wanderjahre. Maximen und Reflexionen, Sämtliche Werke nach Epochen seines Schaffens, Münchner Ausgabe, Band 17, hrsg. von Herbert G. Göpfert, Norbert Miller, Gerhard Sander und Edith Zehm, München 1991, 715–953.（岩崎英二郎・関楠生訳『箴言と省察』，ゲーテ全集第 13 巻，新装普及版，潮出版社，2003 年）

Habermas, Jürgen, Der philosophische Diskurs der Moderne. Zwölf Vorlesungen, Frankfurt am Main 1985.（三島憲一ほか訳『近代の哲学的ディスクルス』1 巻・2 巻，岩波書店，1990 年）

Habermas, Jürgen, Nachmetaphysisches Denken, Frankfurt am Main 1988.

Hegel, G. W. F, Vorlesungen über die Ästhetik I, Werke 13, Frankfurt am Main 1970.（長谷川宏訳『ヘーゲル美学講義』上・中・下，作品社，1995–96 年）

Heidegger, Martin, Brief an Elisabeth Blochmann vom 3. März 1947, in: Martin Heidegger/Elisabeth Blochmann, Briefwechsel 1918–1969, hrsg. v. Joachim W. Storck, Marbach am Neckar 1989, 92–94.

Horkheimer, Max/Adorno, Theodor Wiesengrund, Dialektik der Aufklärung. Philosophische Fragmente, in: Max Horkheimer, Dialektik der Aufklärung und Schriften von 1940–1950, Gesammelte Schriften Band 5, hrsg. v. Alfred Schmidt und Gunzelin Schmid Noerr, Frankfurt am Main 1987, 10–290.（徳永恂訳『啓蒙の弁証法』岩波文庫，2007 年）

Humboldt, Wilhelm von, Ueber das vergleichende Sprachstudium in Beziehung auf die verschiedenen Epochen der Sprachentwicklung（1820）, in: Werke in fünf Bänden, hrsg. von Andreas Flitner und Klaus Giel, Band III（Schriften zur Sprachphilosophie）, Nachdruck Darmstadt 1963, 1–25.

Husserl, Edmund, Briefwechsel. Die Münchner Phänomenologen, Band II, hrsg. von Karl Schuhmann, Dordrecht/Boston/London 1994.

Husserl, Edmund, Briefwechsel. Göttinger Schule, Band III, hrsg. von Karl Schuhmann, Dordrecht/Boston/London 1994.

Husserl, Edmund, Die Idee der Phänomenologie. Fünf Vorlesungen, Husserliana II, hrsg. von Walter Biemel, Den Haag 1950.（長谷川宏訳『現象学の理念』作品社，1997 年）

Husserl, Edmund, Die Krisis der europäischen Wissenschaften und die transzendentale Phänomenologie, Husserliana VI, hrsg. von Walter Biemel, Den

Haag 1954.（細谷恒夫・木田元訳『ヨーロッパ諸学の危機と超越論的現象学』中公文庫，1995 年）
Husserl, Edmund, Formale und transzendentale Logik. Versuch einer Kritik der logischen Vernunft, Husserliana XVII, hrsg. von Paul Janssen, Den Haag 1974.（立松弘孝訳『形式論理学と超越論的論理学』みすず書房，2015 年）
Husserl, Edmund, Ideen zu einer reinen Phänomenologie und phänomenologischen Philosophie, Husserliana III.1, hrsg. von Karl Schuhmann, Den Haag 1976.（渡辺二郎訳『イデーン I』（I－I）みすず書房，1979 年，（I－II）みすず書房，1984 年，立松弘孝・別所良美訳『イデーン II』（II－I）みすず書房，2001 年，立松弘孝・榊原哲也訳『イデーン II』（II－II）みすず書房，2009 年，渡辺二郎・千田義光訳『イデーン III』みすず書房，2009 年）
Husserl, Edmund, Logische Untersuchungen. Zweiter Band. Erster Teil, Husserliana XIX.1, hrsg. von Ursula Panzer, Den Haag 1984.（立松弘孝・赤松宏・松井良和訳『論理学研究』1–4 巻，みすず書房，1968–1976 年）
Husserl, Edmund, Nachwort zu Ideen I, in: Ideen zu einer reinen Phänomenologie und phänomenologischen Philosophie. Drittes Buch: Die Phänomenologie und die Fundamente der Wissenschaften, Husserliana V, hrsg. von Marly Biemel, Dordrecht/Boston/London 1952, 138–162.
Husserl, Edmund, Phänomenologie und Anthropologie（Vortrag in den Kantgesellschaften von Frankfurt, Berlin und Halle 1931）, in: Aufsätze und Vorträge（1922–1937）, Husserliana XXVII, mit ergänzenden Texten hrsg. von Thomas Nenon und Hans Rainer Sepp, Dordrecht/Boston/London 1989, 164–181.
Husserl, Edmund, Philosophie als strenge Wissenschaft, in: Aufsätze und Vorträge（1911–1921）, Husserliana XXV, hrsg. von Thomas Nenon und Hans Rainer Sepp, Dordrecht 1987, 3–67.（佐竹哲雄訳『厳密な学としての哲学』岩波書店，1976 年）
Jünger, Ernst, An der Zeitmauer, in: Der Arbeiter, Sämtliche Werke, Band 8, Stuttgart 1981, 399–645.（今村孝訳『時代の壁ぎわ』人文書院，1986 年）
Jünger, Ernst, Das abenteuerliche Herz（Erste Fassung）, in: Das abenteuerliche Herz, Sämtliche Werke, Band 9, Stuttgart 1979, 31–176.
Jünger, Ernst, Der Arbeiter, Sämtliche Werke, Band 8, Stuttgart 1981.（川合全弘訳『労働者』月曜社，2013 年）
Jünger, Ernst, Die totale Mobilmachung, in: Betrachtungen zur Zeit, Sämtliche Werke, Band 7, Stuttgart 1980, 119–142.（川合全弘編訳『ユンガー政治評

論選』月曜社，2016 年）
Jünger, Ernst, Gestaltwandel Eine Prognose auf das 21. Jahrhundert, in: Fassungen III, Sämtliche Werke, Band 19, Stuttgart 1999, 607–621.
Jünger, Ernst, Optische Modelle, in: Annäherungen, Sämtliche Werke, Band 11, Stuttgart 1978, 301–324.
Jünger, Ernst, Sgraffiti, in: Das abenteuerliche Herz, Sämtliche Werke, Band 9, Stuttgart 1979, 331–478.
Jünger, Ernst, Strahlungen V（Siebzig Verweht III）, Sämtliche Werke, Band 20, Stuttgart 2000.
Jünger, Ernst, Über den Schmerz, in: Betrachtungen zur Zeit, Sämtliche Werke, Band 7, Stuttgart 1980.
Kierkegaard, Søren, Die Krankheit zum Tode. Der Hohepriester – der Zöllner – die Sünderin, Gesammelte Werke, Band 24/25, übersetzt von Emanuel Hirsch, Düsseldorf 1957, 8（dänisch: Sydommen til Døden. En christelig psychologisk Udvikling til Opbyggelse og Opvaekkelse af Anti-Climacus, in: Samlede Værker, hrsg. von A. B. Drachmann, Band XI, Kopenhagen 1905, 111–280, hier 127）.（山下秀智訳『死に至る病』創言社，2007 年）
Kisiel, Theodore, The Genesis of Heidegger's Being and Time, Berkeley/Los Angeles/London 1993.
Lévinas, Emmanuel, Totalité et infini. Essai sur l'extériorité, Den Haag 1961.（合田正人訳『全体性と無限』国文社，1989 年）
Makkreel, Rudolf A., Dilthey, Heidegger und der Vollzugssinn der Geschichte, in: Heidegger-Jahrbuch 1（2004）, 307–321.
Marion, Jean-Luc, Étant donné. Essai d'une phénoménologie de la donation, Paris 1997.
Merleau-Ponty, Maurice, Le visible et l'invisible; Paris 1964.（滝浦静雄・木田元訳『見えるものと見えないもの』みすず書房，2017 年）
Merleau-Ponty, Maurice, L'œil et l'esprit, Paris 1967.（滝浦静雄・木田元訳『眼と精神』みすず書房，1982 年）
Nietzsche, Friedrich, Also sprach Zarathustra, Sämtliche Werke, Kritische Studienausgabe, hrsg. von Giorgio Colli und Mazzino Montinari, Berlin/New York 1980, Band 4.（手塚富雄訳『ツァラトゥストラ』中公文庫，1973 年）
Nietzsche, Friedrich, Nachgelassene Fragmente 1885–1887, Sämtliche Werke, Kritische Studienausgabe, hrsg. von Giorgio Colli und Mazzino Montinari, Berlin/New York 1980, Band 12.
Nietzsche, Friedrich, Vom Nutzen und Nachtheil der Historie für das Leben

(Unzeitgemässe Betrachtung II), in: Sämtliche Werke, Kritische Studienausgabe, hrsg. von Giorgio Colli und Mazzino Montinari, Berlin/New York 1980, Band I, 242–334.（吉沢伝三郎編，小倉志祥訳『反時代的考察』，ニーチェ全集 4，ちくま学芸文庫，1993 年）
Petzet, Heinrich Wiegand, Auf einen Stern zugehen. Begegnungen mit Heidegger 1929–1976, Frankfurt am Main 1983.
Rese, Friederike, Handlungsbestimmung vs. Seinsverständnis. Zur Verschiedenheit von Aristoteles' Nikomachischer Ethik und Heideggers Sein und Zeit, in: Alfred Denker, Günter Figal, Franeo Volpi, Holger Zaborowski (Hrsg.), Heidegger und Aristoteles (Heidegger-Jahrbuch, Band 3), Freiburg im Breisgau/München 2007.
Ricœur, Paul, De l'interpretation. Essai sur Freud, Paris 1965.（久米博訳『フロイトを読む——解釈学試論』新曜社，2005 年）
Rorty, Richard, Contingency, irony, and solidarity, Cambridge 1989.（齋藤純一・山岡龍一・大川正彦訳『偶然性・アイロニー・連帯』岩波書店，2000 年）
Sartre, Jean-Paul, L'être et le néant. Essai d'ontologie phénoménologique, Paris 1943.（松浪信三郎訳『存在と無』上・下，人文書院，1999 年）
Sieferle, Rolf-Peter, Ernst Jüngers Versuch einer heroischen Überwindung der Technikkritik, in: Günter Figal/Rolf-Peter Sieferle (Hrsg.), Selbstverständnisse der Moderne. Formationen der Philosophie, Politik, Theologie und Ökonomie, Stuttgart 1991, 133–173.
Sommer, Christian, Heidegger, Aristote, Luther. Les sources aristotéliciennes et néo-testamentaires d'Être et Temps, Paris 2005.
Steinmann, Michael, Der frühe Heidegger und sein Verhältnis zum Neukantianismus, in: Heidegger-Jahrbuch 1 (2004), 259–293.
Theunissen, Michael, Kierkegaard's Negativistic Method, in: Joseph H. Smith (Hrsg.), Kierkegaard's Truth. The Disclosure of the Self, New Haven and London 1981, 381–424 (deutsch: Das Selbst auf dem Grunde der Verzweiflung. Kierkegaards negativistische Methode, Frankfurt am Main 1991).
Theunissen, Michael, Negative Theologie der Zeit, Frankfurt am Main 1991.
Tugendhat, Ernst, Der Wahrheitsbegriff bei Husserl und Heidegger, Berlin 1967.
Vattimo, Gianni, La fine de la modernità, Milano 1985 (deutsch: Das Ende der Moderne, Stuttgart 1990).
Volpi, Franeo, Heidegger e Aristotele, Padova 1984.

Volpi, Franco, Heidegger e Brentano. L'aristotelismo e il problema dell'univocità dell'essere nella formazione filosofica del giovane Martin Heidegger, Padova 1976.

Wittgenstein, Ludwig, Wittgenstein und der Wiener Kreis, Schriften 3, aus dem Nachlaß hrsg. von B. F. McGuinness, Frankfurt am Main 1967.（黒崎宏・杖下隆英訳『ウィトゲンシュタインとウィーン学団／倫理学講話』，ウィトゲンシュタイン全集 5，大修館書店，1976 年）

原注

以下，GA はドイツ語版ハイデガー全集（*Martin Heidegger Gesamtausgabe*, Vittorio Klostermann）を，続く数字はその巻数，頁数を示す。

はじめに

(1) Günter Figal, Gegenständlichkeit. Das Hermeneutische und die Philosophie, Tübingen 2006, und: Verstehensfragen. Studien zur phänomenologisch-hermeneutischen Philosophie, Tübingen 2009.

仮面　ハンス・ヴィンマー，マルティン・ハイデガーを素描する

(1) Heidegger, Aus einem Gespräch von der Sprache, GA 12, 136〔マルティン・ハイデッガー『言葉についての対話――日本人と問う人とのあいだの』高田珠樹訳，平凡社ライブラリー，2000 年，120 頁以下〕.

(2) Wilhelm von Humboldt, Ueber das vergleichende Sprachstudium in Beziehung auf die verschiedene Epochen der Sprachentwicklung (1820), in: Werke in fünf Bänden, hrsg. von Andreas Flitner und Klaus Giel, Band III (Schriften zur Sprachphilosophie), Nachdruck Darmstadt 1963, 1–25, hier 11.

(3) Heidegger, Die Sprache, GA 12, 12

(4) Heidegger, Das Wort, GA 12, 217.

(5) Heidegger, Aus einem Gespräch von der Sprache, 134.〔前掲『言葉についての対話』，117 頁〕

フッサールとハイデガー

(1) Edmund Husserl, Philosophie als strenge Wissenschaft, in Aufsätze und Vorträge (1911–1921), Husserliana XXV, hrsg. von Thomas Nenon und Hans Reiner Sepp, Dordrecht 1987, 3–67. ここでは同書 5 頁を参照。

(2) Husserl, Philosophie als strenge Wissenschaft, Husserliana XXV, 3.

(3) Husserl, Philosophie als strenge Wissenschaft, Husserliana XXV, 6.

(4) Edmund Husserl, Logische Untersuchungen. Zweiter Band. Erster Teil,

Husserliana XIX. I, hrsg. von Ursula Panzer, Den Haag 1984, 10.
(5) Heidegger, Platon: Sophistes, GA 19, 412.
(6) Heidegger, Platon: Sophistes, GA 19, 433.
(7) Heidegger, Edmund Husserl zum siebenzigsten Geburtstag, GA 16, 57.
(8) Edmund Husserl, Briefwechsel. Die Münchner Phänomenologen, Band II, hrsg. von Karl Schumann, Dordrecht/Boston/London 1994, 184.
(9) Edmund Husserl, Briefwechsel. Göttinger Schule, Band III, hrsg. von Karl Schumann, Dordrecht/Boston/London 1994, 67.
(10) Edmund Husserl, Nachwort zu Ideen I. in: Ideen zu einer reinen Phänomenologie und phänomenologischen Forschung. Drittes Buch: Die Phänomenologie und die Fundamente der Wissenschaften, Husserliana V, hrsg. von Marly Biemel, Dordrecht/Boston/London 1952, 138–162. ここでは148頁を参照。
(11) Edmund Husserl, Phänomenologie und Anthropologie (Vortrag in den Kantgesellschaften von Frankfurt, Berlin und Halle 1931) in: Aufsätze und Vorträge (1922–1937), Husserliana XXVII, mit ergänzenden Texten hrsg. von Thomas Nenon und Hans Reiner Sepp, Dordrecht/Boston/London 1989, 168–181.
(12) Hans Blumenberg, Beschreibung des Menschen, aus dem Nachlaß hrsg. von Manfred Sommer, Frankfurt am Main 2006, 21.
(13) 以下を参照。Heinrich Wiegend Petzet, Auf einen Stern zugehen. Begegnung mit Heidegger 1929–1976, Frankfurt am Main 1983, 41.
(14) Edmund Husserl, Die Krisis der europäischen Wissenschaften und die transzendentale Phänomenologie, Husserliana VI, hrsg. von Walter Biemel, Den Haag 1954, 273.

ハイデガーと現象学

(1) Heidegger, Mein Weg in die Phänomenologie, GA 14, 101.
(2) Vgl. Heraklit, VS 22 B 67. ソクラテス以前哲学者断片集は以下から引用する。Hermann Diels/Walther Kranz, Die Fragmente der Vorsokratiker, siebte Auflage, Berlin 1954, Band 1–3.
(3) Heidegger, Mein Weg in die Phänomenologie, GA 14, 98–99.
(4) Heidegger, Das Ende der Philosophie und die Aufgabe des Denkens, GA 14, 79.
(5) Heidegger, Das Ende der Philosophie und die Aufgabe des Denkens, GA

14, 85.

(6) Heidegger, Das Ende der Philosophie und die Aufgabe des Denkens, GA 14, 81.

(7) Heidegger, Das Ende der Philosophie und die Aufgabe des Denkens, GA 14, 85.

(8) Heidegger, Sein und Zeit, GA 2, 48.

(9) Vgl. Marion, Étant donné, 33.

(10) Edmund Husserl, Die Idee der Phänomenologie. Fünf Vorlesungen, Husserliana II, hrsg. von Walter Biemel, Den Haag 1950, 14.

(11) Heidegger, Grundbegriffe der aristotelischen Philosophie, GA 18, 298.

(12) Heidegger, Sein und Zeit, GA 2, 47.

(13) Vgl. Heidegger, Die Grundbegriffe der Metaphysik, GA 29/30, 414. 世界形成の思想についてはGünter Figal, Martin Heidegger zur Einführung, vierte, verbesserte Auflage, Hamburg 2003, 94–110を参照。

(14) これについてはHeidegger, Nietzsche: Der Wille zur Macht als Kunst, GA 43を参照。またGünter Figal, Machen, was noch nicht da ist. Herstellung als Modell gegen und für die Metaphysik, in: Margarethe Drewsen/Mario Fischer (Hrsg.), Die Gegenwart des Gegenwärtigen. Festschrift für P. Gerd Haeffner SJ zum 65. Geburtstag, Freiburg/München 2006, 128–137を参照。

(15) Heidegger, Einführung in die Metaphysik, GA 40, 15.

(16) Heidegger, Einführung in die Metaphysik, GA 40, 16.

(17) これについてはGünter Figal, Gegenständlichkeit. Das hermeneutische und die Philosophie, Tübingen 2006, 377–378を参照。

(18) Heidegger, Moira, GA 7, 246.

(19) Vgl. Heidegger, Moira, GA 7, 252.

(20) Heidegger. Sein und Zeit, GA 2, 177.

(21) Heidegger, Der Ursprung des Kunstwerkes, GA 5, 40.

(22) Heidegger, Der Ursprung des Kunstwerkes, GA 5, 40–41.

(23) Heidegger, Das Ende der Philosophie und die Aufgabe des Denkens, GA 14, 83.

(24) Heidegger, Das Ende der Philosophie und die Aufgabe des Denkens, GA 14, 84.

(25) Heidegger, Das Ende der Philosophie und die Aufgabe des Denkens, GA 14, 82.

(26) Heidegger, Das Ende der Philosophie und die Aufgabe des Denkens, GA

14, 81.

(27) Heidegger, Das Ende der Philosophie und die Aufgabe des Denkens, GA 14, 81.

(28) Heidegger, Das Ende der Philosophie und die Aufgabe des Denkens, GA 14, 85.

(29) Johann Wolfgang von Goethe, Maximen und Reflexionen, in: Wilhelm Meisters Wanderjahre. Maximen und Reflexionen, Sämtliche Werke nach Epochen seines Schaffens, Münchner Ausgabe (im folgenden: MA), Band 17, hrsg. von Herbert G. Göpfert, Norbert Miller, Gerhard Sander und Edith Zehm, München 1991, 715–953, ここでは 792.

(30) Goethe, Maximen und Reflexionen, MA 17, 798.

(31) „Es gibt" については Heidegger, Protokoll zu einem Seminar über den Vortrag „Zeit und Sein", GA 14, 47–49 を参照。

(32) Goethe, Maximen und Reflexionen, MA 17, 792.

(33) Goethe, Maximen und Reflexionen, MA 17, 798.

(34) Vgl. Figal, Gegenständlichkeit, 特に §15, 153–173.

アリストテレス主義者としてのハイデガー

(1) Franz Bremano, Von der mannigfachen Bedeutung des Seienden nach Aristoteles, Freiburg 1862. Vgl. dazu Franeo Volpi, Heidegger e Brentano. L'aristotelismo e il problema dell'univocita dell'essere nella formazione filosofica del giovane Martin Heidegger, Padova 1976. Außerdem: Franeo Volpi, Heidegger e Aristotele, Padova 1984, 37–64.

(2) Vgl. Heideggcr, Mein Weg in die Phänomenologie, GA 14. これは，ブレンターノの学位論文が「1907年以来私の最初の拙い探求の摑まり棒」だったということを意味する。"in die Philosophie einzudringen" (GA 14, 93).

(3) Vgl. Michael Steinmann, Der fruhe Heidegger und sein Verhältnis zum Neukantianismus, in: Heidegger-Jahrbuch I (2004), 259–293.

(4) Vgl. Rudolf A. Makkreel, Dilthey, Heidegger und der Vollzugssinn der Geschichte, in: Heidegger-Jahrbuch I (2004), 307–321.

(5) Vgl. Hans-Helmuth Gander, Phänomenologie im Übergang. Zu Heideggers Auseinandersetzung mit Husserl, in: Heidegger-Jahrbuch I (2004), 294–306.

(6) Vgl. Heidegger, Phänomenologische Interpretationen zu Aristoteles, GA61.

(7) Vgl. Heidegger, Phänomenologische Interpretationen ausgewählter

Abhandlungen des Aristoteles, GA 62.

(8) Vgl. Heidegger, Anzeige der hermeneutischen Situation, GA 62.

(9) Vgl. Heidegger, Prolegomena zur Geschichte des Zeitbegriffs, GA 20.

(10) Vgl. Heidegger, Platon: Sophistes, GA 19.

(11) Heidegger, Platon: Sophistes, GA 19, 11.

(12) これについては本書所収の「対話術を前にしての畏れ――『ソピステス』講義（一九二四／二五年冬学期）におけるハイデガーのプラトン解釈について」を参照。

(13) Vgl. Heidegger, Logik. Die Frage nach der Wahrheit, GA 21.

(14) Heidegger, Grundbegriffe der aristotelischen Philosophie, GA 18, 117.

(15) Vgl. Heidegger, Die Grundprobleme der Phänomenologie, GA 24.

(16) Heidegger, Kant und das Problem der Metaphysik, GA 3, XIII.

(17) Vgl. Heidegger, Die Grundprobleme der Phänomenologie, GA 24, 209–218.

(18) Vgl. Heidegger, Aristoteles, Metaphysik Θ 1–3, GA 33.

(19) 本書所収の「ロゴスを伴う能力――アリストテレス的な文脈におけるハイデガーの言語哲学」を参照。

(20) Heidegger, Vom Wesen und Begriff der Φύσις. Aristoteles, Physik B, 1, GA 9.

(21) このことが言えるのは何よりもまず次の著作に関してである。Beiträge zur Philosophie, GA 65.

(22) Heidegger, Vom Wesen und Begriff der Φύσις, GA 9, 242.

(23) Heidegger, Grundprobleme der Phänomenologie, GA 58, 61.

(24) Heidegger, Grundprobleme der Phänomenologie, GA 58, 146.

(25) Heidegger, Die Idee der Philosophie, GA 56/57, 87

(26) Heidegger, Die Idee der Philosophie, GA 56/57, 91. ハイデガーはここで，「脱－生化のプロセスとしての自己対象化の昂進するプロセス」について語っている。

(27) Vgl. Heidegger, Die Idee der Philosophie, GA 56/57, 117.

(28) Vgl. Husserl, Ideen I, Husserliana III.I, 61–66（§§ 31–32）.

(29) Vgl. Husserl, Die Idee der Phänomenologie, Husserliana H, 14:「現象という語は，現れと現れるものとの本質的対応のゆえに二義的である。φαινόμενον が本来意味するのは現れるものであるが，しかし頻繁に現れそのもの，主観的現象に用いられる（この粗雑で心理学的な誤解を招く表現が許されるならばであるが)」。

(30) Vgl. Heidegger, Die Idee der Philosophie, GA 56/57, 70–73.

(31) Heidegger, Grundprobleme der Phänomenologie, GA 58, 171–172.

(32) Heidegger, Grundprobleme der Phänomenologie, GA 58, 61.

(33) Vgl. Heidegger, Einleitung in die Phänomenologie der Religion, GA 60.

(34) 本書所収の「宗教的経験の現象学」を参照。

(35) この概念については以下を参照。Heidegger, Einleitung in die Phänomenologie der Religion, GA 60, 55–65. 形式的告示はそれによって告示される生の遂行から区別されたままに留まっている。それはただ「一つの防御,或る先行的な確保にすぎず,遂行性格がなお自由なままであるようにする」(GA 60, 64)。それは「十全な宗教的体験の内でのみ与えられうる最終的な理解からは身を引く」(GA 40, 67)。さらにVgl. Heidegger, Anmerkungen zu Karl Jaspers, GA 9, 10–11.

(36) Heidegger, Einleitung in die Phänomenologie der Religion, GA 60, 121.

(37) Heidegger, Anzeige der hermeneutischen Situation, GA 61, 383.

(38) Heidegger, Anzeige der hermeneutischen Situation, GA 62, 383–384.

(39) Heidegger, Anzeige der hermeneutischen Situation, GA 62, 376. 引用された定式化はハイデガーによるアリストテレス『ニコマコス倫理学』1139b15の翻訳である(以下の引用は次から, Aristoteles Ethica Nicomachea, hrsg. von 1. Bywater, Oxford 1894): οἷς ἀληθεύει ἡ ψυχὴ.

(40) Vgl. Aristoteles, Ethica Nicomachea I 1140b 5–6. また以下も参照。Friederike Rese, Handlungsbestimmung vs. Seinsverständnis. アリストテレスの『ニコマコス倫理学』とハイデガーの『存在と時間』の差異については, in: Alfred Denker, Günter Figal, Franco Volpi, Holger Zaborowski (Hrsg.), Heidegger und Aristoteles (Heidegger-Jahrbuch, Band 3), Freiburgim Breisgau/München 2007, 170–198.

(41) Vgl. Aristoteles, Ethica Nicomachea 1141a18–22; 1177a18–1178a8.

(42) Heidegger, Anzeige der hermeneutischen Situation, GA 62, 389.

(43) Heidegger, Anzeige der hermeneutischen Situation, GA 62, 385.

(44) Heidegger, Logik, GA 21, 127–190. その他に, Heidegger, Sein und Zeit, GA 2, 204–213. Zur Interpretation: Günter Figal, Martin Heidegger. Phänomenologie der Freiheit, dritte Auflage, Weinheim 2000, 53–67.

(45) Vgl. dazu Christian Sommer, Heidegger, Aristote, Luther. Les sources aristotéliciennes et néo-testamentaires d'Être et Temps, Paris 2005.

(46) Heidegger, Anzeige der hermeneutischen Situation, GA 62, 368.

(47) Vgl. Paul Ricœur, De I'interpretation. Essai sur Freud, Paris 1965, 42–46 (Buch I, Kapitel II, Abschnitt 3: „L'interpretation comme exercice du soupçon").

(48) Heidegger, Anzeige der hermeneutischen Situation, GA 62, 368.

(49) Hans-Georg Gadamer, Die Idee des Guten zwischen Plato und Aristoteles, in: Griechische Philosophie III. Plato im Dialog, Gesammelte Werke (im folgenden: GW), Band 7. Tübingen 1991, 128–227, 129.

(50) Heidegger, Platon: Sophistes, GA 19, II–12. 後に同じ意味でこう言われる。「アリストテレスを通過することのないプラトンの学的理解つまり彼への歴史的な遡行はありえない。アリストテレスはさしあたりいわばプラトンへのあらゆる道を塞いでいる」(GA 19, 189)。

(51) Husserl, Philosophie als strenge Wissenschaft.

(52) Aristoteles, Metaphysica IV, I; 1003a21(『形而上学』からの引用は以下から。Aristotle's Metaphysics, hrsg. von W. D. Ross, zwei Bände, Oxford 1924).

(53) Heidegger, Mein Weg in die Phänomenologie, GA 14, 93.

(54) Heidegger, Phänomenologische Interpretationen ausgewählter Abhandlungen des Aristoteles, GA 62, 174.

(55) Heidegger, Anzeige der hermeneutischen Situation, GA 62, 364.

(56) Heidegger, Anzeige der hermeneutischen Situation, GA 62, 348.「現存在」という概念は1919/20年冬学期講義において初めて現れる。ここではしかし，その概念は計画書でのように存在論的な意味をもたず，「与えられた存在」といったことを指し示している。「事実的な生に絶えず付け加わる具体的な経験基盤は，現に在る。「現に在る」という意味は，事実的な生が初めて現存在を確認するのではなく，現存在自身が或る世界の内で経験されつつ存在しまた生きられている，ということである」(Heidegger, Grundprobleme der Phänomenologie, GA 58, 66)。

(57) Heidegger, Anzeige der hermeneutischen Situation, GA 62, 364.

(58) Vgl. Aristoteles, Metaphysica IV, 2; 1003a33–34: Τὸ δὲ ὂν λέγεται μὲν πολλαχῶς, ἀλλὰ πρὸς ἓν καὶ μίαν τινὰ φύσιν.〔存在は多様に語られるが，しかしそれは或る一つのものおよび或るピュシスに関係してのことである。〕

(59) Heidegger, Sein und Zeit, GA 2, 18.

(60) Aristoteles, Metaphysica IV, 2; 1003b6–19.

(61) Heidegger, Anzeige der hermeneutischen Situation, GA 62, 352.

(62) Heidegger, Sein und Zeit, GA 2, 433.

(63) Heidegger, Sein und Zeit, GA 2, 16.

(64) Heidegger, Sein und Zeit, GA 2, 24.

(65) So die überschrift des §7 von *Sein und Zeit*: Heidegger, Sein und Zeit, GA 2, 36.

(66) Heidegger, Sein und Zeit, GA 2, 38.

(67) プラトンにおいて諸現象は「真理における存在者」に対置されている。Vgl. Res publica 596e; Platons Dialoge werden zitiert nach *Platonis Opera*, hrsg. vonjohn Burnet, Oxford 1900–1907. また，アリストテレスも諸現象を手近に見えているもの（ἔνδοξα）に数え入れ，それらをわれわれに知られているものとして，当の本性に従って知られるものから区別している。vgl. Ethica Nicomachea 1145b3–5.
(68) Heidegger, Sein und Zeit, GA 2, 48.
(69) Heidegger, Ontologie, GA 63, 7.
(70) Heidegger, Sein und Zeit, GA 2, 19. Vgl. Aristoteles, De anima 431b21, 以下の引用は以下から，Aristoteles, De anima, hrsg. W. D. Ross, Oxford 1956.
(71) Heidegger, Sein und Zeit, GA 2, 18.
(72) Heidegger, Sein und Zeit, GA 2, 577.
(73) Heidegger, Sein und Zeit, GA 2, 576.
(74) Heidegger, Die Grundbegriffe der Metaphysik, GA 29/30, 513–514. Vgl. zum Gedanken der Weltbildung: Figal, Martin Heidegger zur Einführung, 94–110.
(75) Heidegger, Die Grundbegriffe der Metaphysik, GA 29/30, 529.
(76) Heidegger, Die Grundbegriffe der Metaphysik, GA 29/30, 414,
(77) Heidegger, Die Grundbegriffe der Metaphysik, GA 29/30, 505.
(78) Heidegger, Einführung in die Metaphysik, GA 40, 4.
(79) Heidegger, Einführung in die Metaphysik, GA 40, 15.
(80) Heidegger, Vom Wesen der Wahrheit, GA 34, 13.
(81) Heidegger, Vom Wesen der Wahrheit, GA 34, 13–14.
(82) Heidegger, Einführung in die Metaphysik, GA 40, 20.
(83) Heidegger, Einführung in die Metaphysik, GA 40, 16.
(84) Heidegger, Sein und Zeit, GA 2, 38.
(85) Heidegger, Einführung in die Metaphysik, GA 40, 65–66.
(86) Heidegger, Einführung in die Metaphysik, GA 40, 109.
(87) Heidegger, Anzeige der hermeneutischen Situation, GA 62, 398.
(88) Heidegger, Anzeige der hermeneutischen Situation, GA 62, 385.
(89) Heidegger, Anzeige der hermeneutischen Situation, GA 62, 398.
(90) Heidegger, Anzeige der hermeneutischen Situation, GA 62, 385.
(91) Vgl. Heidegger, Die Grundprobleme der Phänomenologie, GA 24, 149–153.
(92) Husserl, Ideen I, Husserliana III. 1, § 27.
(93) Heidegger, Die Grundbegriffe der Metaphysik, GA 29/30, 526. 企投の

概念については以下も参照。Figal, Martin Heidegger, 168–170.

(94) Vgl. Heidegger, Vom Wesen des Grundes, GA 9, 123–175, そこではこの意味で「実存している超越」が語られている（GA 9, 175).

(95) Vgl. Heidegger, Vom Wesen der Wahrheit, GA 34, 60–64.

(96) Heidegger, Vom Wesen der Wahrheit, GA 34, 75.

(97) Heidegger, Vom Wesen der Wahrheit, GA 34, 13

(98) これもやはり手始めの仕方で1922年の計画書においてすでに定式化されている。ここではパルメニデスについて言われており，彼は「ノエインを端的な思念として」，そして「レゲイン，語り出しを」「同じく初めて見て取ったのであり，しかもそれらを存在と一緒に，である」。「このピュシスはしかしその最初の決定的な現象的根本構造において浮き立たせられないままに留まっている」（Heidegger, Anzeige der hermeneutischen Situation, GA 62, 394）。

(99) Heidegger, Einführung in die Metaphysik, GA 40, 19.

(100) Heidegger, Einführung in die Metaphysik, GA 40, 187.

(101) Heidegger, Wie wenn am Feiertage..., GA 4, 55. ヘルダーリンが祭の日の頌歌で言葉にしている詩人たちは「「自然」の本質への彼らのふさわしさに従ってその本質が測られるような，来たるべき者たち」である。

(102) Heidegger, Beiträge zur Philosophie, GA 65, 190.

(103) Heidegger, Beiträge zur Philosophie, GA 65, 191.

(104) Heidegger, Nietzsehe: Der Wille zur Macht als Kunst, GA 43, 95.

(105) Heidegger, Vom Wesen und Begriff der Φύσις, GA 9, 300.

(106) Heidegger, Vom Wesen und Begriff der Φύσις, GA 9, 243.

(107) Heidegger, Vom Wesen und Begriff der Φύσις, GA 9, 243.

(108) Heidegger. Vom Wesen und Begriff der Φύσις, GA 9, 261.

(109) Heidegger. Vom Wesen und Begriff der Φύσις, GA 9, 299.

(110) こうした思考のより立ち入った究明については以下を参照。Figal, Gegenständlichkeit, 369–378.

(111) Heidegger, Vom Wesen und Begriff der Φύσις, GA 9, 301.

(112) Vgl. Husserl, Die Idee der Phänomenologie. Husserliana II, 14.

自己についての気遣い，存在，現象性

(1) Heidegger, Sein und Zeit, GA 2, 152.

(2) Heidegger, Sein und Zeit, GA 2, 48.

(3) Heidegger, Sein und Zeit, GA 2, 50.

(4) Heidegger, Sein und Zeit, GA 2, 38.
(5) Vgl. Heidegger, Sein und Zeit, GA 2, 39–40.
(6) Heidegger, Sein und Zeit, GA 2, 42.
(7) Heidegger, Sein und Zeit, GA 2, 42.
(8) Husserl, Die Idee der Phänomenologie, Husserliana II, 14.
(9) Heidegger, Sein und Zeit, GA 2, 16.
(10) Heidegger, Sein und Zeit, GA 2, 16.
(11) Søren Kierkegaard, Die Krankheit zum Tode. Der Hohepriester – der Zöllner – die Sünderin, Gesammelte Werke, Band 24/25, übersetzt von Emanuel Hirsch, Düsseldorf 1957, 8 (dänisch: Sydommen til Døden. En christelig psychologisk Udvikling til Opbyggelse og Opvaekkelse af Anti-Climacus, in: Samlede Værker, hrsg. von A. B. Drachmann, Band XI, Kopenhagen 1905, 111–280, hier 127).
(12) Plato, Apologia, 36c.
(13) Heidegger, Sein und Zeit, GA 2, 254.
(14) Plato, Apologia, 36c.
(15) Heidegger, Anzeige der hermeneutischen Situation, GA 62, 389.
(16) Aristoteles, Metaphysica VII. 11, 1037a 29–30.
(17) Heidegger, Sein und Zeit, GA 2, 575–576.
(18) Husserl, Ideen I, Husserliana III. 1, 26.「形式的存在論」の思想については以下を参照。Edmund Husserl, Formale und transzendentale Logik. Versuch einer Kritik der logischen Vernunft, Husserliana XVII, hrsg. von Paul Jansen, Den Haag 1974, 51–92.
(19) 本書所収の「形而上学の耐え抜き――ハイデガーと形而上学的思索」を参照。
(20) Heidegger, Sein und Zeit, GA 2, 75. 次の講義を参照。*Ontologie. Hermeneutik der Faktizität* (GA 63).
(21) Vgl. Heidegger, Anzeige der hermeneutischen Situation, GA 62, 384.

ロゴスを伴う能力

(1) Heidegger, Die Idee der Philosophie, GA 56/57, 59.
(2) Heidegger, Grundprobleme der Phänomenologie, GA 58, 146.
(3) Heidegger. Grundprobleme der Phänomenologie, GA 58, 61.
(4) Heidegger, Anzeige der hermeneutischen Situation, GA 62, 364.
(5) Heidegger, Anzeige der hermeneutischen Situation, GA 62, 364.

(6) Heidegger, Anzeige der hermeneutischen Situation, GA 62, 364.
(7) Heidegger, Anzeige der hermeneutischen Situation, GA 62, 364.
(8) Heidegger, Logik. Die Frage nach der Wahrheit, GA 21, 135.
(9) Heidegger, Sein und Zeit, GA 2, 208.
(10) Heidegger, Sein und Zeit, GA 2, 295.
(11) Heidegger, Logik. Die Frage nach der Wahrheit, GA 21, 141.
(12) Heidegger, Logik. Die Frage nach der Wahrheit, GA 21, 142.
(13) Heidegger, Logik. Die Frage nach der Wahrheit, GA 21, 159.
(14) Heidegger, Logik. Die Frage nach der Wahrheit, GA 21, 129.
(15) Heidegger, Logik. Die Frage nach der Wahrheit, GA 21, 132.
(16) Heidegger, Sein und Zeit, GA 2, 5.
(17) Heidegger, Sein und Zeit, GA 2, 16.
(18) Heidegger, Die Idee der Philosophie, GA 56/57, 117.
(19) Heidegger, Sein und Zeit, GA 2, 45.
(20) Aristoteles, Metaphysica IX, 10; 1051b24.〔Heidegger, Logik. Die Frage nach der Wahrheit, GA21, 185 の誤り〕
(21) Aristoteles, Aristoteles, Metaphysica IX, 10; 1051b1.〔Heidegger, Aristoteles, Metaphysik Θ 1–3, GA33, 121 の誤り〕
(22) Heidegger, Logik. Die Frage nach der Wahrheit, GA21, 185.〔Heidegger, Aristoteles, Metaphysik Θ 1–3, GA33, 144–145 の誤り〕
(23) Heidegger, Aristoteles, Metaphysik Θ 1–3, GA33, 121〔145 の誤り〕.
(24) Heidegger, Aristoteles, Metaphysik Θ 1–3, GA 33, 144–145.
(25) Heidegger, Aristoteles, Metaphysik Θ 1–3, GA 33, 145.
(26) Heidegger, Aristoteles, Metaphysik Θ 1–3, GA 33, 145.
(27) Heidegger, Aristoteles, Metaphysik Θ 1–3, GA 33, 145.
(28) Heidegger, Aristoteles, Metaphysik Θ 1–3, GA 33, 138–139.
(29) Heidegger, Aristoteles, Metaphysik Θ 1–3, GA33, 138〔146 の誤り〕.
(30) Vgl. Aristoteles, Metaphysica IX, 2; 1046b2–7.〔次を参照せよ。アリストテレス『形而上学（下）』出隆訳，岩波文庫，1961 年，22–23 頁〕
(31) Heidegger, Aristoteles, Metaphysik Θ 1–3, GA 33, 127.
(32) Heidegger, Aristoteles, Metaphysik Θ 1–3, GA 33, 123.
(33) Heidegger, Aus einem Gespräch von der Sprache, GA 12, 93.
(34) Heidegger, Aus einem Gespräch von der Sprache, GA 12, 118.
(35) Heidegger, Aus einem Gespräch von der Sprache, GA 12, 93.
(36) Heidegger, Aus einem Gespräch von der Sprache, GA 12, 115.

(1) Vgl. Heidegger, Ontologie, GA 63.
(2) Heidegger, Platon: Sophistes, GA 19. 192.
(3) Vgl. Platon, Sophistes 253c.
(4) Heidegger, Platon: Sophistes, GA 19, 245.
(5) Vgl. Platon, Sophistes 217a.
(6) Heidegger, Platon: Sophistes, GA 19, 241.
(7) Heidegger, Platon: Sophistes, GA 19, 254.
(8) Heidegger, Platon: Sophistes, GA 19. 254.
(9) Heidegger, Platon: Sophistes, GA 19, 257.
(10) Heidegger, Platon: Sophistes, GA 19, 193.
(11) Heidegger, Platon: Sophistes, GA 19, 195.
(12) Heidegger, Platon: Sophistes, GA 19, 196.
(13) Heidegger, Platon: Sophistes, GA 19, 252.
(14) Heidegger, Platon: Sophistes, GA 19, 197.
(15) Heideggcr, Platon: Sophistes, GA 19. 197.
(16) Heidegger, Platon: Sophistes, GA 19, 189.
(17) Vgl. Konrad Gaiser, Platons ungeschriebene Lehre. Studien zur systematischen und geschichtlichen Begründung der Wissenschaften in der Platonischen Schule, Stuttgart 1963.
(18) Heidegger. Platon: Sophistes. GA 19. 199.
(19) Heidegger, Platon: Sophistes, GA 19, 59.
(20) Heidegger, Platon: Sophistes, GA 19, 224.
(21) Heidegger, Platon: Sophistes, GA 19, 225.
(22) Heidegger, Zur Bestimmung der Philosophie, GA 56/57, 117.
(23) Heidegger, Ontologie, GA 63,14–15,
(24) Heidegger, Platon: Sophistes, GA 19, 315.
(25) Heidegger, Platon: Sophistes, GA 19, 319.
(26) Vgl. Platon. Phaidros 259e.
(27) Heidegger, Platon: Sophistes, GA 19, 323.
(28) Heidegger. Platon: Sophistes, GA 19, 329.
(29) Heidegger, Platon: Sophistes, GA 19, 339–340.
(30) Heidegger. Ontologie, GA 63. 15.
(31) Heidegger, Platon: Sophistes. GA 19. 164.
(32) Heidegger. Platon: Sophistes, GA 19. 350.

(33) Vgl. Parmenides. VS 28 BI.
(34) Vgl. Aristoteles, Metaphysik IV.I; 1003a33.
(35) Heidegger, Platon: Sophistes, GA 19, 522.
(36) Heidegger, Platon: Sophistes, GA 19, 518.
(37) Heidegger, Platon: Sophistes, GA 19, 523.
(38) Platon. Sophistes 247e.
(39) Platon. Sophistes 251e.
(40) Heidegger. Platon: Sophistes, GA 19, 478–479.
(41) Heidegger, Platon: Sophistes. GA 19, 480.
(42) Heidegger, Platon: Sophistes, GA 19, 486.
(43) Husserl, Ideen I, Husserliana III/I, 61.

宗教的経験の現象学

(1) Husserl, Ideen I, Husserliana III/I, 63.
(2) Heidegger, Beiträge zur Philosophie, GA 65, 409–417.
(3) Heidegger, Einleitung in die Phänomenologie der Religion, GA 60, 67.
(4) Heidegger, Einleitung in die Phänomenologie der Religion, GA 60, 76.
(5) Heidegger, Einleitung in die Phänomenologie der Religion, GA 60, 76.
(6) Heidegger, Einleitung in die Phänomenologie der Religion, GA 60, 80.
(7) Vgl. Heidegger, Einleitung in die Phänomenologie der Religion, GA 60, 82.
(8) Heidegger, Einleitung in die Phänomenologie der Religion, GA 60, 95.
(9) Heidegger, Einleitung in die Phänomenologie der Religion, GA 60, 97.
(10) Heidegger, Einleitung in die Phänomenologie der Religion, GA 60, 104.
(11) Heidegger, Einleitung in die Phänomenologie der Religion, GA 60, 121.
(12) Heidegger, Einleitung in die Phänomenologie der Religion, GA 60, 85.
(13) Vgl. Heidegger, Einleitung in die Phänomenologie der Religion, GA 60, 121–122.
(14) Heidegger, Hölderlin und das Wesen der Dichtung, GA 4, 47.
(15) Heidegger, Beiträge zur Philosophie, GA 65, 409.
(16) Heidegger, Der Spruch des Anaximander, GA 5, 327.

歴史をめぐるハイデガーとニーチェ

(1) Friedrich Nietzsche, Vom Nutzen und Nachtheil der Historie für das

Leben (Unzeitgemässe Btrachtung II), in: Sämtliche Werke, Kritische Studienausgabe, hrsg. von Giorgio Colli und Mazzino Montinari, Berlin/New York 1980 (im folgenden: KSA), Band I, 242–334.

(2) Heidegger, Sein und Zeit, GA 2, 523.

(3) Vgl. Heidegger, Kant und das Problem der Metaphysik, GA 3, besonders 160–173.

(4) Vgl. Heidegger, Sein und Zeit, GA 2, 27–36.

(5) Heidegger, Sein und Zeit, GA 2, 523.

(6) Heidegger, Sein und Zeit, GA 2, 497.

(7) この構造の詳しい叙述については, Figal, Martin Heidegger のとくに312–325頁を参照のこと。

(8) Heidegger, Sein und Zeit, GA 2, 509–510.

(9) Heidegger, Sein und Zeit, GA 2, 510.

(10) Heidegger, Sein und Zeit, GA 2, 524.

(11) Nietzsche, Vom Nutzen und Nachtheil der Historie für das Leben, 2; KSA I, 260.

(12) Heidegger, Sein und Zeit, GA 2, 524.

(13) Nietzsche, Vom Nutzen und Nachtheil der Historie für das Leben, 3; KSA I, 265.

(14) Nietzsche, Vom Nutzen und Nachtheil der Historie für das Leben, 3; KSA I, 269.

(15) Nietzsche, Vom Nutzen und Nachtheil der Historie für das Leben, 3; KSA I, 265.

(16) Nietzsche, Vom Nutzen und Nachtheil der Historie für das Leben, 2; KSA I, 258.

(17) Nietzsche, Vom Nutzen und Nachtheil der Historie für das Leben, 2; KSA I, 259.

(18) Nietzsche, Vom Nutzen und Nachtheil der Historie für das Leben, 2; KSA I, 259.

(19) Nietzsche, Vom Nutzen und Nachtheil der Historie für das Leben, 1; KSA I, 251.

(20) Nietzsche, Vom Nutzen und Nachtheil der Historie für das Leben, 3; KSA I, 265.

(21) Nietzsche, Vom Nutzen und Nachtheil der Historie für das Leben, 3; KSA I, 269.

(22) この思想の詳しい叙述については, Günter Figal, Nietzsche. Eine philo-

sophische Einführung, Stuttgart 1999 の 44–63 頁を参照のこと。
(23)　Heidegger, Sein und Zeit, GA 2, 308.
(24)　Heidegger, Sein und Zeit, GA 2, 435.

神の忘却

(1)　Heidegger, Beiträge zur Philosophie, GA 65, 5.
(2)　ポスト形而上学的思考という表現は以下の文献に由来する。Jürgen Habermas, Nachmetaphysisches Denken, Frankfurt am Main 1988.
(3)　Heidegger, Beiträge zur Philosophie, GA 65, 5.
(4)　Heidegger, Beiträge zur Philosophie, GA 65, 412.
(5)　そこにおいて『寄与』がどれほど他の 36 年以降に成立した諸論文と統一を為しているかということは，これらすべてが出版されるのを待って初めて判断することができる。全集第 66 巻の編者後書きを参照せよ。
(6)　Heidegger, Spiegel-Gespräch, GA 16, 671.
(7)　Ernst Jünger, Gestaltwandel. Eine Prognose auf das 21. Jahrhundert, in: Fassungen III, Sämtliche Werke（以下 SW と略す）, Band 19, Stuttgart 1999, 607–621, ここでの引用は 609 頁より。
(8)　Heidegger, Beiträge zur Philosophie, GA 65, 411.
(9)　「否定主義」は，この語によって「否定的なものから肯定的なものを取り出す」自らの試みを特徴づけているミヒャエル・トイニッセンの哲学の中心概念である。Michael Theunissen, Negative Theologie der Zeit, Frankfurt am Main 1991 の 55 頁を参照せよ。トイニッセンはこの概念を彼のキルケゴール解釈とのつながりにおいて発展させた。Kierkegaard's Negativistic Method, in: Joseph H. Smith (Hrsg.), Kierkegaard's Truth. The Disclosure of the Self, New Haven and London 1981, 381–424 という英語で書かれた論文を参照せよ）ドイツ語では Das Selbst auf dem Grunde der Verzweiflung. Kierkegaards negativistische Methode, Frankfurt am Main 1991)。
(10)　Heidegger, Beiträge zur Philosophie, GA 65, 18.
(11)　Heidegger, Vom Wesen des Grundes, GA 9, 175.
(12)　Heidegger, Vom Wesen des Grundes, GA 9, 158.
(13)　Heidegger. Beiträge zur Philosophie, GA 65, 175.
(14)　Heidegger, Vom Wesen des Grundes, GA 9, 158.
(15)　Heidegger. Beiträge zur Philosophie, GA 65, 120–124 を参照せよ。
(16)　Heidegger. Beiträge zur Philosophie, GA 65, 123.

(17) Heidegger. Beiträge zur Philosophie, GA 65, 125.
(18) 講義 Hölderlins Hymnen „Germanien“ und „Der Rhein“, GA 39. 特に 79–113 を参照せよ。
(19) マックス・ヴェーバーにまで遡る脱魔術化の思想。Heidegger. Beiträge zur Philosophie, GA 65, 124 を参照せよ。
(20) Heidegger, Hölderlins Hymnen, „Germanien“ und „Der Rhein“, GA 39, 95.
(21) Heidegger. Beiträge zur Philosophie. GA 65, 294.
(22) Heidegger. Sein und Zeit. GA 2, 191.
(23) Heidegger, Sein und Zeit, GA 2, 97–102 を参照せよ。
(24) Heidegger, Sein und Zeit, GA 2, 247.
(25) Heidegger, Sein und Zeit, GA 2, 244–253 を参照せよ。
(26) G.W.F. Hegel, Vorlesungen über die Ästhetik I, Werke 13. Frankfurt am Main 1970, 142.
(27) Heidegger, Sein und Zeit, GA 2, 247.
(28) Heidegger, Sein und Zeit, GA 2, 391–399 を参照せよ。
(29) この思想はレヴィナスによって展開されたハイデガーに対する批判を再び根本から熟考するための出発点となりうるかもしれない。ハイデガーが現存在をまったく内在として理解していないとすれば，レヴィナスによって展開された他なるものの哲学とハイデガーとの間の厳しい対立も相対化されることになる。
(30) Heidegger, Beiträge zur Philosophie, GA 65, 179.
(31) Heidegger, Beiträge zur Philosophie, GA 65. 293.
(32) Heidegger, Zur Seinsfrage, GA 9, 415.
(33) Heidegger, Beiträge zur Philosophie, GA 65, 293.
(34) Heidegger, Hölderlins Hymnen, „Germanien“ und „Der Rhein“, GA 39, 95.
(35) Heidegger, Beiträge zur Philosophie, GA 65, 409.
(36) Heidegger, Vom Wesen der Wahrheit, GA 34, 18.
(37) Heidegger, Vom Wesen der Wahrheit, GA 34, 18.
(38) Heidegger, Hölderlins Hymnen. „Germanien“ und „Der Rhein“, GA 39, 128.
(39) Heidegger, Hölderlins Hymnen. „Germanien“ und „Der Rhein“, GA 39, 127. 以下の文献も参照のこと。Heidegger, Dem Freunde Hans Jantzen zum Andenken. GA 16, 687.
(40) Heidegger, Beiträge zur Philosophie, GA 65, 412.

(41) Heidegger, Hölderlins Hymnen, „Germanien“ und „Der Rhein“, GA 9, 128.
(42) Heidegger, Beiträge zur Philosophie, GA 65, 412.
(43) Heidegger, Beiträge zur Philosophie, GA 65, 416.
(44) ここで他のヘラクレイトスの断章，DK B 64 を想起せねばならない。この断章はハイデガーとオイゲン・フィンクが共同で開催したゼミナールで集中的に解釈した断章である。すなわち，「しかしすべてを（現前することへと）舵を取るのは，雷光である」。フィンクはここで，見たところハイデガーの賛同とともに，雷光を「全世界を創造するもの」として，「世界形成」として解釈した（Heidegger, Heraklit, GA 15, 31）。
(45) Heidegger, Beiträge zur Philosophie, GA 65, 406.
(46) この連関についてのかつての論究で，私は最後の神を性起と同一視した。Günter Figal, Letzte Götter. Hermeneutische Theologie bei Nietzsche und Heidegger, in: Für eine Philosophie von Freiheit und Streit. Politik – Ästhetik – Metaphysik, Stuttgart/Weimar 1994 の 148–165 を参照のこと。そのことはここに訂正するとしよう。
(47) Heidegger, Beiträge zur Philosophie, GA 65, 413.
(48) Heidegger, Beiträge zur Philosophie, GA 65, 178.
(49) Heidegger, Beiträge zur Philosophie, GA 65, 397.
(50) Heidegger, Phänomenologische Interpretationen, GA 62, 368.
(51) Heidegger, Hölderlins Hymnen. „Germanien“ und „Der Rhein“. GA 39, 68–72 を参照のこと。
(52) Heidegger, Besinnung, GA 66, 239–243 を参照のこと。
(53) Heidegger, Besinnung, GA 66, 239.
(54) Heidegger, Beiträge zur Philosophie, GA 65, 411.
(55) Heidegger, Beiträge zur Philosophie, GA 65, 414.
(56) Friedrich Nietzsche, Also sprach Zarathustra, Zarathustra's Vorrede 4, KSA 4, ここでは 16–17。
(57) 超人についての思考の詳細な解釈については，拙著 Nietzsche, 200–216 を参照のこと。
(58) Heidegger, Phänomenologie und Theologie, GA 9, 63.
(59) Plato, Symposium 202e.

哲学的な理解はいかにして可能か

(1) Heidegger, Ontologie, GA 63, 15.

(2) Heidegger, Sein und Zeit, GA 2, 51–52.
(3) Heidegger, Sein und Zeit, GA 2, 51.
(4) Heidegger, Einleitung in die Phänomenologie der Religion, GA 69, 72.
(5) Heidegger, Ontologie, GA 63, 15.
(6) Heidegger, Grundbegriffe der aristotelischen Philosophie, GA 18, 32.
(7) Heidegger, Sein und Zeit, GA 2, 90.
(8) Heidegger, Sein und Zeit, GA 2, 94.
(9) Heidegger, Sein und Zeit, GA 2, 99.
(10) Heidegger, Sein und Zeit, GA 2, 99.
(11) Heidegger, Sein und Zeit, GA 2, 38.
(12) Heidegger, Sein und Zeit, GA 2, 43.
(13) Heidegger, Sein und Zeit, GA 2, 34.
(14) Heidegger, Phänomenologische Interpretation, GA 62, 343–420.
(15) Heidegger, Phänomenologische Interpretation, GA 62, 388.
(16) Heidegger, Phänomenologische Interpretation, GA 62, 389.
(17) Heidegger, Phänomenologische Interpretation, GA 62, 389.
(18) Heidegger, Phänomenologische Interpretation, GA 62, 389.
(19) Heidegger, Aus einem Gespräch von der Sprache, GA 12, 115.
(20) Heidegger, Aus einem Gespräch von der Sprache, GA 12, 116.
(21) Heidegger, Grundbegriffe der aristotelischen Philosophie, GA 18, 61,
(22) Heidegger, Aristoteles, Metaphysik Θ 1–3, GA 33, 123.

存在の経験と翻訳

(1) Ludwig Wittgenstein, Wittgenstein und der Wiener Kreis, Schriften 3, aus dem Nachlaß hrsg. von B. F. McGuinness, Frankfurt am Main 1967, 68.
(2) Heidegger. Die Idee der Philosophie, GA 56/57, 1–117.
(3) Heidegger. Die Grundbegriffe der Melaphysik, GA 29/30, 87.
(4) Heidegger, Die Idee der Philosophie. GA 56/57, 5.
(5) Vgl. Plato, Phaedo 100a.
(6) Vgl. Heidegger. Vom Wesen der Wahrheit, GA 34 und Heidegger, Platons Lehre von der Wahrheit, GA 9, 203–238.
(7) Heidegger, Parmenides, GA 54.
(8) Heidegger, Parmenides, GA 54, 17.
(9) Heidegger, Parmenides, GA 54, 17–18.

(10)　Heidegger, Der Spruch des Anaximander, GA 5, 329.
(11)　Heidegger, Sein und Zeit, GA 2, 191.
(12)　Heidegger, Sein und Zeit, GA 2, 575.
(13)　Heidegger, Vom Wesen der Wahrheit, GA 34, 61.
(14)　本書所収の以下の拙論「形而上学の耐え抜き――ハイデガーと形而上学的思索」を参照。
(15)　Heidegger. Phänomenologische Interpretationen zu Aristoteles, GA 62, 68.

形而上学の耐え抜き

(1)　Vgl. Richard Rorty, Contingency, irony, and solidarity, Cambridge 1989.
(2)　Jacques Derrida, De la grammatologie, Paris 1967.
(3)　Gianni Vattimo, La fine de la modernita, Milano 1985（deutsch: Das Ende der Moderne, Stuttgart 1990）.
(4)　Habermas, Nachmetaphysisches Denken.
(5)　ハーバーマスの著作『近代の哲学的ディスクルス 12 講』(*Der philosophische Diskurs der Moderne. Zwölf Vorlesungen*, Frankfurt am Main 1985）は，彼もまたハイデガーを形而上学の批判者として捉えていたことを示す。ここでハイデガーは「西洋合理主義に対する形而上学批判の潜入行動」という表題で扱われている。
(6)　この点に関する古典的テクストとして次を参照。Rudolf Carnap, Überwindung der Metaphysik durch logische Analyse der Sprache, in: Erkenntnis I（1931）, 219–241.
(7)　Derrida, De la grammatologie.
(8)　Heidegger. Zur Seinsfrage. GA 9.
(9)　Heidegger. Zur Seinsfrage. GA 9, 413.
(10)　Heidegger. Vom Wesen der Wahrheit, GA 34, 61.
(11)　Heidegger. Was ist Metaphysik?, GA 9, 118.
(12)　Heidegger, Zur Seinsfrage, GA 9, 396.
(13)　Heidegger, Zur Seinsfrage, GA 9, 396–397.
(14)　Heidegger. Zur Seinsfrage, GA 9, 398.
(15)　ハイデガーが「有るといえるものへの観入」という表題で公刊した諸論文（ブレーメン講演 1949 年，GA 79）を参照せよ。他には『技術への問い』，GA 7.
(16)　労働者に関する書物を準備したエッセイである「総動員」（1930 年）が

すでに，第一次世界大戦で解き放たれた技術について，「宇宙論的な出来事」として語っている（Die totale Mobilmachung, in: Betrachtungen zur Zeit. SW 7. Stuttgart 1980. 119–142. hier 122）．技術的近代の自然史的解釈は，ユンガーの後期著作でさらにはっきりと表れ出る。エッセイ『時代の壁に臨んで』（Vgl. den Essay An der Zeitmauer, SW 8. Stuttgart 1981. 399–645）を参照せよ。

(17) Max Horkheimer / Theodor W. Adorno, Dialektik der Aufklärung. Philosophische Fragmente, in: Max Horkheimer, Dialektik der Aufklärung und Schriften von 1940–1950, Gesammelte Schriften Band S, hrsg. v. Alfred Schmidt und Gunzelin Schmid Noerr, Frankfurt am Main 1987, 10–290, hier 59.

(18) Heidegger, Zur Seinsfrage. GA 9, 417.

(19) 『講演と論文』（GA 7）に収録された 1936 ～ 1938 年の覚え書き集のタイトルはそのようになっている。ただし，ここでハイデガーは，「克服」の語りが「便宜的に用いられる」にすぎず，「あまりに多くの誤解を招き寄せる」だろうことをすでに示唆している（Überwindung der Metaphysik, GA , 67, 69）。

(20) Vgl. Heidegger, Zur Seinsfrage, GA 9, 416.

(21) Theodor Wiesengrund Adorno, Negative Dialektik, in: Negative Dialektik. Jargon der Eigentlichkeit, Schriften, hrsg. von Rolf Tiedemann, Band 6, Frankfurt am Main 1973.7–412, hier 400.

(22) Heidegger. Die Kehre. GA 79, 72.

(23) Heidegger, Zur Seinsfrage. GA 9.

(24) Heidegger. Was ist Metaphysik?, GA 9, 122.

(25) Heidegger, Zur Seinsfrage, GA 9, 408.

(26) Heidegger, Zur Seinsfrage, GA 9.

(27) Heidegger, Die Kehre, GA 79, 69.

(28) 「耐え抜く（Verwinden）」ないし「耐え抜き（Verwindung）」の表現は，すでに覚え書き集の「形而上学の克服」に現れる（GA 7, 69 und 77）。加えて，ここでは克服の概念も耐え抜きの意味で用いられる。「克服は，形而上学をその真理の内へと伝承することである」（Überwindung der Metaphysik GA 7, 77）。

(29) Heidegger, Zur Seinsfrage, GA 9, 416.

(30) Heidegger, Zur Seinsfrage, GA 9, 416.

(31) Heidegger, Zur Seinsfrage, GA 9, 415.

(32) Heidegger. Zur Seinsfrage. GA 9, 415.

(33) ここでは,「無」および,「無」と「存在」の関係に関するハイデガーの考察は,つまり,ハイデガーがどのように存在忘却とニヒリズムを関係づけたかの問題は割愛する。これについては私の次の諸論文を参照。Nochmals über die Linie, in: Günter Figal/Heimo Schwilk (Hrsg.), Magie der Heiterkeit. Ernst Jünger zum Hundertsten, Stungart 1995. 25–40, ならびに本書所収の「モデルネの形而上学的性格――「線を越えて」と「「線」について」 エルンスト・ユンガーとマルティン・ハイデガーのモデルネ討議」。

(34) Heidegger, Die Erinnerung in die Metaphysik, GA 6.2.

(35) Heidegger. Zur Seinsfrage, GA 9, 405.

(36) Heidegger, Zur Seinsfrage, GA 9, 417.

(37) Heidegger, Die Idee der Philosophie, GA 56/57. この講義全体の解釈とハイデガーの思索の初期段階全般については次を参照。Theodore Kisiel, The Genesis of Heidegger's Being and Time, Berkeley/Los Angeles/London 1993.「破壊」のプログラムについては以下を参照。Figal, Martin Heidegger zur Einführung, 23–49.

(38) Heidegger, Die Idee der Philosophie, GA 56/57, 59.

(39) Vgl. Heidegger, Die Idee der Philosophie, GA 56/57, 72–73.

(40) Heidegger, Die Idee der Philosophie, GA 56/57, 74.

(41) Heidegger, Die Idee der Philosophie, GA 56/57, 112.

(42) Heidegger, Die Idee der Philosophie, GA 56/57, 114.

(43) Heidegger. Die Idee der Philosophie, GA 56/57. 115.

(44) Heidegger, Die Idee der Philosophie, GA 56/57, 117.

(45) Ernst Tugendhat, Der Wahrheitsbegriff bei Husserl und Heidegger, Berlin 1967, 399–402.

(46) Theodor Wiesengrund Adorno, Minima Moralia. Reflexionen aus dem beschädigten Leben, 29, Schriften, hrsg. von Rolf Tiedemann, Band 4. Frankfurt am Main, 980, 54–55.

(47) これについて以下を参照。Hans-Georg Gadamer, Die Sprache der Metaphysik, in: Hegel, Husserl, Heidegger, GW3, Tübingen I987, 229–237.

モデルネの形而上学的性格

(1) Ernst Jünger, Strahlungen V (Siebzig Verweht III), Sämtliche Werke 20, Stuttgart 2000, 291.〔ユンガーの日記の当該箇所によれば,「破天荒な事件」

と呼んだのは，マッシモ・カッチャーリである。〕

（2） Ernst Jünger, Triumph der Titanen. Brief an den französischen Herausgeber des Essay „Über die Linie“, in: *Die Welt* vom 25. März 1994.

（3） Ernst Jünger, Das abenteuerliche Herz (Erste Fassung), in: Das abenteuerliche Herz, SW 9, Stuttgart 1979, 31–176, この箇所は S. 35。ユンガーにおける審美的態度の解釈については，拙著 *Für eine Philosophie von Freiheit und Streit. Politik – Ästhetik – Metaphysik* (Stuttgart-Weimar 1994) の第七の論考を参照のこと。さらに，次の拙論文がある。Ästhetische Individualität. Erörterungen im Hinblick auf Ernst Jünger, in: Gottfried Boehm/Enno Rudolph (Hrsg.): Individuum. Probleme der Individualität in Kunst, Philosophie und Wissenschaft, Stuttgart 1994, 151–171.

（4） Heidegger, Zur Seinsfrage, GA 9, 389.

（5） Ernst Jünger, Über die Linie, in: Fassungen II, SW 7, Stuttgart 1980, 237–280, この個所は S. 265.

（6） Heidegger, Zur Seinsfrage, GA 9, 391.

（7） Heidegger, Zur Seinsfrage, GA 9, 392.

（8） Heidegger, Zur Seinsfrage, GA 9, 394.

（9） Heidegger, Zur Seinsfrage, GA 9, 391.

（10） Heidegger, Zur Seinsfrage, GA 9, 390.

（11） Martin Heidegger, Brief an Elisabeth Blochmann, Briefwechsel vom 3. März 1947, in: Martin Heidegger/Elisabeth Blochmann, Briefwechsel 1918–1969, hrsg. v. Joachim W. Stock, Marbach am Neckar 1989, 92–94, この個所は S. 93。

（12） Heidegger, Beiträge zur Philosophie, GA 65, 107–165 を参照のこと。これら早い段階での時代診断における認識や解釈は，「世界像の時代」(*Die Zeit des Weltbildes*, GA 5) にて焦点を当てられている。戦後のものからは，「技術への問い」(*Die Frage nach der Technik*)，「科学と省察」(*Wissenschaft und Besinnung*)，「建てる・住まう・考える」(*Bauen Wohnen Denken*)（それぞれ GA 7）を参照のこと。これ以外では，「放下の究明のために」(*Zur Erörterung der Gelassenheit*, GA 13) がある。

（13） この点については，Rolf-Peter Sieferle, Ernst Jüngers Versuch einer heroischen Überwindung der Technikkritik, in: Günter Figal/Rolf-Peter Sieferle (Hrsg.), Selbstverständnisse der Moderne. Formationen der Philosophie, Politik, Theologie und Ökonomie, Stuttgart 1991, 133–173 を参照のこと。

（14） Heidegger, Die Frage nach der Technik, GA 7, 10–11 を参照のこと。

(15) Ernst Jünger, Der Arbeiter, SW 8, Stuttgart 1981, 160.
(16) Heidegger, Zur Seinsfrage, GA 9, 389.
(17) この定式は，1887年の秋に書かれた遺稿のなかで見られる。ここでは，Nachgelassene Fragmente 1885–1887, KSA 12, 350によって引用した。
(18) Jünger, Der Arbeiter, SW 8, 59–60.
(19) Ernst Jünger, Über den Schmerz, in: Betrachtungen zur Zeit, SW 7, Stuttgart 1980, 190.
(20) Jünger, Über den Schmerz, SW 7, 190.
(21) Jünger, Über den Schmerz, SW 7, 190.
(22) Jünger, Über den Schmerz, SW 7, 190.
(23) Jünger, Über die Linie, SW 7, 247.
(24) Jünger, Über den Schmerz, SW 7, 191.
(25) Jünger, Über die Linie, SW 7, 253.
(26) Jünger, Über die Linie, SW 7, 260.
(27) Jünger, Über die Linie, SW 7, 244.
(28) Jünger, Über die Linie, SW 7, 265.
(29) Ernst Jünger, Optische Modelle, in: Annährungen, SW 11, Stuttgart 1978, 301–324, ここでは301.
(30) Jünger, Über die Linie, SW 7, 267.
(31) Ernst Jünger, Sgraffiti, in: Das Abenteuerliche Herz, SW 9, Stuttgart 1979, 331–478, ここでは477.
(32) Heidegger, Zur Seinsfrage, GA 9, 395.
(33) Heidegger, Zur Seinsfrage, GA 9, 405.
(34) Heidegger, Zur Seinsfrage, GA 9, 405.
(35) Heidegger, Zur Seinsfrage, GA 9, 412.
(36) Heidegger, Zur Seinsfrage, GA 9, 389.
(37) Jünger, Über die Linie, SW 7, 274.
(38) Heidegger, Zur Seinsfrage, GA 9, 413.
(39) Heidegger, Zur Seinsfrage, GA 9, 413.
(40) Heidegger, Zur Seinsfrage, GA 9, 407.
(41) Heidegger, Zur Seinsfrage, GA 9, 415.
(42) Heidegger, Zur Seinsfrage, GA 9, 414.
(43) Heidegger, Zur Seinsfrage, GA 9, 414.
(44) Heidegger, Zur Seinsfrage, GA 9, 415.
(45) Heidegger, Zur Seinsfrage, GA 9, 422.
(46) Heidegger, Zur Seinsfrage, GA 9, 415.

本書はゲーテ・インスティトゥートによる翻訳支援プログラムの助成を受けて刊行されました。
The translation of this work was supported by a grant from the Goethe-Institut which is funded by the German Ministry of Foreign Affaires.

《叢書・ウニベルシタス　1071》
問いと答え
ハイデガーについて

2017年 11月 25日　初版第1刷発行

ギュンター・フィガール
齋藤元紀／陶久明日香／
関口 浩／渡辺和典 監訳
発行所　一般財団法人　法政大学出版局
〒102-0071 東京都千代田区富士見 2-17-1
電話 03(5214)5540 振替 00160-6-95814
組版: HUP　印刷: 日経印刷　製本: 誠製本

Printed in Japan

ISBN978-4-588-01071-2

神谷　健（かみや・けん）　1985年生。早稲田大学大学院文学研究科博士後期課程在籍。関東学院大学非常勤講師。論文：「前期ハイデガーにおける善と論理法則の拘束力の問題」（『現象学年報』第29号）。

峰尾公也（みねお・きみなり）　1986年生まれ。早稲田大学大学院文学研究科博士後期課程在籍。論文：「ハイデガー，デリダ，現前性の形而上学——その「批判」の解明」（『終わりなきデリダ』所収，法政大学出版局）。

丸山文隆（まるやま・ふみたか）　東京大学大学院人文社会系研究科博士課程在籍。東京外国語大学，さいたま市立高等看護学院非常勤講師。論文「無についてわれわれが語るときにわれわれが語ること」（*Heidegger-Forum* vol. 8）。

瀧　将之（たき・まさゆき）　1977年生。上智大学非常勤講師。共著：『ハイデガーの技術論』（理想社），論文：「無から存在へ」（『現象学年報』第28号）。

上田圭委子（うえだ・けいこ）　1966年生。首都大学東京非常勤講師。論文：「初期フライブルク期のハイデガーにおけるパウロ書簡の現象学的解釈」（『実存思想論集』第28号）。

伊藤良司（いとう・りょうじ）　1979年生。慶應義塾志木高等学校教論。論文：「ハイデガーと「身体性」」（『現象学年報』第26号），「自然・運動・身体性」（『現象学年報』第30号）。

木元裕亮（きもと・ゆうすけ）　1986年生。東京大学大学院総合文化研究科博士課程在籍。

魚谷雅広（うおたに・まさひろ）　1976年生。淑徳大学ほか非常勤講師。共著：『変容する社会と人間』（北樹出版），論文：「自立性と二義性——ハイデガーとレーヴィットにおける「他者」」（『倫理学年報』第57集）。

小平健太（こだいら・けんた）　立教大学大学院文学研究科博士後期課程在籍。論文：「解釈学的経験の普遍的位相——ガダマーの芸術の思索と言語性（Spralichkeit）」（*Heidegger-Forum* vol.11. 第1回渡邊二郎賞受賞）。

木村史人（きむら・ふみと）　立正大学哲学科専任講師。著書：『「存在の問い」の行方』（北樹出版）。論文：「ハイデガーにおける「最も危険なもの」としての言葉」（『哲学』No. 62）。

景山洋平（かげやま・ようへい）　1982年生。東京大学教養学部専任講師。著書：『出来事と自己変容——ハイデガー哲学の構造と生成における自己性の問題』（創文社）。

長谷川晴生（はせがわ・はるお）　1984年生。東京理科大学理学部非常勤講師。ドイツ文学・思想。共著：『共感覚から見えるもの』（勉誠出版），訳書：『陶酔とテクノロジーの美学』（共訳，青弓社）。

著　者

ギュンター・フィガール（Günter Figal）

1949 年生。フライブルク大学教授。ハイデルベルク大学で哲学・独文学を学び，ガダマー，トイニッセン，ヘンリッヒなどの指導を受ける。76 年にハイデルベルク大学にてアドルノ論で博士号取得，87 年にはハイデガー論で教授資格取得。89 年にチュービンゲン大学哲学教授，01 年以降はフライブルク大学哲学教授。03 年から 15 年までハイデガー協会会長。フンボルト大学，関西学院大学，ローマ・ラ・サピエンツァ大学，オーフス大学などでも客員教授を務め，ドイツ現象学・解釈学研究の泰斗として，国際的にも精力的な活動を展開している。主著に『ハイデガー――自由の現象学』（88），『ハイデガー入門』（92）［伊藤徹訳，世界思想社（03）］，『対象性』（06），『現れ出るもの』（10），『目立たなさ』（15），その他多くの編著がある。

監訳者（五十音順）

齋藤元紀（さいとう・もとき）　1968 年生。高千穂大学教授。著書：『存在の解釈学』（法政大学出版局），編著：『始まりのハイデガー』（晃洋書房），『ハイデガーは反ユダヤ主義か』（水声社），『終わりなきデリダ』（法政大学出版局）。

陶久明日香（すえひさ・あすか）　成城大学准教授。著書：*Die Grundstimmung Japans*（Peter Lang），共著：『ハイデガー読本』（法政大学出版局），論文：「世界の意味喪失の経験は共有できるか？」（『実存思想論集』第 32 号）。

関口　浩（せきぐち・ひろし）　1958 年生。日独文化研究所研究員，早稲田大学非常勤講師。論文：“Shinobu Orikuchi und Heidegger”（*Heidegger-Jahrbuch* 7），訳書：ハイデッガー『芸術作品の根源』『技術への問い』平凡社ライブラリー）。

渡辺和典（わたなべ・かずのり）　学習院大学ほか非常勤講師。著書：『最初期ハイデッガーの意味論』（晃洋書房），共著：『はじまりのハイデガー』（晃洋書房），『続・ハイデガー読本』（法政大学出版局）。

訳　者（担当章順）

田村未希（たむら・みき）　1985 年生。東京大学上廣死生学講座特任研究員。論文：「前期ハイデガーの方法概念――初期フライブルク講義における「歴史性を理解する」という課題と方法論形成について」（『現象学年報』第 29 号）。

金成祐人（かんなり・ゆうと）　1983 年生。慶應義塾大学ほか非常勤講師。論文：「全体における存在者としての自然」（『実存思想論集』第 32 号）。共著：『入門・倫理学の歴史―― 24 人の思想家』（梓出版社）。

串田純一（くした・じゅんいち）　1978 年生。東京大学大学院総合文化研究科博士課程修了。博士（学術）。早稲田大学，東京工業大学ほか非常勤講師。著書：『ハイデガーと生き物の問題』（法政大学出版局）。

叢書・ウニベルシタスより

（表示価格は税別です）

1028 無神論
A. コジェーヴ／今村真介訳 3600円

1029 都市と人間
L. シュトラウス／石崎・飯島・小高・近藤・佐々木訳 4400円

1030 世界戦争
M. セール／秋枝茂夫訳 2800円

1031 中欧の詩学 歴史の困難
J. クロウトヴォル／石川達夫訳 3000円

1032 フランスという坩堝 一九世紀から二〇世紀の移民史
G. ノワリエル／大中一彌・川﨑亜紀子・太田悠介訳 4800円

1033 技術の道徳化 事物の道徳性を理解し設計する
P.-P. フェルベーク／鈴木 俊洋訳 3200円

1034 他者のための一者 レヴィナスと意義
D. フランク／米虫正巳・服部敬弘訳 4800円

1035 ライプニッツのデカルト批判 下
Y. ベラヴァル／岡部英男・伊豆藏好美訳 4000円

1036 熱のない人間 治癒せざるものの治療のために
C. マラン／鈴木智之訳 3800円

1037 哲学的急進主義の成立 I ベンサムの青年期
E. アレヴィ／永井義雄訳 7600円

1038 哲学的急進主義の成立 II 最大幸福主義理論の進展
E. アレヴィ／永井義雄訳 6800円

1039 哲学的急進主義の成立 III 哲学的急進主義
E. アレヴィ／永井義雄訳 9000円

1040 核の脅威 原子力時代についての徹底的考察
G. アンダース／青木隆嘉訳 3400円

1041 基本の色彩語 普遍性と進化について
B. バーリン，P. ケイ／日髙杏子訳 3500円

叢書・ウニベルシタスより

（表示価格は税別です）

1042 社会の宗教
N. ルーマン／土方透・森川剛光・渡曾知子・畠中茉莉子訳 5800円

1043 セリーナへの手紙 スピノザ駁論
J. トーランド／三井礼子訳 4600円

1044 真理と正当化 哲学論文集
J. ハーバーマス／三島憲一・大竹弘二・木前利秋・鈴木直訳 4800円

1045 実在論を立て直す
H. ドレイファス，C. テイラー／村田純一監訳 3400円

1046 批評的差異 読むことの現代的修辞に関する試論集
B. ジョンソン／土田知則訳 3400円

1047 インティマシーあるいはインテグリティー
T. カスリス／衣笠正晃訳，高田康成解説 3400円

1048 翻訳そして／あるいはパフォーマティヴ
J. デリダ，豊崎光一／豊崎光一訳，守中高明監修 2000円

1049 犯罪・捜査・メディア 19世紀フランスの治安と文化
D. カリファ／梅澤礼訳 4000円

1050 カンギレムと経験の統一性
X. ロート／田中祐理子訳 4200円

1051 メディアの歴史 ビッグバンからインターネットまで
J. ヘーリッシュ／川島建太郎・津﨑正行・林志津江訳 4800円

1052 二人称的観点の倫理学 道徳・尊敬・責任
S. ダーウォル／寺田俊郎・会澤久仁子訳 4600円

1053 シンボルの理論
N. エリアス／大平章訳 4200円

1054 歴史学の最前線
小田中直樹編訳 3700円

1055 我々みんなが科学の専門家なのか？
H. コリンズ／鈴木俊洋訳 2800円

叢書・ウニベルシタスより

(表示価格は税別です)

1056 私たちのなかの私　承認論研究
A. ホネット／日暮・三崎・出口・庄司・宮本訳　4200円

1057 美学講義
G. W. F. ヘーゲル／寄川条路監訳　4600円

1058 自己意識と他性　現象学的探究
D. ザハヴィ／中村拓也訳　4700円

1059 ハイデガー『存在と時間』を読む
S. クリッチリー，R. シュールマン／串田純一訳　4000円

1060 カントの自由論
H. E. アリソン／城戸淳訳　6500円

1061 反教養の理論　大学改革の錯誤
K. P. リースマン／斎藤成夫・齋藤直樹訳　2800円

1062 ラディカル無神論　デリダと生の時間
M. ヘグルンド／吉松覚・島田貴史・松田智裕訳　5500円

1063 ベルクソニズム〈新訳〉
G. ドゥルーズ／檜垣立哉・小林卓也訳　2100円

1064 ヘーゲルとハイチ　普遍史の可能性にむけて
S. バック=モース／岩崎稔・高橋明史訳　3600円

1065 映画と経験　クラカウアー、ベンヤミン、アドルノ
M. B. ハンセン／竹峰義和・滝浪佑紀訳　6800円

1066 図像の哲学　いかにイメージは意味をつくるか
G. ベーム／塩川千夏・村井則夫訳　5000円

1067 憲法パトリオティズム
Y. W ミュラー／斎藤一久・田畑真一・小池洋平監訳　2700円

1068 カフカ　マイナー文学のために〈新訳〉
G. ドゥルーズ／宇野邦一訳　2700円

1069 エリアス回想録
N. エリアス／大平章訳　3400円